D1513811

CAMISAS AZULES, MANO NEGRAS
EL SAQUEO DE PEMEX DESDE LOS PINOS

ANA LILIA PÉREZ

Camisas azules, manos negras

El saqueo de Pemex desde Los Pinos

Grijalbo

Camisas azules, manos negras
El saqueo de Pemex desde Los Pinos

Primera edición: febrero, 2010

D. R. © 2009, Ana Lilia Pérez

D. R. © 2010, Miguel Ángel Granados Chapa por el prólogo

D. R. © 2010, derechos de edición mundiales en lengua castellana:
Random House Mondadori, S. A. de C. V.
Av. Homero núm. 544, col. Chapultepec Morales,
Delegación Miguel Hidalgo, 11570, México, D. F.

www.rhmx.com.mx

Comentarios sobre la edición y el contenido de este libro a:
literaria@rhmx.com.mx

ISBN 978-607-429-818-5

Impreso en México / *Printed in Mexico*

Índice

Prólogo

La diligente, valerosa y precisa investigación periodística realizada por Ana Lilia Pérez, que se dio a conocer en las páginas de la revista *Contralínea* dirigida por Miguel Badillo, adquiere un peso diferente, de notoria mayor contundencia, reunidas sus páginas en este libro. Aquí se documentan con rigor innumerables casos de corrupción cometidos en Pemex por funcionarios panistas, es decir, miembros del Partido Acción Nacional que contaba entre sus activos la prédica sostenida contra la deshonestidad que atribuyó a los gobiernos del PRI.

No se trata sólo de militantes de ocasión, que ingresaron a ese partido cuando percibieron que era una alternativa para incorporarse a la función pública y aprovechar los gajes que de ella se derivan, como lo fue durante décadas el PRI. La inclinación de miembros del PAN al latrocinio y al abuso alcanza hasta a los mejores, o quienes parecían ostentar ese título hasta que la indagación persistente de Ana Lilia Pérez los puso en su lugar.

El caso paradigmático de cuantos están expuestos en estas páginas es el de César Nava. Duró poco tiempo su estancia en la oficina del abogado general de Pemex. Pero su huella es tan profunda que parece haber estado allí una eternidad. En poco menos de dos años —de octubre de 2001 a septiembre de 2003— protagonizó casos que en otras circunstancias lo hubieran llevado a

i

los tribunales. A pesar de que dependían de él decenas de licenciados en derecho para el desahogo de las necesidades respectivas de la empresa paraestatal, contrató despachos jurídicos hasta por 250 millones de pesos, para que se encargaran de los asuntos más relevantes confiados a su desempeño. Al mismo tiempo, el rezago creció en esa oficina, al punto de que había veinte mil demandas laborales cuyos procesos estaban en curso.

Pero no se trata sólo de ineficacia, de dispendio del dinero público en beneficio de servidores públicos, sino de un fenómeno político en que el abogado de la empresa petrolera nacional generó una forma de contravenir la ley, mediante los contratos de servicios múltiples, con los que empresas extranjeras han burlado las restricciones de las legislación petrolera, y recibió por todo ello no la acción penal que hubiera sido imaginable, sino premios políticos de enorme trascendencia. A pesar de sus pasos por Pemex, o por ellos mismos, Nava fue secretario privado del presidente de la República Felipe Calderón y luego enviado a encabezar el partido fundado por Manuel Gómez Morin y Efraín González Luna.

Las pesquisas de Ana Lilia Pérez le permitieron asimismo detectar y encontrar los contratos firmados por Juan Camilo Mouriño, en representación de su familia, con Petróleos Mexicanos. Lo hizo cuando era diputado federal y presidía en su cámara la comisión de energía. A la potencia periodística de esa denuncia, que minó de inmediato la capacidad de maniobra del flamante secretario de Gobernación —su llegada a Bucareli ocurrió en enero de 2008 y la publicación de sus andanzas en febrero siguiente— se sumó la carga política puesta en la revelación de esos hechos en una plaza pública por Andrés Manuel López Obrador.

A juicio de la gente del poder, los otrora impolutos panistas, la reportera había ido más allá de lo admisible y se propusieron contenerla. Dieron entonces comienzo, por vías sesgadas, a una intensa campaña de asedio judicial, que no se suspendió con la muerte de Mouriño en noviembre de 2008. Desde entonces la persecución no ha cesado, impulsada por beneficiarios de la corrupción en Pemex. Después de intentar arreglos con la reportera y la revista, acuerdos imposibles porque supondrían atentar contra principios en que basa su tarea, personeros del Grupo Zeta, el más importante consorcio de gas en la República mexicana, han hostilizado a la periodista, mediante la multiplicación de demandas de carácter civil, por daño moral. Jesús Zaragoza López, presidente de ese grupo con sede en Ciudad Juárez, anunció a los trabajadores de la información que los destruiría mediante esos procedimientos judiciales y su eventual conversión en asuntos penales.

Tan ostensible ha sido la intención de ese grupo, y la correspondencia de su acción con medidas asumidas por la empresa contra la revista, que la Comisión Nacional de Derechos Humanos juzgó oportuno ocuparse del caso, y emitió una recomendación que hasta el momento de escribir estas líneas no había surtido efectos que pusieran fin al hostigamiento a la reportera y su revista.

La periodista Ana Lilia Pérez no está dispuesta a cejar en sus denuncias. Le impone ese deber la claridad con que ha advertido la práctica de la corrupción en varios niveles de Pemex, cuyo funcionamiento es claramente conocido por la reportera. Ella conoce igualmente los alcances del oficio que ha escogido para servir a la sociedad. Aunque sólo con insensatez se puede pasar por alto los riegos del embate del Grupo Zeta, Ana Lilia Pérez no está dispuesta a dar un paso atrás.

Al contrario, la publicación de este libro fortalecerá el propósito de sus trabajos, que es contribuir al imperio de la ética en la función pública, de la que depende de muchas maneras el desarrollo armonioso de la sociedad. La alternancia panista abrió la expectativa de un gobierno mejor, más eficiente por fundarse en la honradez. Los mexicanos hemos visto con desencanto que no ha ocurrido así y que con los miembros de Acción Nacional en altos cargos de la administración se ha hecho posible una terrible combinación cromática, que le da título a este libro: *Camisas azules, manos negras.*

MIGUEL ÁNGEL GRANADOS CHAPA

Primera parte

LOS HOMBRES DEL PRESIDENTE

El abogado

El César guadalupano

Era el 12 de diciembre de 2002 y en un amplio salón del World Trade Center, en la ciudad de México, más de un centenar de empleados adscritos al departamento jurídico de Petróleos Mexicanos (Pemex) celebraban el Día Nacional del Abogado. La fecha, el día de la Virgen de Guadalupe, no había sido elegida al azar. Al contrario: tenía el sello de José César Nava Vázquez, entonces responsable de la Oficina del Abogado General (OAG) de la paraestatal y representante de la extrema derecha del Partido Acción Nacional (PAN) que, en aquel entonces, se abría paso en todos los niveles de la estructura de la empresa más importante del país.

Como siempre, César Nava lucía impecable: traje Armani azul marino con finas rayas que hacían juego con el resplandor de sus mancuernillas Bulgari y unos mocasines Ferragamo tan bruñidos que la esbelta silueta del funcionario podía reflejarse en ellos. Según su costumbre, el engominado peinado no permitía la menor rebeldía de un cabello, al tiempo que en sus delgados dedos era evidente el trabajo esmerado y reciente de una manicurista. Desde el estrado, su voz monótona y de tono inexpresivo resonaba en el recinto:

—La visión estratégica de la Oficina del Abogado General es convertir a Petróleos Mexicanos en la mejor empresa petrolera del mundo, dotando a sus operaciones de seguridad y certeza jurídica. Para alcanzar este objetivo, los abogados al servicio de Pemex debemos ejercer nuestra función institucional con transparencia e integridad.

El rostro de Nava Vázquez parecía el de un jugador de póquer, conteniendo la satisfacción a la hora en que Raúl Muñoz Leos, su jefe, tomó la palabra y le dedicó toda clase de halagos. No pudo más, sin embargo, en cuanto se escucharon los aplausos: irguió el rostro y, cuando su mirada se cruzó con la del senador Diego Fernández de Cevallos —plácidamente sentado a unos 20 metros de distancia—, le dedicó una sonrisa. Su protector le respondió de la misma manera antes de susurrarle algo al oído a uno de los consejeros de la Presidencia:

"Es el mejor abogado que ha tenido Pemex", debió imaginar que le decía *el Jefe* Diego a su acompañante al verlo asentir con la cabeza. Y es que, a sus 28 años de edad y menos de un lustro de haber egresado de la Universidad Panamericana, su carrera avanzaba a pasos agigantados. Con una corta experiencia en el sector público —ya que según sus declaraciones patrimoniales ante la Secretaría de la Función Pública (SFP), durante sólo tres meses trabajó como asesor en la Secretaría de Desarrollo Social (Sedesol)—, había logrado lo que ninguno de sus compañeros de generación: encargarse del departamento jurídico de la empresa más importante de México. Con su talante ingenuo, habilidoso, disimulaba los negocios privados que hacía en la paraestatal para beneficio propio, el de su familia y el de su partido.

La herencia

Nava Vázquez, tercero de cuatro hermanos —Dulce María, Lidia y Gabriel—, nació en Morelia, Michoacán, el 16 de julio de 1974. A su padre, César Nava Miranda, un ingeniero egresado del Instituto Politécnico Nacional (IPN), se le identifica con la extrema derecha del PAN y como uno de los fundadores de organizaciones fundamentalistas religiosas, entre ellas la denominada Desarrollo Humano Integral y Acción Ciudadana (DHIAC), antecedentes que lo ligan con Emilio Baños Urquijo, suegro de su hijo.

Cuando el pequeño José César tenía apenas un año de edad, su padre fue elegido presidente de la Unión Nacional de Padres de Familia (UNPF) tras "una elección fraudulenta", según documenta el periodista Álvaro Delgado en el libro *El Yunque*. A partir de la década de 1980 dirigió también la Confederación Patronal de la República Mexicana (Coparmex) en Michoacán.

Movido por una profunda animadversión hacia la educación laica y a través de la UNPF, Nava Mirada pugnó, desde los días en que Miguel de la Madrid ocupaba la Presidencia, por desaparecer de los libros de texto gratuitos aquellos pasajes alusivos al autoritarismo o al abuso de patrones y empresarios en agravio de los trabajadores, así como al socialismo y a Carlos Marx o Ernesto *Che* Guevara. A propósito del éxito de la cruzada para "modificar de fondo el contenido de los libros de texto" y de su papel al frente de la UNPF, declaró al periódico *Cambio* de Michoacán, en noviembre de 2006:

> ...en tiempos de Echeverría, a Carlos Marx lo ponían en una página y al *Che* Guevara en otra, diciendo que eran lo máximo y que los empresarios eran los explotadores. Cómo íbamos a desarro-

llarnos como sociedad si aquellos que hacían posible la creación de fuentes de empleo eran señalados como delincuentes.

Su obsesión por la educación confesional lo llevó a fundar la universidad cristiana Vasco de Quiroga, en Morelia, donde trabajó como docente Luis Calderón Vega, padre de Felipe de Jesús Calderón Hinojosa hasta que, pese a la amistad que los unía, fue expulsado por Nava Miranda.

Con tal formación ideológica, no es raro que César Nava Vázquez militara desde adolescente en las mismas organizaciones que su padre, lo que le valió el impulso del ala más conservadora del PAN, partido en el que en 1995, a los 21 años de edad, ocupó la Secretaría Nacional de Acción Juvenil. Así continuaba una herencia familiar, la política, iniciada por Álvaro Nava Morales, su abuelo, si bien éste fue miembro fundador del Partido Nacional Revolucionario y diputado local del Revolucionario Institucional (PRI) por el municipio michoacano de Maravatío.

YUPPIES AL ASALTO

Cuando tenía 27 años de edad, en octubre de 2001, Raúl Muñoz Leos lo nombró director jurídico de Pemex, cediendo a las presiones de Diego Fernández de Cevallos. El senador tenía especial interés en contar con un operador dentro de la compañía, toda vez que algunos de los clientes del despacho legal en el cual es socio del ex procurador Antonio Lozano Gracia tenían litigios en curso con la paraestatal.

Once meses antes de llegar a Pemex, por un breve periodo, César Nava Vázquez ocupó una curul de la Cámara de Diputados en la LVIII

Legislatura por la vía plurinominal. Además, el partido lo designó subcoordinador de Proceso Legislativo. Sin embargo, también por recomendación del *Jefe* Diego, dejó San Lázaro para convertirse en representante legal del PAN ante el Instituto Federal Electoral (IFE).

Educado en escuelas controladas por el Opus Dei y por ende ultraconservador, la discreción de su vida pública contrastaba con los pequeños excesos que se permitía ya en su cargo al frente de la OAG cuando salía a comisiones en las zonas petroleras. Por ejemplo, llegaba a las reuniones corporativas acompañado por atractivas edecanes, con lo que pretendía exaltar su imagen de abogado de la principal empresa del Estado. Según recuerda uno de sus colaboradores por aquel entonces, entre sus acompañantes no faltaba Carolina Patricia Issa Haces, su consejera, a quien en 2006 llevó con él a la Presidencia de la República.

En tanto director jurídico de Pemex —el más joven que ha tenido la petrolera—, sus numerosas atribuciones incluían la sanción de todo convenio o contrato suscrito con terceros por el corporativo, las subsidiarias y las filiales; litigios laborales, mercantiles, civiles, fiscales o penales y embargos; avalar donativos y donaciones, etc. A su cargo estaba un ejército superior al centenar de abogados: los de las oficinas centrales en Marina Nacional, los de las delegaciones locales y aquellos contratados en forma externa para atender asuntos de todo tipo tanto en México como en el extranjero.

Su grupo compacto —los *yuppies*— lo integraban dos amigos de la Panamericana —José Antonio Prado Carranza, gerente de Convenios y Contratos, y Guillermo Bustamante, gerente de Coordinación Regional—, además de Juan Agustín López Huesca, Héctor Durán Benítez y José Néstor García Reza —este último heredaría el cargo al frente de la OAG—. Junto a ellos,

Nava convirtió al jurídico de Pemex en un nicho de negocios privados, como fue el caso de los numerosos despachos contratados para las funciones que, según la Ley Orgánica de Pemex, le correspondía desempeñar a él y a sus subordinados.

Ejemplo de lo anterior fue la contratación del Despacho González de Castilla Abogados (mediante el contrato 4600003977) para la "asesoría legal" para la defensa de Pemex en juicios instaurados por la empresa Mecánica de la Peña, S. A. de C. V., o la contratación de Rosillo y Asociados para la "asesoría legal" para la defensa ante la Comisión Federal de Competencia (contrato 4600003981), o el que suscribió el propio Nava con el despacho Wynne &Maney LLP, para "supervisar" el juicio entre Arriba Limited y el Sindicato de Trabajadores Petroleros de la República Mexicana (STPRM) por un monto máximo de 100 000 dólares.

Tenían en común ser treintañeros y arrogantes. Asimismo, adoraban los autos deportivos, en especial Mercedes Benz o Porsche, y en las reuniones ejecutivas exigían Perrier y café *latte* servido en vaso de papel encerado mientras que en las comidas, en exclusivos restaurantes, con cargo a tarjetas oro y platino sufragadas por el corporativo bajo el rubro de gastos personales, elegían Château Pétrus y Absolut Azul. En pocas palabras, litigantes cuyo estilo parecía inspirado en el *jet set* que se retrata en las revistas de sociedad, si bien el empeño que ponían en cuidar su atavío contrastaba con el desinterés de que hacían gala a la hora de defender el patrimonio de la petrolera, como lo demuestran los litigios más importantes contra Pemex —entre ellos los presentados por las compañías Conproca, S. A. de C. V., y MexLub—, que Nava dejó empantanar y aún se ventilan en tribunales internacionales.

O el encargar a un tercero (el despacho MyT Penalistas) hasta la coadyuvancia en el desvío de recursos al STPRM, el denominado

CONTRATO ABIERTO DE PRESTACION
DE SERVICIOS No. SC50-743/2002

CONTRATO ABIERTO DE PRESTACIÓN DE SERVICIOS PROFESIONALES No. SC50-743/2002 QUE CELEBRAN POR UNA PARTE PETRÓLEOS MEXICANOS, REPRESENTADO EN ESTE ACTO POR EL C.P. CARLOS H. KAIM CHALITA, EN SU CARACTER DE GERENTE DE RECURSOS MATERIALES Y SERVICIOS GENERALES, A QUIEN EN LO SUCESIVO SE LE DENOMINARÁ "PEMEX" ,Y POR LA OTRA EL DESPACHO DE ABOGADOS WYNNE & MANEY LLP., REPRESENTADO POR EL SR. MARK MANEY EN SU CARACTER DE APODERADO, A QUIEN EN LO SUCESIVO SE LE DENOMINARÁ "EL DESPACHO", DE CONFORMIDAD CON LAS DECLARACIONES Y CLÁUSULAS SIGUIENTES:

DECLARACIONES

I. PEMEX DECLARA A TRAVÉS DE SU REPRESENTANTE QUE:

a) Es un organismo público descentralizado de la Administración Pública Federal, creado por decreto de fecha 7 de junio de1938, con personalidad jurídica y patrimonio propio; cuyo objeto principal, de acuerdo con las disposiciones de la Ley Orgánica de Petróleos Mexicanos y Organismos Subsidiarios publicada en el Diario Oficial de la Federación el día 16 de julio de 1992, es ejercer la conducción central y la dirección estratégica de todas las actividades que abarca la industria Petrolera de conformidad con lo establecido en la Ley Reglamentaria del Artículo 27 Constitucional en el ramo del Petróleo; y con capacidad para celebrar toda clase de contratos relacionados con su objeto.

b) Acredita la legitimación y facultades de su representante, Sr. Carlos H. Kaim Chalita, Gerente de Recursos Materiales y Servicios Generales, para obligar a su representada en términos del presente Contrato, según consta en la Escritura Pública Número 197,551 de fecha 31 de octubre de 2001, pasada ante la fe del Lic. Fausto Rico Álvarez, Notario No. 6 del Distrito Federal.

c) Tiene su domicilio en Ave. Marina Nacional 329, Edificio "_", Huasteca, C.P. 11311, México, Distrito Federal, mismo que se_ fines y efectos derivados del presente contrato; y _ Federal de Contribuyentes número PME380607P35.

d) Requiere de la asistencia calificada de una firma de abogados_ reconocida con sede en la ciudad de Houston, Texas, en los_ América.

mayor o acaso fortuito, debiendo considerarse como tales los definidos por la legislación mexicana.

DÉCIMA OCTAVA.- CESIÓN DE DERECHOS Y OBLIGACIONES.
EL DESPACHO no podrá ceder o transferir en forma parcial o total a favor de cualquier otra persona los derechos y obligaciones de este Contrato, salvo los derechos de cobro, previo consentimiento por escrito de PEMEX, de conformidad con lo señalado por el Artículo 46 de la Ley de Adquisiciones, Arrendamientos y Servicios del Sector Público.

DÉCIMA NOVENA.- RECONOCIMIENTO CONTRACTUAL.
Este Contrato constituye el acuerdo total entre las partes, no existen acuerdos previos o relativos a este, diferentes de los que se incluyen en este documento.

Ningún cambio, renuncia o cancelación serán válidos a menos que consten por escrito y estén firmados por las partes.

Todas las notificaciones y otras comunicaciones que se otorguen a las partes, deberán ser por escrito y serán efectivas al momento de su recepción en los domicilios que han quedado establecidos en las declaraciones de este Contrato.

Leído el presente Contrato Abierto de Prestación de Servicios Profesionales, así como el anexo "A" que forma parte integrante del mismo, las Partes suscriben dos tantos de este Contrato a entera satisfacción, en la Ciudad de México, D.F. el día 2 de enero de 2003

POR PEMEX

C.P. CARLOS H. KAIM CHALITA
GERENTE DE RECURSOS MATERIALES
Y SERVICIOS GENERALES

POR EL DESPACHO

SR. MARK MANEY
APODERADO

AREA USUARIA

LIC. J. ALFONSO ITURBIDE GUERRA
GERENTE JURÍDICO CONSULTIVO

SANCION JURIDICA

LIC. JOSÉ CÉSAR NAVA VÁZQUEZ
ABOGADO GENERAL

Pemexgate (mediante el contrato SC-20-174/2002, suscrito el 15 de marzo de 2002 por 31 millones de pesos), un asunto que para Pemex, sin duda, era de vital importancia.

—De cada 10 asuntos que llevaban, Pemex perdía 15 —dice con sarcasmo un contralor de la SFP que realizó diversas auditorías a su trabajo, y que pidió mantener en reserva su nombre.

La corta estancia de César Nava en la paraestatal —octubre de 2001 a septiembre de 2003— no sólo se tradujo en beneficios personales para el abogado michoacano, también favoreció a empresas que enfrentaban controversias judiciales y extrajudiciales con Pemex mediante la autorización de convenios que, en gran número de casos, favorecieron a las compañías privadas con el consecuente impacto económico para la paraestatal. Lo anterior, por las atribuciones que se le dieron a Nava de imponer sanción jurídica a cada obra y servicio así como a cualquier modificación a ellas. Así lo revelan diversos convenios extrajudiciales autorizados por la OAG en poder de la autora.

Uno de esos casos fue el de la compañía ABB México, S. A. de C. V., que entre 2002 y 2003 suscribió diversos convenios con Pemex Refinación, avalados por la OAG para obtener prórrogas en su contrato (número PRSPR-044/00DMX) para desarrollar el "Plan maestro de modernización de la instrumentación área 3 en la Refinería General Lázaro Cárdenas". En enero de 2002 la OAG, por medio de Patricia Arcineaga Luna, avaló el primer convenio de 120 días naturales al plazo de ejecución del contrato derivado del atraso de la empresa. Se trataba de una obra de primordial importancia, pues permitiría la operación más confiable y segura de las plantas hidrosulfuradoras de gasolina, queroseno y diésel.

Pero ABB no cumplió el plazo y la OAG autorizó una nueva prórroga, pues consideró que era "más conveniente" para los inte-

CONTRATO DE PRESTACION DE SERVICIOS PROFESIONALES No. SC-20-174/2002 PARA LA COADYUVANCIA AL MINISTERIO PÚBLICO EN LA INTEGRACIÓN DE LAS AVERIGUACIONES PREVIAS Y APOYO EN LA DEFENSA DE ASUNTOS LITIGIOSOS EN MATERIA PENAL, QUE CELEBRAN POR UNA PARTE EL ORGANISMO DESCENTRALIZADO DE LA ADMINISTRACIÓN PÚBLICA FEDERAL PETRÓLEOS MEXICANOS, REPRESENTADO POR EL C.P. CARLOS H. KAIM CHALITA, EN SU CARÁCTER DE GERENTE DE RECURSOS MATERIALES Y SERVICIOS GENERALES Y POR LA OTRA, EL DESPACHO M Y T PENALISTAS, S.C., REPRESENTADO POR EL LIC. MARCO ANTONIO DEL TORO CARAZO EN SU CARACTER DE SOCIO ADMINISTRADOR, A QUIENES EN LO SUCESIVO EN EL CONTENIDO DE ESTE CONTRATO SE LES DENOMINARÁ "PEMEX" Y "EL DESPACHO" RESPECTIVAMENTE, SUJETÁNDOSE A LAS SIGUIENTES DECLARACIONES Y CLÁUSULAS:

DECLARACIONES

I.- "PEMEX" DECLARA A TRAVES DE SU REPRESENTANTE QUE:

1.- ES UN ORGANISMO DESCENTRALIZADO DE LA ADMINISTRACIÓN PÚBLICA FEDERAL, CREADO POR DECRETO DEL 7 DE JUNIO DE 1938, CON PERSONALIDAD JURÍDICA Y PATRIMONIO PROPIOS, QUE TIENE POR OBJETO, EJERCER LA CONDUCCIÓN CENTRAL Y LA DIRECCIÓN ESTRATÉGICA DE TODAS LAS ACTIVIDADES QUE ABARCA LA INDUSTRIA PETROLERA ESTATAL EN LOS TÉRMINOS DE LA LEY REGLAMENTARIA DEL ARTÍCULO 27 CONSTITUCIONAL EN EL RAMO DEL PETRÓLEO; DE ACUERDO A LA LEY ORGÁNICA DE PETRÓLEOS MEXICANOS Y ORGANISMOS SUBSIDIARIOS PUBLICADA EN EL DIARIO OFICIAL DE LA FEDERACIÓN EL DÍA 16 DE JULIO DE 1992, CONTANDO ENTRE SUS ATRIBUTOS CON LA FACULTAD DE CELEBRAR TODO TIPO DE CONTRATOS RELACIONADOS CON SU OBJETO.

2.- DURANTE EL AÑO DE 2001 LA SECRETARÍA DE CONTRALORÍA Y DESARROLLO ADMINISTRATIVO (SECODAM) INICIÓ DIVERSAS INVESTIGACIONES RELACIONADAS CON EL DESVÍO DE RECURSOS DE PETRÓLEOS MEXICANOS AL SINDICATO DE TRABAJADORES PETROLEROS DE LA REPÚBLICA MEXICANA (S.T.P.R.M.) DURANTE EL AÑO 2000 A TRAVÉS DE CONVENIOS ADMINISTRATIVOS POR APARENTES ADEUDOS QUE SE TENÍAN CON DICHA ORGANIZACIÓN SINDICAL.

3.- EN TÉRMINOS DE LAS DISPOSICIONES LEGALES APLICABLES, INDEPENDIENTEMENTE DE LAS SANCIONES QUE PROCEDA IMPONER POR SECODAM EN MATERIA ADMINISTRATIVA, SE DEBE PROCEDER PENALMENTE EN CONTRA DE LOS SERVIDORES PÚBLICOS QUE RESULTEN RESPONSABLES DE LAS IRREGULARIDADES DETECTADAS.

4.- ES NECESARIO QUE PETRÓLEOS MEXICANOS COADYUVE A[...] Y POR LA IMPORTANCIA Y CONFIDENCIALIDAD CON QUE D[...] ASUNTO, SE REQUIERE LA CONTRATACIÓN DE UN DESP[...] CONNOTADOS, CON PROBADA EXPERIENCIA Y CONOCI[...] PENAL, PARA LA ADECUADA INTEGRACIÓN DE LAS AVERI[...] APOYO EN LA DEFENSA DE LOS ASUNTOS LITIGIOSOS, TEN[...] LOS INTERESES DE LA INDUSTRIA PETROLERA ESTATAL.

5.- EL PRESENTE CONTRATO SE ADJUDICÓ EN FORMA DIRE[...] DISPUESTO EN LOS ARTÍCULOS 26 FRACCIÓN III y 41 FRA[...] ADQUISICIONES, ARRENDAMIENTOS Y SERVICIOS DE[...]

TERCERA.- MONTO TOTAL DEL CONTRATO Y FORMA DE PAGO.

"PEMEX" PAGARÁ A "EL DESPACHO" POR LOS SERVICIOS OBJETO DE ESTE CONTRATO, LA CANTIDAD TOTAL DE $31,500,000.00 (TREINTA Y UN MILLONES QUINIENTOS MIL PESOS 00/100) MAS I.V.A., LA CUAL INCLUYE LOS GASTOS DE OPERACIÓN PARA ACTIVIDADES DE INVESTIGACIÓN DOCUMENTAL, EDICIÓN Y PRODUCCIÓN DE DOCUMENTOS, REPORTES, VIAJES, HOSPEDAJE Y SERVICIOS DE APOYO DERIVADOS DE LOS SERVICIOS A PRESTAR.

LOS HONORARIOS SE PAGARÁN CONFORME AL SIGUIENTE PROGRAMA EL CUAL PODRÁ VARIAR EN VIRTUD DE QUE LAS DIVERSAS ACTUACIONES Y SERVICIOS QUE PRESTARÁ "EL DESPACHO", DEPENDERÁN DE LOS PROCEDIMIENTOS QUE SE VAYAN DESAHOGANDO EN LOS TIEMPOS QUE DETERMINEN LAS AUTORIDADES JUDICIALES.

MONTO POR ETAPA	FORMA DE PAGO	PAGO SUJETO A	FECHA PROGRAMADA
$15,750,000.00	EN SEIS MENSUALIDADES DE $2,625,000.00 C/U	POR SERVICIOS DEVENGADOS EN DICHO PERÍODO. EN EL SUPUESTO DE QUE SE CONSIGNE CUALQUIERA DE LAS AVERIGUACIONES PREVIAS INICIADAS ANTES DEL VENCIMIENTO DE LOS SEIS MESES, LAS MENSUALIDADES AÚN NO DEVENGADAS SE ADELANTARÁN	DEL 15 DE MARZO AL 15 DE SEPTIEMBRE 2002
$3,150,000.00	UNA SOLA EXHIBICIÓN	AL MOMENTO EN QUE SE OBTENGA LA PRIMER ORDEN DE APREHENSIÓN DERIVADA DE LAS DENUNCIAS PRESENTADAS	25 DE MAYO 2002
$12,600,000.00	EN SEIS MENSUALIDADES POR LA CANTIDAD DE $2,100,000.00 C/U	A PARTIR DE LIBRADA LA PRIMER ORDEN DE APREHENSIÓN. EN EL SUPUESTO DE QUE SE DICTE AUTO DE FORMAL PRISIÓN EN CONTRA DE CUALQUIERA DE LOS IMPUTADOS ANTES DEL	A PARTIR DEL 25 DE MAYO 2002

41

19

reses de Refinación ceder a la solicitud de la contratista. Así se autorizó la prórroga. Lo siguiente fue una historia de incumplimientos, alegatos y una obra que no concluyó sino hasta 2003, con el consecuente impacto para la subsidiaria.

Otro caso fue el de la compañía Gamma Servicios, a la que la OAG, en julio de 2002, avaló que se le diera un plazo adicional a la ejecución de su trabajo para la terminación y construcción, arranque y puesta en operación de la unidad de coquización de la Refinería Héctor Lara, en Cadereyta. Gamma argumentó que previamente a ICA Fluor Daniel se le autorizó la modificación de su trabajo mediante un convenio, entre muchos otros.

Para colmo, Nava encargó a despachos externos, en los que laboraban amigos suyos, una infinidad de litigios por montos multianuales que concluyeron en descalabros para la paraestatal. Consecuencia de la duplicidad de funciones, bajo el concepto de Contratos de Servicios Jurídicos Profesionales se erogaron durante ese periodo 249 318 919 pesos sin licitación pública. La SFP, incluso, le hizo un extrañamiento a Pemex a fin de que cesara la contratación de despachos externos.

Y pese al numeroso grupo de abogados adscritos a la OAG, los juicios laborales contra la petrolera tampoco se desahogaron. A la salida de Nava, el número de demandas rezagadas en las juntas de Conciliación y Arbitraje de todo el país —empantanadas hasta la fecha— llegaba a 20 000.

EL PREVARICATO

Durante su estancia como abogado de la petrolera, el caso más espinoso en el cual se involucró el hoy presidente nacional del

PAN, César Nava, fue el de un prevaricato en Pemex Petroquímica (PPQ) para financiar la construcción de un túnel en el municipio de Coatzacoalcos que permitiría conectar las orillas del río con el mismo nombre en el estado de Veracruz. El ambicioso proyecto fue impulsado por Grupo Básico Mexicano (GBM), empresa de la que es funcionario Emilio Baños Urquijo, padre de la esposa de Nava, María del Pilar Covadonga Baños Ardavín.

El expediente que contenía las pruebas sobre las irregularidades que cometió Nava Vázquez fue archivado en la SFP, ya que el entonces secretario Eduardo Romero Ramos lo clasificó, el 2 de octubre de 2003, como "confidencial" y con un tiempo de reserva indefinido.

En el prevaricato estuvieron involucrados, además de Nava, cuatro de sus subordinados: Héctor Durán Benítez (jefe de la Unidad de Servicios Jurídicos en Petróleos Mexicanos), Juan Agustín López Huesca (jefe de la Unidad Jurídica de Pemex Petroquímica), Rogelio Martínez Hernández (titular de la Unidad Jurídica de Petroquímica Cosoleacaque) y Ernesto Ordaz Moreno (también adscrito a la Unidad Jurídica de Cosoleacaque), todos ellos en complicidad con el alcalde priísta Marcelo Montiel Montiel.

Marcelo Montiel, por segunda ocasión edil de Coatzacoalcos (para el trienio 2008-2010), "en colusión con los abogados, cobró a Pemex 241 millones de pesos, si bien pretendían ganar más de 900 millones", explica Marco Antonio Díaz Tobías, el ex contralor de Pemex que encabezó la auditoría que descubrió el prevaricato. Y lo lograron reviviendo asuntos que parecían cerrados desde que el gobierno de Ernesto Zedillo desincorporó a las filiales de PPQ —Cangrejera, Cosoleacaque, Morelos, Pajaritos y Escolín— con la intención de ponerlas en venta.

En agosto de 1997, durante la gestión de Patricio Chirinos, la Secretaría de Finanzas y Planeación del gobierno de Veracruz elaboró, a petición del Corporativo de Pemex, un informe sobre la situación fiscal de la paraestatal en la entidad, con objeto de que fiscal y administrativamente cada filial se pudiera desincorporar y transformar en sociedad anónima de capital variable.

El informe determinó que, aun como sociedades anónimas, las filiales seguirían siendo empresas del dominio privado de la Federación, pues sólo 5% de las acciones pertenecía a cada filial y el restante 95% era de Pemex Corporativo. El gobierno de Veracruz concluyó además que ninguna filial de Petroquímica era sujeto de impuesto alguno por traslado de dominio porque al momento de constituirse como sociedades anónimas lo hacían con capital del gobierno federal. En otras palabras, continuarían siendo patrimonio de la nación y, por ende, estaban exentas de todo gravamen.

En un oficio fechado el 14 de agosto de 1997 (DGI/DATEF/ SU8/000066/97), el director general de Ingresos de la Secretaría de Finanzas y Planeación de Veracruz, Miguel Álvarez de Asco, notificó de la exención de impuestos al subdirector de Administración y Finanzas de Pemex Petroquímica, Mario González Petrikowsky. El documento detalla que, de acuerdo con el artículo 90 de la Constitución, la desincorporación de bienes de dominio público y su posterior aportación inmobiliaria a sociedades mercantiles de naturaleza paraestatal no hace que éstas pierdan su naturaleza de patrimonio nacional. Agrega el documento:

Se determinó que no son sujetos obligados al pago de dicho gravamen las filiales de Pemex Petroquímica: Petroquímica Cangrejera, S. A. de C. V., Petroquímica Morelos, S. A. de C. V., Petroquímica Pajaritos, S. A. de C. V., Petroquímica Cosoleacaque, S. A. de

Xalapa-Enríquez, Ver., Agosto 14 de 1997

ING. MARIO H. GONZALEZ PETRIKOWSKY
SUBDIRECTOR DE ADMINISTRACION Y FINANZAS
DE PEMEX PETROQUIMICA
COATZACOALCOS, VER.

En alcance a nuestro oficio DGI/DATEF/SUB/000057 de fecha 13 de los corrientes, me permito manifestarle la opinión de esta Secretaría respecto a la causación del Impuesto Sobre Traslación de Dominio de Bienes Inmuebles por la aportación que lleve a cabo Pemex Petroquímica en favor de sus filiales, para lo cual paso a señalar:

Que no son sujetos obligados al pago de dicho gravamen las filiales de Pemex-Petroquímica: Petroquímica Cangrejera, S.A. de C.V., Petroquímica Morelos, S.A. de C.V., Petroquímica Pajaritos, S.A. de C.V., Petroquímica Cosoleacaque, S.A. de C.V. y Petroquímica Escolín, S.A. de C.V., de conformidad con lo estipulado en los artículos 90 de la Constitución Política de los Estados Unidos Mexicanos, 3° fracción II y 46 fracción II inciso a) de la Ley Orgánica de la Administración Pública Federal, las cuales se constituyen por virtud de Decreto emitido por el Ejecutivo Federal, y que desincorpora los bienes del dominio público y ordena su aportación inmobiliaria a las sociedades mercantiles de naturaleza paraestatal antes mencionadas a dominio privado.

En tal virtud los bienes inmuebles que abalinean los organismos subsidiarios de Petróleos Mexicanos no pierden la naturaleza de patrimonio nacional, ya que se encuentra en el supuesto del artículo 1° fracción II de la Ley General de Bienes

Nacionales, aún cuando sean considerados como bienes del dominio privado de la Federación, incluso el artículo 57 de este mismo ordenamiento legal precisa que los inmuebles del dominio privado se destinarán prioritariamente al servicio de las distintas dependencias y entidades de la Administración Pública Federal, Estatales y Municipales.

Sin otro particular, quedo de usted.

ATENTAMENTE
SUFRAGIO EFECTIVO. NO REELECCION
EL DIRECTOR GENERAL DE INGRESOS

C.P. MIGUEL ALVAREZ DE ASCO

C.c.p. C.P. Marcos González Tejeda, Secretario de Finanzas y Planeación.-Presente.
C.c.p. C. Lic. Leopoldo Domínguez Armengual, Jefe de los Deptos. de Registro Público de la Propiedad y de Inspección y Archivo General de Notarías del Estado de Veracruz. Ver
C.c.p. C. Lic. Fernando Hernández Jácome, Encargado de la Oficina de Registro Público de la Propiedad.-Minatitlán. Ver.
C.c.p. C. Lic. Jorge Luis Moreno González, Encargado de la Oficina de Registro Público de la Propiedad.-Coatzacoalcos. Ver.
C.c.p. C. Lic. Florencio Jongitud Mejía, Encargado de la Oficina de Registro Público de la Propiedad.- Poza Rica, Ver.
C.c.p. Expediente.
C.c.p. Minutario.

L/C. ESG/rlaa.

23

C. V., y Petroquímica Escolín, S. A. de C. V., de conformidad con lo estipulado en los artículos 90 de la Constitución Política de los Estados Unidos Mexicanos, 3° fracción II, y 46 fracción II inciso a) de la Ley Orgánica de la Administración Pública Federal.

Bajo este precepto, sin saldos fiscales, desde 1997 se constituyeron las petroquímicas de Pemex como sociedades anónimas de capital variable.

El litigio

Marcelo Montiel Montiel es el clásico político caciquil formado en lo álgido del priato mexicano. Su incursión en la función pública se remonta a la década de 1980, cuando trabajó como jefe del área cultural de la Delegación Magdalena Contreras, en el Distrito Federal, y luego como subdirector de Desarrollo Social de la misma. Cobijado por el PRI, en el año 2000 llegó a la alcaldía de Coatzacoalcos, ayuntamiento del cual había sido tesorero en 1993.

En una reunión de cabildo, en abril de 2002, el alcalde Montiel anunció que demandaría a Pemex el pago de los impuestos acumulados desde 1997 por el traslado de dominio de las petroquímicas que, según sus cálculos, ascendían a 713 millones de pesos. Oportunistas, otros ayuntamientos requirieron a PPQ el pago de sus impuestos. Por ejemplo, Cosoleacaque reclamó 71 973 000 pesos para cubrir los supuestos adeudos fiscales de Petroquímica Cosoleacaque (Pecosa).

Testimonios de algunos ex colaboradores de Nava revelan que la idea de que PPQ pagara el supuesto adeudo fiscal se concibió en la OAG, ya que el dinero se triangularía a la construcción del túnel

H. Ayuntamiento Constitucional
Cd. de Cosoleacaque, Ver.

MUNICIPIO DE COSOLEACAQUE, VER.
SECRETARIA 2001 - 2004
COSOLEACAQUE, VER.

SESIÓN EXTRAORDINARIA DE CABILDO.

ACTA DE CABILDO No. 0012/2002.

FECHA: 22 DE ABRIL DE 2002.

En la Heroica Ciudad de Cosoleacaque, Veracruz, siendo las nueve horas con treinta minutos del día veintidós del mes de abril de dos mil dos, con fundamento en lo previsto en los Artículos 115, de la Constitución Política de los Estados Unidos Mexicanos, 110, 114 Fracción I de la Constitución del Estado de Veracruz-Llave, 28, 29, 30 y 32 de la Nueva Ley Orgánica del Municipio Libre de la Entidad, en la Sala de la Presidencia Municipal, se celebró Sesión Extraordinaria colegiada del cabildo, convocada por el ciudadano Presidente Municipal DARIO ABURTO PERDOMO, bajo el siguiente:-

ORDEN DEL DIA.

I.   LISTA DE ASISTENCIA.

II.   PUNTO ÚNICO:

I.- LISTA DE ASISTENCIA.- El ciudadano Presidente Municipal, declara abiertos los trabajos de la sesión y solicita a la C. LUCILA HERNÁNDEZ CANSECO, Secretaria del H. Ayuntamiento, pase lista de asistencia.--

Estando presentes los ciudadanos DARIO ABURTO PERDOMO, Presidente Municipal Constitucional, el Síndico ING. RICARDO LÓPEZ ANTONIO y los C.C. PROFRA. ELODIA ANTONIO CORTES, DR. LUIS ALBERTO CORTES VILLANUEVA, PROF. ATANASIO GONZÁLEZ REYES, ING. CONSTANTINO DOMÍNGUEZ DÍAZ, C.P. EMIGDIO MERLÍN ALOR y LIC. GUSTAVO JIMÉNEZ ALOR, todos ellos en su calidad de   Regidora Primera, Segundo, Tercero, Cuarto, Quinto, Séptimo y LUCILA HERNÁNDEZ CANSECO, Secretaria del H. Ayuntamiento con quien se actúa y da fe.---

II.- PUNTO UNICO:- ADMISIÓN, RADICACIÓN EN SU CASO; PREVENCIÓN O DESECHAMIENTO DE LOS RECURSOS DE REVOCACIÓN. Seguidamente la Secretaria del H. Ayuntamiento, da cuenta a esta Sesión Extraordinaria de Cabildo, con sendos escritos presentados ante esta autoridad el día dieciséis de abril a las diecinueve horas con cuarenta minutos, con número interno de recepción folio 1606 y el día diecisiete de abril a las trece horas con diez minutos, con

25

subterráneo en Coatzacoalcos que proyectaba GBM. Por supuesto, una parte de los recursos se repartiría entre quienes participaran en el litigio, incluido el alcalde, también abogado de profesión.

Aunque el ayuntamiento de Coatzacoalcos contaba con departamento jurídico, Marcelo Montiel contrató a Asociados y Abogados Internacionales, un despacho externo propiedad del contador público Jesús Antonio Macías Yazegey, conocido en Veracruz como Tony Macías, tesorero y asesor de Fidel Herrera Beltrán durante su campaña hacia el gobierno del estado.

Tony Macías ha sido señalado como supuesto prestanombres de políticos y funcionarios veracruzanos —incluido su yerno, Javier Duarte de Ochoa, secretario de Finanzas y Administración con Herrera Beltrán y actual diputado federal en la LXI Legislatura— en la propiedad de ranchos agrícolas y ganaderos en Veracruz y Chiapas que son subsidiados por los gobiernos federal y estatal.

Asociados y Abogados Internacionales tiene su domicilio fiscal en la ciudad de México, en Carlos Pereyra 82, colonia Viaducto Piedad, y cuenta con un despacho ubicado en el 1107 de la avenida Mariano Abasolo, colonia María de la Piedad, Coatzacoalcos. De acuerdo con los registros notariales, la sociedad civil fue constituida apenas unos meses antes de que Marcelo Montiel contratara sus servicios para demandar a Pemex.

Para la defensa de la paraestatal, César Nava designó a Juan Agustín López Huesca, jefe de la Unidad Jurídica de PPQ, y a Rogelio Martínez Hernández, responsable de la Unidad Jurídica de Petroquímica Cosoleacaque. A su vez, éstos encomendaron el asunto a Ernesto Ordaz Moreno, un abogado que ingresó a Pemex por recomendación de Rogelio Martínez. Tanto éste como Ordaz Moreno eran socios en el bufete Orbes, Servicios Legales Internacionales, en donde despachaban "de manera independiente". En realidad, Orbes llevaba demandas de empresas privadas contra la petrolera, de manera que por las mañanas defendían a la paraestatal y por las tardes la demandaban.

La simulación de los abogados de Pemex fue burda y evidente, explica el contralor Díaz Tobías: Juan Agustín López Huesca, Rogelio Martínez y Ernesto Ordaz presentaron un recurso de revocación sin firma, por lo que se rechazó, y posteriormente lo hicieron fuera de tiempo, de modo que fue invalidado.

Hay más: los despachos de Orbes y de Asociados y Abogados Internacionales estaban ubicados en el mismo domicilio, compartían papelería y teléfonos. Es decir, la oficina desde donde se elaboró la demanda contra Pemex era la misma en que se preparó la defensa.

Una vez que, deliberadamente, los abogados de Pemex dejaron la demanda sin respuesta, Macías solicitó a nombre del ayuntamiento de Coatzacoalcos un embargo a PPQ por 900 millones de pesos para garantizar el cobro de los supuestos adeudos, así como multas, recargos y gastos de administración correspondientes a siete años.

El embargo fue autorizado y días antes de su ejecución se notificó a los abogados de Pemex que deberían designar los bienes que podían incautarse. Extrañamente, ignoraron la solicitud, por lo que a Pemex se le declaró "en rebeldía" judicial. Otra vez la ventaja fue para la parte actora, que reclamó las cuentas bancarias y bienes de las petroquímicas Morelos y Pajaritos. El 20 de abril de 2002, el ayuntamiento de Coatzacoalcos embargó a la primera por 570 millones de pesos y a la segunda por 72 millones. El 2 de mayo, PPQ Cosoleacaque fue embargada por 72 millones de pesos.

Rogelio Martínez, quien en la actualidad es asesor de diputados locales del Partido de la Revolución Democrática (PRD), asegura que su ex jefe, Juan Agustín López Huesca, fue quien "facilitó la

MUNICIPIO DE COSOLEACAQUE, VER.

Dependencia: _____
Oficio No.: _____
Expediente No.: _____

C. REPRESENTANTE LEGAL DE:

Deudor: **PETROQUÍMICA COSOLEACAQUE, SOCIEDAD ANÓNIMA DE CAPITAL VARIABLE**

Domicilio: Carretera costera del Golfo Km 39+400 Cosoleacaque, Veracruz.

Registro Estatal de Contribuyentes: 02 05 050 - 042
Registro Federal de Contribuyentes: PCO-970130-C57

Datos del Crédito Fiscal a ejecutar:

Resolución: Acuerdo No.0052/2002 tomado en Sesión Extraordinaria de Cabildo Número 0014/2002.

Lugar de Emisión: Cosoleacaque, Veracruz.

Fecha de Emisión: 26 de Abril del 2002.

Autoridad Emisora: Honorable Ayuntamiento Constitucional de Cosoleacaque, Veracruz; en Sesión Extraordinaria de Cabildo.

Crédito Fiscal: $71'973,098.70 (SETENTA Y UN MILLONES NOVECIENTOS SETENTA Y TRES MIL NOVENTA Y OCHO PESOS 70/100 MN).

-------------ACTA DE REQUERIMIENTO DE PAGO Y EMBARGO.-------------

En la ciudad de Cosoleacaque, Veracruz a los dos días del mes de mayo del año dos mil dos, siendo las once horas, en cumplimiento del mandamiento de ejecución contenido en el oficio número 154/2002, de fecha veintinueve de abril del presente año, nos constituimos en el domicilio de "PETROQUÍMICA COSOLEACAQUE, SOCIEDAD ANÓNIMA DE CAPITAL VARIABLE", mismo que tiene manifestado en el Registro Estatal de Contribuyentes y cerciorados de ser el lugar en donde se encuentra ubicado el bien inmueble materia del hecho generador de la obligación fiscal que nos ocupa y habiendo dejado citatorio el día treinta de abril en curso para que nos esperara este día a esta hora el C. Representante Legal de Petroquímica Cosoleacaque, S.A. de C.V., hacemos constar que comparece en este acto el C. GUILLERMO VIVANCO MONROY, quien bajo protesta de decir verdad y apercibido de las penas en que incurren los que declaran con falsedad, manifestó ser DIRECTOR GENERAL EN FUNCIONES DE PETROQUÍMICA COSOLEACAQUE, SOCIEDAD ANÓNIMA DE CAPITAL VARIABLE, exhibiendo copia certificada del instrumento número

Dependencia: _____
Oficio No.: _____
Expediente No.: _____

liquidado en la cantidad de $71'973,098.70 (SETENTA Y UN MILLONES NOVECIENTOS SETENTA Y TRES MIL NOVENTA Y OCHO PESOS 70/100 MN), por Acuerdo tomado en Sesión Extraordinaria de Cabildo número 0014/2002 del Ayuntamiento Constitucional de Cosoleacaque, Veracruz, de fecha veintiséis de abril del presente año al que se hace referencia en el proemio de este requerimiento; y para el caso, le hacemos saber a esta persona el derecho que tiene para designar dos testigos y, en el caso que no lo hiciere o los designados se negaren a firmar, los suscritos notificadores ejecutores lo harán constar en el acta respectiva, sin que estas circunstancias afecten la legalidad del presente acto. Por consiguiente se le requiere para que designe dos testigos de asistencia; manifestando el compareciente que acepta nombrarlos y designa testigos en las personas de los CC. ERNESTO ORDAZ MORENO y SALVADOR SALAZAR LOZADA, quienes aceptan el cargo de testigos y se identifican, de la siguiente forma: el Ciudadano ERNESTO ORDAZ MORENO mediante cédula con efectos de patente para ejercer la profesión de Licenciado en Derecho con número 2674506, registrado a fojas 091-07 del Libro A257, en la que aparece su nombre, firma y fotografía, de la proporciona una fotocopia simple que previa su cotejo con la original se agrega a la presente acta como formando parte de ella; y el Ciudadano SALVADOR SALAZAR LOZADA mediante documento de identificación propiedad de PEMEX número 2088283, con número de ficha de PEMEX 268304, que ostenta en su anverso un holograma que a la letra dice "SISTEMA INSTITUCIONAL DE IDENTIFICACIÓN ÚNICA", en la que aparece su nombre, firma y fotografía, proporciona una fotocopia simple que previa su cotejo con la original se agrega a la presente acta como formando parte de ella; y ambos aceptan firmar la presente acta. En uso de la voz el C. ERNESTO ORDAZ MORENO, manifestó que comparezco en mi carácter de Representante y Apoderado Legal con facultades para pleitos y cobranzas, actos de administración en representación laboral en términos del instrumento público número seis mil cuatrocientos cuatro de fecha ocho de septiembre de dos mil uno, pasado ante la fe del Licenciado Alejandro Roche Errasquín, Notario Público adscrito a la Notaría Pública número nueve de la demarcación notarial de Coatzacoalcos, Veracruz, cuya copia fotostática exhibo para efectos de que se agregue a la presente diligencia y solicité mi acreditación como representante legal.

28

información para que el ayuntamiento encuadrara jurídicamente el requerimiento a Pemex y después dejó correr los tiempos con objeto de facilitar el embargo a las petroquímicas". ¿La razón? López Huesca es compadre de Marcelo Montiel Montiel.

Por otra parte, Martínez Hernández es pieza clave en el caso pues, además de participar en la planeación del fraude, recurrió a las relaciones de su familia en el Poder Judicial de Veracruz para simular la defensa de Pemex, según lo documentó el contralor Marco Antonio Díaz en la Auditoría 06/03.

Cuando las plantas estaban embargadas, López Huesca ordenó a Ernesto Ordaz que tramitara un amparo para la paraestatal ante el Juzgado Noveno de Veracruz, mismo que fue negado por el juez Vicente Mariche Garza. De este modo, los abogados de César Nava justificaron que "se hizo lo jurídicamente posible para combatir el embargo". No obstante, la madeja de complicidades crecía: Mariche Garza es cuñado de Rogelio Martínez, y la esposa de éste, Lilia Mariche Garza, es secretaria del juzgado donde es magistrado su hermano, a su vez concuño de Tony Macías.

LA MANIPULACIÓN DE NAVA

Durante los meses que duró el embargo, el ayuntamiento de Coatzacoalcos paralizó las plantas de Morelos y Pajaritos, que entonces eran las más productivas y rentables de la petroquímica mexicana. Montiel intervino la caja. Los ingresos, estimados en 300 millones de pesos semanales, se vieron afectados, ya que, ante la incertidumbre, los clientes de Pemex dejaron de pagar.

Al mismo tiempo, el alcalde declaraba en público que el dinero que se obtuviera se destinaría a la construcción del túnel subterráneo, un corredor de 1 520 metros que conectaría las orillas del río Coatzacoalcos —posteriormente denominado Túnel Sumergido de Coatzacoalcos—, proyecto que por aquellas fechas promovía entre el empresariado y funcionarios locales, Emilio Baños Urquijo, director general de la Asociación Mexicana de Infraestructura Concesionada.

El litigio contra Pemex tomó entonces otra dimensión. Según testimonios de algunos ex abogados de la paraestatal, la negociación sobre el reparto del dinero quedó en manos de César Nava Vázquez, Juan Agustín López Huesca, y el compadre de éste, Marcelo Montiel Montiel. Al sentirse fuera del negocio, el 24 de mayo de 2002 Rogelio Martínez denunció detalles del plan al Órgano Interno de Control (OIC) de PPQ. En su delación, amén de que se hace pasar por víctima, alerta de "un posible daño patrimonial contra Pemex a través del indebido cobro de impuestos".

El 18 de junio, Nava ordenó a sus abogados dar por perdido el caso antes del desahogo de pruebas. Les notificó que era mejor "negociar" el adeudo con los ayuntamientos que seguir el litigio. En su dictamen argumenta que las filiales de Petroquímica son empresas de participación estatal mayoritaria y forman parte de la Administración Pública Federal, pero no de la industria petrolera. Y además, que al gozar de una naturaleza jurídica distinta, "los bienes de las empresas filiales no son propiedad de la Federación", en contravención al decreto emitido por el gobierno de Veracruz.

En el documento que Nava dirigió a los abogados que llevaban el caso, al entonces administrador de Pemex, Julio Camelo Martínez, y al director de Petroquímica, Rafael Beverido Lomelín, concluye que "es conveniente negociar el pago de impuestos de traslación de dominio determinado por el ayuntamiento de

OPINIÓN RESPECTO DEL PAGO DEL IMPUESTO DE TRASLACIÓN DE DOMINIO POR PARTE DE PETROQUÍMICA CANGREJERA, S.A. DE C.V.

OFICINA DEL ABOGADO GENERAL.

1. ANTECEDENTES.

1.- Petroquímica Cangrejera, Sociedad Anónima de
Variable es una Sociedad Anónima de participación estatal may
constituida conforme a las leyes mexicanas, según consta en la Escritura
número doscientos sesenta y siete mil setecientos sesenta y uno, de
veintiseis de febrero de mil novecientos noventa y siete, pasada ante la
Licenciado Tomás Lozano Molina, Notario Público número diez del
Federal, que contiene la constitución de dicha sociedad, modificada med
Escritura Pública número doscientos sesenta y ocho mil ochenta y uno, d
veintiuno de abril de mil novecientos noventa y siete, ante el Notario doscientos
siete, licenciada Georgina Schila Olivera González, otorgadas por los
Organismos Descentralizados del Gobierno Federal denominados Petróleos
Mexicanos y Pemex Petroquímica.

2.- Mediante la Escritura Pública número doscien
ocho mil seiscientos veinticinco de fecha diecinueve de junio de m
noventa y siete, otorgada ante la Notaría Pública número die
Federal de la cual es titular el licenciado Tomás Lozano Molina, se
la aportación traslativa de dominio en los términos señalados en
fecha veintisiete de febrero de mil novecientos noventa y siete, pu
Diario Oficial de la Federación el veintiocho de febrero de mil
noventa y siete, por virtud del cual se desincorporaron del régimen
público de la federación, los inmuebles y las plantas o unidades in
constituían el entonces "Complejo Petroquímico La Cangrejera" ub
Municipio de Chapopotla, Estado de Veracruz, y se autorizó a
Descentralizado Pemex Petroquímica, para que con la inter
correspondía a la Secretaría de Energía y a Petróleos Mexicanos, i
cápital social de la empresa de participación estatal mayoritaria
Petroquímica Cangrejera, S.A. de C.V., señalando que el valor de l
sería conforme a los avalúós que se practicaran en términos del art
Ley General de Bienes Nacionales.

3.- Por diligencia de fecha quince de febrero de d
Tesorero Municipal de Coatzacoalcos, Veracruz, requirió a
Cangrejera, S.A. de C.V., antes denominada Petroquímica La Ca
de C.V., mediante oficio sin número de referencia, expediente foli
de fecha trece de febrero de dos mil dos, para que cumpla con las
por pago del impuesto de traslación de dominio de bienes inmueb
bienes de Petroquímica Cangrejera, S.A. de C.V., antes
Petroquímica La Cangrejera, S.A. de C.V., concediéndole un plaz
hábiles a partir del día siguiente a la fecha de acuse de re

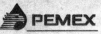

participación estatal mayoritaria, no se transmiten a nombre de la Federación ni
para que éstos pasen a formar parte del dominio público.

V. Al existir obligación de pago del impuesto de traslación de dominio a cargo de
las empresas filiales, no existe daño patrimonial en la operación de éstas, de
pagarse exclusivamente el importe del impuesto, sin considerar multas y
recargos.

México, D.F. a 18 de junio de 2002.

LIC. JOSÉ CÉSAR NAVA VÁZQUEZ.
ABOGADO GENERAL DE PETRÓLEOS MEXICANOS.

LIC. HÉCTOR DURÁN BENÍTEZ
JEFE DE LA UNIDAD DE
SERVICIOS JURÍDICOS
COATZACOALCOS

LIC. JUAN AGUSTÍN LÓPEZ HUESCA.
JEFE DE LA UNIDAD JURÍDICA EN
PEMEX PETROQUÍMICA.

Coatzacoalcos". Luego emitió los dictámenes en los que avaló el pago del resto de las filiales.

Con el tiempo, auditores de la SFP consideraron los argumentos de Nava como violatorios a la Constitución y a la Ley General de Bienes Nacionales, que en su artículo primero indica que el patrimonio nacional se compone tanto de bienes de dominio público como de bienes de dominio privado de la Federación.

Ni el entonces director general, Raúl Muñoz Leos, ni el de Petroquímica, Beverido Lomelín, impugnaron la decisión del abogado general, pese a que ambos conocían la exención de impuestos del gobierno de Veracruz y sabían también que los órganos internos de control tenían ya los reportes de todas las irregularidades, entre ellas la relación del representante de Pemex en el litigio con su contraparte.

LAS TRAICIONES

Antes de que procediera el fraudulento pago, Rogelio Martínez remitió a Francisco Barrio Terrazas, entonces titular de la Secretaría de la Contraloría (hoy llamada Secretaría de la Función Pública), una denuncia contra sus jefes en la que afirma que tras exponer ante el OIC el fraude de los abogados de Pemex fue despedido por órdenes de Nava. En su escrito relata:

Derivado de la denuncia que presenté, fui objeto de amenazas y represalias por mis superiores inmediatos desde esa propia fecha, hasta llegar al grado de que, el 8 de mayo actual (2002) se me citó a una investigación que se llevaría a cabo al día siguiente a partir de las nueve de la mañana; y así ocurrió, que el nueve siguiente, después de una audiencia inquisitoria que duró casi 10 horas, en la cual se me dijo que regresara dos horas después a firmar la resolución que al efecto se iba a dictar (cuestión por demás extraña, porque luego de una diligencia tan larga, lo menos que se puede esperar es que se tome en cuenta lo allí expresado), en forma indebida y en franca violación a mis derechos laborales se me rescindió el contrato laboral que signé con Petroquímica Cosoleacaque, sin valorar las pruebas documentales ofrecidas en la investigación para mi defensa ni mis argumentos expresados, ya que sólo se me dijo que había línea "de arriba" para perjudicarme por haber denunciado ante la Secodam los hechos mencionados.

Según Martínez, el 9 de mayo de 2002 los abogados de la OAG Eloy Patiño y Nunnki Aguilar le informaron de la instrucción de Alberto David López, asesor de César Nava Vázquez, en el sentido de despedirlo "por haberme quejado ante el Órgano Interno de Control de las violaciones a la normatividad en que incurrieron".

Sin respuesta por parte de la Secodam, Martínez le envió un reporte a Vicente Fox Quesada, fechado el 12 de junio, en el cual lo alerta que, "de forma ilegal", Petroquímica estaría a punto de perder alrededor de 900 millones de pesos como resultado de un juicio simulado. La coordinadora de Atención Ciudadana de Presidencia, Laura Carrera Lugo, le respondió que remitirían su queja al área correspondiente.

Por esos días, Nava despidió también a Ernesto Ordaz "para borrar las evidencias del fraude", según los socios de Orbes. Y en las siguientes semanas, a partir de que el funcionario ordenara dar por perdido el caso, la labor del jefe de la Unidad de Servicios Jurídicos de Pemex, Héctor Durán, consistió en acelerar el pago, como consta en documentos enviados a los directores de las plantas petroquímicas donde se les instruye a entregar el cheque respectivo en un periodo máximo de dos días.

Petroquímica Morelos erogó 142 687 153.66 pesos, Cangrejera, 60 529 422, Pajaritos, 18 128 219 y Cosoleacaque 17 989 779.80. En suma, Pemex pagó al ayuntamiento de Coatzacoalcos, a través de Asociados y Abogados Internacionales, 239 757 046 pesos en efectivo, además de dos millones de pesos al interventor de los bienes embargados, otro empleado del mismo despacho. La remuneración de Enrique Fuentes Constantino, depositario interventor de los bienes embargados a Petroquímica Morelos, la sufragó dicha empresa filial mediante un depósito en efectivo a una cuenta de Bital (hoy HSBC) a nombre de Asociados y Abogados Internacionales.

Por el litigio, que consistió en dos notificaciones a los abogados de la OAG, un embargo y el posterior cobro, el despacho de Tony Macías se embolsó 44 268 958 pesos. Los regidores de Coatzacoalcos denunciaron que el pago dispuesto por el alcalde no fue autorizado conforme a la ley, y que su asignación violaba el Reglamento para el Cobro y Aplicación de Gastos de Ejecución y el Pago de Honorarios por Notificación de Crédito, cuyo tabulador estipulaba un pago de 15 pesos por cada notificación de crédito fiscal. En cuanto a los honorarios de ejecución, en ningún caso pueden exceder los 10 000 pesos. Es decir, el pago máximo que por ley correspondía al despacho era de 10 030 pesos.

En 2003, un grupo de diputados del Congreso de Veracruz denunció a Marcelo Montiel por el delito de daño patrimonial contra el ayuntamiento de Coatzacoalcos al contratar un despacho externo para el litigio, lo que, según los legisladores, constituía violaciones a la Ley Orgánica del Municipio Libre. Pedro Miguel Rosaldo, uno de los legisladores inconformes, explica que

PEMEX

DIRECCIÓN CORPORATIVA DE ADMINISTRACIÓN.
OFICINA DEL ABOGADO GENERAL.
UNIDAD DE SERVICIOS JURÍDICOS
COATZACOALCOS.

Coatzacoalcos, Ver., julio 3 de 2002.
PM-OAG-USJC/05549

ING. RUBEN CADENA CASTILLO.
ENC. DEL DESPACHO DIRECCIÓN GENERAL
PETROQUIMICA MORELOS, S.A. DE C.V.
P R E S E N T E

Asunto: Finiquito Impuesto de
Traslación de Dominio.

Como es de su conocimiento, el 19 de junio de 2002 en sesión extraordinaria, el Consejo de Administración de esa Empresa Filial a su digno cargo, lo autorizó para gestionar ante Petróleos Mexicanos la obtención de fondos suficientes para solventar el crédito fiscal fincado por el Ayuntamiento de Coatzacoalcos, Ver., por concepto de impuesto de traslado de dominio.

Le ruego atentamente que una vez obtenido el cheque correspondiente a favor del Municipio de Coatzacoalcos, Ver., por la cantidad de $ 142'687,153.66 (CIENTO CUARENTA Y DOS MILLONES SEISCIENTOS OCHENTA Y SIETE MIL CIENTO CINCUENTA Y TRES 66/100 M.N.) se sirva entregar dicho título de crédito al suscrito, para que junto con el Director General de Pemex Petroquímica y demás funcionarios, se haga entrega de los mismos al Presidente Municipal del Ayuntamiento y se pueda finiquitar totalmente el asunto.

Atentamente,

LIC. HECTOR DURAN BENITEZ
EL JEFE DE LA UNIDAD

c.c.p.- Lic. Julio Camelo Martínez.- Director Corporativo de Administración.
    Ing. Rafael Beverido Lomelín. Director General de Pemex Petroquímica .
    Lic. José César Nava Vázquez. Abogado General de Petróleos Mexicanos.
    Lic. Alberto David López. Coordinador General de Operaciones, Oficina del Abogado General.

Director General de Petroquímica Pajaritos S.A. de C.V.
P r e s e n t e .

Como es de su conocimiento, el día de hoy en sesión extraordinaria el C[...] esa Empresa Filial a su digno cargo, lo autorizó para gestionar ante Petr[...] de fondos suficientes para solventar el crédito fiscal fincado por el Ayu[...] Ver., por concepto de impuesto de traslado de dominio.

Le ruego atentamente que una vez obtenido el cheque correspondiente en favor del municipio de Coatzacoalcos, Ver., por la cantidad de $18'128,219.40 (DIECIOCHO MILLONES, CIENTO VEINTIOCHO MIL, DOSCIENTOS DIECINUEVE PESOS 40/100 M.N.) se sirva entregar dicho título de crédito al suscrito, para que junto con el Director General de Pemex Petroquímica y demás funcionarios, se haga entrega de los mismos al Presidente Municipal del Ayuntamiento y se pueda finiquitar totalmente el asunto.

Atentamente,

Lic. Héctor Durán Benítez
Jefe de la Unidad de Servicios Jurídicos
Coatzacoalcos

Ccp.- Lic. Julio Camelo Martínez - Director Corporativo de Administración.
    Ing. Rafael Beverido Lomelín - Director General de Pemex Petroquímica.
    Lic. José César Nava Vázquez.- Abogado General de Petróleos Mexicanos.
    Lic. Alberto David López.- Coordinador General de Operaciones, Oficina del Abogado General

Av. Marina Nacional # 329
Edificio "A" Piso 11
52 54 43 87
52 03 73 06

DIRECCIÓN CORPORATIVA DE ADMINISTRACIÓN.
OFICINA DEL ABOGADO GENERAL.
UNIDAD DE SERVICIOS JURÍDICOS
COATZACOALCOS.

Coatzacoalcos, Ver., julio 3 de 2002.
PM-OAG-USJC/05546

[...]RELLANO URBINA.
[...]A, S.A. DE C.V.

Asunto: Finiquito Impuesto de
Traslación de Dominio.

[...]nto, el 19 de junio de 2002 en sesión extraordinaria, el [...] de esa Empresa Filial a su digno cargo, lo autorizó para [...]canos la obtención de fondos suficientes para solventar el [...] Ayuntamiento de Coatzacoalcos, Ver., por concepto de [...]inio.

[...] una vez obtenido el cheque correspondiente a favor del [...], Ver., por la cantidad de $ 60'529,422.20 (SESENTA [...]EINTINUEVE MIL CUATROCIENTOS VEINTIDÓS PESOS [...] dicho título de crédito al suscrito, para que junto con el [...] Petroquímica y demás funcionarios, se haga entrega de los [...]cipal del Ayuntamiento y se pueda finiquitar totalmente el

Atentamente,
O.A.G.
UNIDAD DE SERVICIOS JURIDICOS
ORIGINAL FIRMADO
LIC. HECTOR DURAN BENITEZ
LIC. HECTOR DURAN BENITEZ
EL JEFE DE LA UNIDAD

c.c.p.- Lic. Julio Camelo Martínez.- Director Corporativo de Administración.
    Ing. Rafael Beverido Lomelín. Director General de Pemex Petroquímica
    Lic. José César Nava Vázquez. Abogado General de Petróleos Mexicanos
    Lic. Alberto David López. Coordinador General de Operaciones, Oficina del Abogado General.

[...]QUE, S.A. DE C.V.

Asunto: Finiquito Impuesto de
Traslación de Dominio.

[...]nto, el 19 de junio de 2002 en sesión extraordinaria, el [...] de esa Empresa Filial a su digno cargo, lo autorizó para [...]exicanos la obtención de fondos suficientes para solventar el [...] Ayuntamiento de Cosoleacaque, Ver., por concepto de [...]inio.

[...] una vez obtenido el cheque correspondiente a favor del [...], Ver., por la cantidad de $ 17'989,779.80 (DIECISIETE [...]S OCHENTA Y NUEVE MIL SETECIENTOS SETENTA Y [...]N.) se sirva entregar dicho título de crédito al suscrito, para [...] General de Pemex Petroquímica y demás funcionarios, se [...]os al Presidente Municipal del Ayuntamiento y se pueda [...]to.

Atentamente,
O.A.G.
UNIDAD DE SERVICIOS JURIDICOS
ORIGINAL FIRMADO
LIC. HECTOR DURAN BENITEZ
EL JEFE DE LA UNIDAD

[...] Administración.
[...] de Pemex Petroquímica
Lic. José César Nava Vázquez. Abogado General de Petróleos Mexicanos
Lic. Alberto David López. Coordinador General de Operaciones, Oficina del Abogado General.

el jurídico del ayuntamiento debió llevar el caso y no un despacho privado; la contratación externa, dice, es "un elemento clave para comprobar los vicios de este litigio".

Los candados de la SFP

Extrañados por la conducta de Nava, un grupo de especialistas de la Unidad de Auditoría Interna de la SFP en Pemex Petroquímica revisó el proceso para analizar por qué el funcionario decidió no concluir el litigio y hacer la millonaria erogación a favor del ayuntamiento. La fiscalización reveló el prevaricato.

En agosto de 2003 los empleados de la secretaría presentaron sus primeros reportes, dirigidos al titular del OIC en la subsidiaria, Felipe Barragán Alvídrez, y a la subsecretaría de control y auditoría de la SFP. En ellos señalaban que era procedente fincar responsabilidades penales contra los funcionarios involucrados, incluido César Nava, ya que había muchos elementos que los inculpaban. En uno de los oficios (NI-017/03), los auditores estiman que existió daño patrimonial por parte del abogado general de Pemex al darle continuidad y respaldo al fraude iniciado con los embargos. Asimismo, destacan las violaciones constitucionales y a la Ley General de Bienes Nacionales derivadas de la argumentación que Nava utilizó para "negociar" el pago.

Al concluir las indagatorias, los auditores pusieron al tanto de sus hallazgos al secretario Barrio Terrazas y al contralor interno de la dependencia, Rosendo Villarreal Dávila, encargado de los asuntos reportados contra funcionarios de alto nivel en Pemex. En pago al blindaje que dio al caso, Villarreal Dávila fue nombrado meses después director Corporativo de Administración de

SECRETARÍA DE LA FUNCIÓN PÚBLICA

 **PEMEX** *PETROQUIMICA*

Nota Informativa

NI- 017 /03

Coatzacoalcos, Ver. 20 de agosto del 2003

Para: **C.P. Felipe de J. Barragán Alvídrez**
Titular del Organo Interno de Control
PEMEX Petroquímica

De: **Ing. Marco Antonio Díaz Tobías**
Titular del Área de Auditoría Interna

Asunto: Comparativo de opiniones Jurídicas del
Impuesto de Traslación de Dominio en Filiales

Antecedentes

En fecha 14 de agosto de 1997, **la Dirección General de Ingresos** del Estado de Veracruz, emite opinión en relación al pago del Impuesto de Traslado de Dominio, asimismo derivado de los requerimientos de pago del impuesto antes señalado, formulados por los Municipios de Coatzacoalcos y Cosoleacaque, durante el ejercicio la oficina del Abogado General de Petróleos Mexicanos, emite su opinión, pronunciándose por la procedencia del pago del impuesto, tal como a continuación se señala.

Opinión Jurídica de la Dirección General de Ingresos
Departamento de Apoyo Técnico y Ejecución Fiscal

"Que no son sujetos obligados al pago de dicho gravamen las filiales de PEMEX- Petroquímica, Petroquímica Cangrejera, SA de CV, Petroquímica Morelos, SA de CV, Petroquímica Pajaritos, SA de CV, Petroquímica Cosoleacaque, SA de CV y Petroquímica Escolín, SA de CV; de conformidad con lo estipulado en los artículos **90** de la Constitución Política de los Estados Unidos Mexicanos, 3° fracción II y 46 fracción II inciso a) de la Ley Orgánica de la Administración Pública Federal y que desincorpora los bienes del dominio público y <u>ordena su aportación inmobiliaria a las sociedad mercantiles de naturaleza paraestatal antes mencionadas a dominio privado.</u>"

En tal virtud los bienes inmuebles que abalinean los organismos subsidiarios de Petróleos Mexicanos, <u>no pierden la naturaleza de patrimonio nacional</u>, ya que se encuentran en el supuesto del artículo 1° fracción II de la Ley General de Bienes Nacionales, aún cuando sean considerados como bienes del dominio privados de la Federación, incluso el artículo 57 de este mismo ordenamiento legal precisa que los inmuebles del dominio privado se destinarán prioritariamente al servicio de las distintas dependencias y entidades de la Administración Pública Federal, Estatales y Municipales.

Artículo 90.- La Administración Pública Federal será centralizada y paraestatal conforme a la Ley Orgánica que expida el Congreso, que distribuirá los negocios del orden administrativo de la Federación que estarán a cargo de las Secretarías de Estados y Departamentos Administrativos y definirá las bases generales de creación de las entidades paraestatales y la intervención del Ejecutivo Federal en su operación.

Las Leyes determinarán las relaciones entre las entidades paraestatales y el Ejecutivo Federal, o entre éstas y las Secretarías de Estado y Departamentos Administrativos.

la paraestatal. En uno de sus reportes, el último que pudieron realizar, los auditores le notificaron al contralor:

Hacemos de su conocimiento que actualmente se está elaborando un informe detallado de estos asuntos, y las controversias jurídicas que se han observado en los procesos analizados, mismas que serán sometidas al análisis de un abogado, con el objeto de perfeccionar la opinión que de estos asuntos se emita.

Antes de solicitar que se fincaran las responsabilidades administrativas que ameritaba el caso y que la SFP procediera a formular las denuncias penales correspondientes, el sustituto de Barrio Terrazas al frente de la secretaría, Eduardo Romero, les ordenó archivar el asunto.

Al momento de concluir su revisión, los auditores no pudieron cuantificar las pérdidas económicas ni los daños materiales sufridos por las plantas en el tiempo en que estuvieron embargadas. Sin embargo, en las notificaciones dirigidas al secretario de la Función Pública recalcaban que la paralización contribuyó a la quiebra técnica que hoy presenta la petroquímica nacional. En los días de embargo congelaron sus procesos de producción, sin poder vender materias primas ni cobrar adeudos pendientes.

En octubre de 2003, Eduardo Romero Ramos ordenó clasificar la auditoría como "confidencial". Los 12 fiscalizadores[1] que hicieron la auditoría que comprueba el prevaricato de los abogados de Pemex aseguran que a partir de sus hallazgos fueron objeto

---

[1] Sus nombres son: Marco Antonio Díaz, Félix Pérez, Martín Reyes, José Guadalupe Arteaga, Rudyard Moreno, Claudia Ponce, Alejandro Maldonado, Octavio García, Estuardo González, Norma Espinosa, Noé Reyes y Gabriel Sosa.

	ÓRGANO INTERNO DE CONTROL EN PEMEX PETROQUÍMICA AREA DE AUDITORIA INTERNA	Fecha de clasificación:	02-10-03
		Unidad Administrativa:	Área de Auditoría Interna
		Reservada:	X
		Período de reserva:	
		Fundamento Legal	122, Artículo 13, Fracción V, Artículo 114, Fracción IV, V y VI
		Rúbrica del Titular de la Unidad Administrativa:	MADT

"2003, Año del CCL Aniversario del Natalicio de Don Miguel Hidalgo y Costilla, Padre de la Patria".

CONFIDENCIAL

Coatzacoalcos, Ver., octubre 02 de 2003
NI-19/2003

NOTA INFORMATIVA

Para: C.P. Felipe de J. Barragán Alvídrez
Titular del Órgano Interno de Control
en PEMEX Petroquímica

De: Ing. Marco Antonio Díaz Tobías
Titular del Area de Auditoría Interna
Organo Interno de Control en P. PQ.

Síntesis: Avances referentes
a la Auditoría 06/03

En referencia a la auditoría 06/03 a continuación nos permitimos hacer de su conocimiento un breve resumen de los resultados a la fecha obtenidos con motivo de esta intervención:

• Se determinó la existencia de diversos casos en los que las fianzas fueron reclamadas por el Área de Riesgos y no prosperaron, los cuales actualmente obran en poder de la Unidad de Servicios Jurídicos y ascienden a **$22'862,510.71.**

• Se conoció que además de los casos de las fianzas, existen otros en los que PEMEX Petroquímica no resultó favorecido una vez aplicados los procesos jurídicos correspondientes durante los ejercicios 2001 y 2002 por la Unidad de Servicios Jurídicos, originando que el Organismo tuviera que afrontar económicamente juicios perdidos por más de **18 millones de pesos.**

• Por otra parte de acuerdo a la información que adicionalmente se solicitó a la Gerencia de Recursos Humanos, se conoció que actualmente PEMEX Petroquímica y sus Filiales tienen demandas pendientes de resolución por el orden de más de **40 millones de pesos;** asimismo durante el período comprendido del 2001 al 2003 PEMEX Petroquímica ha erogado por laudos un importe que asciende a **$10'415,991.19 pesos.**

• En lo que respecta al embargo trabado a Filiales por supuesta omisión del pago del Impuesto de Traslación de Dominio, informamos que actualmente estamos en comunicación con la Subsecretaría de Ingresos del Gobierno del Estado de Veracruz, quien a través de la Subdirección de Ejecución Fiscal, hizo de nuestro conocimiento el antecedente de que el C. C.P. Miguel Álvarez de Asco en el ejercicio de sus funciones, emitió el oficio mediante el cual informa a la Subdirección de Administración y Finanzas de PEMEX Petroquímica que las Filiales Petroquímica Morelos, SA de CV (PEMOSA); Petroquímica Cosoleacaque, SA de CV; Petroquímica Cangrejera, SA de CV; Petroquímica Pajaritos, SA de CV y Petroquímica Escolín, SA de CV, no están sujetas al pago del Impuesto de Traslación de Dominio; con lo cual se confirmaría la tesis relacionada al improcedente pago que las Filiales PEMOSA, PEPASA, PECOSA y PECASA efectuaron a los Municipios de Coatzacoalcos y Cosoleacaque por el orden de **$239,394,575.46 pesos,** cabe señalar que en la presentación de los Recursos de Revocación de PEPASA, PEMOSA Y PECASA ante el Municipio de

39

de una campaña de acoso y persecución por parte de funcionarios de alto nivel de la SFP, con el fin de que sepultaran el asunto y encubrieran a Nava y a sus abogados.

El caso más grave fue el del contralor Marco Antonio Díaz, quien dirigió la auditoría y se obstinó en seguir investigando a pesar de la orden de Villarreal de darle carpetazo al asunto. Felipe Barragán Alvídrez y otro auditor, de nombre Juan Carlos Ramos Garibay —por esas fechas sujeto a un proceso de investigación en la Unidad de Auditoría—, contrataron a las pasantes de derecho e informática Ariadna Islas Sarabia y María Isabel Ek Hernández para que lo acusaran de acoso sexual.

Ambas reconocieron posteriormente ante el Ministerio Público que Ramos Garibay las instó a presentar la denuncia. Finalmente, la autoridad determinó que existió falsedad de declaraciones y exoneró a Díaz. No obstante, Barragán logró su propósito de sacarlo de la secretaría.

Además, según los ex auditores, Villarreal Dávila le ordenó al director de Investigaciones, Orlando García Viesca, uno de sus hombres de confianza en la SFP, boletinar a quienes participaron en la fiscalización del proceso que comprobó las irregularidades de Nava.

Los ex empleados de la Función Pública señalan al actual embajador de México en Canadá, Francisco Barrio Terrazas, y a Eduardo Romero Ramos como corresponsables de cerrar la auditoría y clasificarla como confidencial cuando su obligación era la de instruir al área de responsabilidades para que abriera las investigaciones subsecuentes. En cambio, al cabo de los meses, Felipe Barragán exoneró a los abogados de la OAG con el argumento de que "no había elementos" para fincar responsabilidades.

—Al archivar este asunto, la SFP incurrió en una grave irresponsabilidad y lo enturbió todo —acusa Marco Antonio Díaz—.

Desde el contralor Felipe Barragán hasta la subsecretaria de Auditoría, María Guadalupe Chequer, pasando por el secretario de la Función Pública, convirtieron el caso en un proceso potencialmente conflictivo. Había mecanismos legales para desahogarlo de manera transparente, sin las responsabilidades y el sesgo que le dieron.

Félix Pérez, quien tuvo a su cargo tres de las cinco contralorías internas —Morelos, Escolín y Pajaritos—, asegura que Rafael Beverido Lomelín —veracruzano por cierto— también estuvo involucrado en el prevaricato y, junto a los abogados de Pemex, "participó del negocio". Ex director general de Industrias Negromex, Beverido Lomelín fue designado por Vicente Fox director de Petroquímica en agosto de 2001. La encomienda principal que le hizo el presidente fue la de desarrollar el Proyecto Fénix que, como tantos otros en ese sexenio, fracasó.

En las condiciones en las que se encontraba Petroquímica, explica Félix Pérez, el impacto económico del prevaricato representó una de las peores sangrías que ha sufrido esa industria, que depende de la subsidiaria de Pemex con el menor presupuesto.

—En lugar de invertir en mantenimiento, que es una de las necesidades preponderantes, se desviaron muchos millones de pesos para pagarle a un grupo de abogados y a otro de hampones que hicieron el negocio.

Un integrante del departamento jurídico de Pemex, asesor de César Nava y luego de Néstor García Reza, su relevo, confirma que en el despacho del primero se elaboró el convenio mediante el cual Pemex se comprometió a pagar los 241 millones de pesos al ayuntamiento de Coatzacoalcos y que allí mismo César Nava giró la orden de que el asunto no se peleara más en los tribunales.

En 2005, cuando documentaba el prevaricato, Nava Vázquez me envió una carta en la que justificó que su decisión de ceder a las exigencias de Montiel y sus abogados se debió a que "las instalaciones de Petroquímica estaban embargadas" y que, en la negociación, incluso le "ahorró" a Pemex más de 700 millones de pesos.

En cambio sus colaboradores explicaron que los embargos eran parte del plan: "el que las cuentas de PPQ estuviesen incautadas le daba a César Nava mayor poder de operación pues el pronto pago, sin llegar a juicio, servía para justificar la liberación de los recursos de Petroquímica".

Con el paso de los años, los principales protagonistas del fraude ascendieron en su carrera dentro del sector público: Nava Vázquez saltó al jurídico de la Secretaría de Energía (Sener) de octubre de 2003 a mayo de 2005, invitado por Felipe Calderón, a quien luego le coordinó su campaña a la presidencia. Ya en Los Pinos, fungió como su secretario hasta noviembre de 2008, cuando el presidente nacional del PAN, Germán Martínez, lo designó coordinador para las elecciones intermedias de 2009.

En julio de ese año Nava fue electo diputado federal por el XV Distrito Electoral, pero en agosto, después del desastroso saldo de su partido en lás urnas que derivó en la dimisión de Martínez, asumió la presidencial del albiazul, con el espaldarazo del *Jefe* Diego, su padrino en la función pública, en una polémica elección en la que Nava apareció como candidato único, proceso calificado por sus correligionarios, entre ellos Santiago Creel, Ricardo García Cervantes, Manuel Espino y Humberto Aguilar Coronado, como imposición de Los Pinos.

Por su parte, Juan Agustín López Huesca fue ascendido a gerente general de franquicias en Pemex Refinación. Otros, en tanto, conservaron sus puestos a pesar del cambio de sexenio, como Beverido Lomelín, ratificado en la dirección de PPQ por Jesús Reyes Heroles y luego por Juan José Suárez Coppel, o Rosendo Villarreal Dávila, quien se mantuvo incólume en el cargo de administrador general de Pemex (hasta septiembre de 2009), pese a que también estuvo implicado en la firma del controvertido convenio mediante el que la petrolera trasladó de manera ilegal al STPRM, 1 724 millones de pesos, asunto por el cual en julio de 2007 fueron inhabilitados por 10 años Raúl Muñoz Leos y el ex abogado general, Juan Carlos Soriano, sucesor de Nava.

En cuanto a Marcelo Montiel Montiel, por segunda ocasión fue elegido alcalde de Coatzacoalcos, esta vez para el periodo 2008-2010. Tony Macías, por su parte, siguió beneficiándose del erario a través de la Secretaría de Agricultura, Ganadería, Desarrollo Rural, Pesca y Alimentación (Sagarpa). Por ejemplo, desde inicios del sexenio de Felipe Calderón, el rancho a su nombre en Villa de Corzo, Chiapas, recibe apoyos anuales superiores a los tres millones de pesos para comercializar melón, gracias al Programa Agronegocios Apoyados con el Fondo de Riesgo Compartido.

Y mientras Rogelio Martínez, el delator del grupo, se convirtió en asesor del PRD en el Congreso veracruzano, Emilio Baños Urquijo continúa en Coatzacoalcos con el megaproyecto del túnel subterráneo, para el cual ha recibido apoyo monetario de distintos organismos del gobierno federal.

NEGOCIO DE FAMILIA

Contador público de profesión, Emilio es hermano de Fernando Baños Urquijo, quien en la década de 1960 era el segundo presidente del Movimiento Universitario de Renovación Orientadora (MURO), el grupo de choque ultraderechista que combatió al movimiento estudiantil de 1968.

En la última década del siglo XX, Emilio Baños se integró al consorcio GBM, especializado en la construcción inmobiliaria, de obra carretera y puentes en México, Centro, Sudamérica y Europa. Actualmente ocupa el cargo de director de Proyectos Especiales y desde el año 2002, dirige el Túnel Subterráneo de Coatzacoalcos, el proyecto más importante de GBM.

Merced a su entrañable amistad con Nava, Felipe Calderón aportó también recursos públicos para la realización de dicho proyecto durante su fugaz estancia en el Banco Nacional de Obras (Banobras): el 22 de agosto de 2003, unos días antes de irse a la Sener, Calderón suscribió un convenio junto con el entonces titular de la Secretaría de Comunicaciones y Transporte (SCT), Pedro Cerisola, el de Caminos y Puentes, Manuel Zubiría, y el alcalde de Coatzacoalcos, Marcelo Montiel, mediante el cual se creaba el fideicomiso[2] para financiar el proyecto con una inversión inicial de 1 200 millones de pesos, que luego aumentó a 1 800 millones y, finalmente, a 2 000 millones.

Baños diseñó las bases de la licitación mediante la cual se adjudicó a GBM el proyecto del Túnel Sumergido de Coatzacoalcos y quedó como supervisor de la obra que hasta la fecha continúa en construcción. En información oficial de la empresa se dice que el capital base de este proyecto fue de 170 millones de pesos, una aportación del Ayuntamiento de Coatzacoalcos a través de un "convenio" con Pemex, y que hubo también recursos de la SCT, Banobras, Caminos y Puentes Federales (Capufe) y del gobierno de Veracruz.

---

[2] Véase el *Diario Oficial de la Federación* del 31 de octubre de 2003.

SECRETARIA DE COMUNICACIONES Y TRANSPORTES

CONVENIO Específico de Coordinación que celebran el Gobierno Federal, a través de la Secretaría de Comunicaciones y Transportes y el Gobierno del Estado de Veracruz.

Al margen un sello con el Escudo Nacional, que dice: Estados Unidos Mexicanos.- Secretaría de Comunicaciones y Transportes.

CONVENIO ESPECIFICO DE COORDINACION QUE CELEBRAN, EL GOBIERNO FEDERAL, A TRAVES DE LA SECRETARIA DE COMUNICACIONES Y TRANSPORTES, REPRESENTADA EN ESTE ACTO POR PEDRO CERISOLA Y WEBER, EN SU CARACTER DE SECRETARIO DE COMUNICACIONES Y TRANSPORTES, ASISTIDO POR JORGE FERNANDEZ VARELA, EN SU CARACTER DE SUBSECRETARIO DE INFRAESTRUCTURA Y POR AGUSTIN BASILIO DE LA VEGA EN SU CARACTER DE DIRECTOR GENERAL DEL CENTRO SCT VERACRUZ, EN LO SUCESIVO "LA SCT"; EL EJECUTIVO DEL ESTADO LIBRE Y SOBERANO DE VERACRUZ DE IGNACIO DE LA LLAVE, REPRESENTADO POR MIGUEL ALEMAN VELAZCO, EN SU CARACTER DE GOBERNADOR DEL ESTADO, ASISTIDO POR LOS SECRETARIOS DE FINANZAS, JUAN AMIEVA HUERTA; DE DESARROLLO REGIONAL, PORFIRIO SERRANO AMADOR; DE DESARROLLO ECONOMICO, EVERARDO SOUSA LANDA, Y DE CONTRALORIA GENERAL, RICARDO GARCIA GUZMAN, EN LO SUCESIVO "EL ESTADO"; LOS AYUNTAMIENTOS DE COATZACOALCOS, REPRESENTADO POR MARCELO MONTIEL MONTIEL, EN SU CARACTER DE PRESIDENTE MUNICIPAL Y POR RAFAEL ANAYA MORTERA, EN SU CARACTER DE SINDICO; Y DE NANCHITAL, REPRESENTADO POR RICARDO CASTELO CASTILLO, EN SU CARACTER DE PRESIDENTE MUNICIPAL Y POR ISIDORO CASTRO PESTAÑA, EN SU CARACTER DE SINDICO; A LOS QUE SE LES DENOMINARA "COATZACOALCOS" Y "NANCHITAL", Y EN FORMA CONJUNTA "LOS AYUNTAMIENTOS" O "LOS MUNICIPIOS"; CAMINOS Y PUENTES FEDERALES DE INGRESOS Y SERVICIOS CONEXOS, REPRESENTADO POR SU DIRECTOR GENERAL MANUEL ZUBIRIA MAQUEO, EN ADELANTE "CAPUFE", Y CON LA PARTICIPACION DEL BANCO NACIONAL DE OBRAS Y SERVICIOS PUBLICOS, S.N.C., INSTITUCION FIDUCIARIA EN EL FIDEICOMISO DENOMINADO FONDO DE INVERSION EN INFRAESTRUCTURA, REPRESENTADO POR FELIPE CALDERON HINOJOSA, EN SU CARACTER DE DIRECTOR GENERAL Y DELEGADO FIDUCIARIO DE DICHA INSTITUCION, ASISTIDO POR ARTURO OLVERA VEGA, EN SU CARACTER DE DIRECTOR DE DESARROLLO DE PROYECTOS Y DELEGADO FIDUCIARIO DE DICHA INSTITUCION, EN LO SUCESIVO "BANOBRAS", QUE TIENE POR OBJETO COORDINAR LAS ACCIONES DE APOYO ENTRE LAS PARTES, CON EL PROPOSITO DE ESTABLECER LAS BASES BAJO LAS CUALES SE DESARROLLARAN LAS COMUNICACIONES Y EL TRANSPORTE PARA APOYAR LA INTEGRACION URBANA EN LA REGION DEL ISTMO DE TEHUANTEPEC, AL TENOR DE LOS SIGUIENTES ANTECEDENTES, DECLARACIONES Y CLAUSULAS:

ANTECEDENTES

I.- El Plan Nacional de Desarrollo 2001-2006 plantea como política económica de la actual administración el crecimiento con calidad; el crecimiento sostenido y dinámico que permita crear empleos, el abatir la pobreza y abrir espacios a los emprendedores; y el crecimiento que avance en igualdad de oportunidades entre regiones, empresas y hogares, para contar con recursos suficientes que permitan combatir rezagos y financiar proyectos de inclusión al desarrollo.

Asimismo, señala que una oferta competitiva de servicios de comunicaciones y transportes es un elemento imprescindible para apoyar la competitividad general de la economía de México, tomando en consideración que en el mundo moderno, los servicios ágiles de comunicaciones y un buen sistema de transporte que permitan la integración de mercados y las cadenas de valor agregado, son determinantes de los costos de producción y distribución y se traducen en valiosas economías de escala, por lo que es fundamental asegurar la modernización y expansión de la infraestructura, así como la calidad en la prestación de los servicios de comunicaciones y transportes.

II.- El Programa Sectorial de Comunicaciones y Transportes 2001-2006 establece la necesidad de traducir la inversión privada en el desarrollo de la infraestructura básica en zonas que presentan una baja rentabilidad económica, pero que tienen un alto impacto social; así como de encontrar nuevas fuentes de inversión pública y privada, así como diseñar estrategias de financiamiento que aprovechen las sinergias de la coparticipación pública y privada en nuevos proyectos de largo plazo, y que generen oportunidades de negocios en áreas que en la actualidad no son atractivas para los particulares. En particular, se prevé la asociación del Gobierno Federal, de los gobiernos

El mismo año en que comenzó a promocionar el túnel, Baños se casó en segundas nupcias con la entonces senadora María Guadalupe Cecilia Romero Castillo, quien el 1° de diciembre de 2006 fue responsable de las ceremonias de traspaso de poderes en la Presidencia de Vicente Fox a Felipe Calderón. A unos días de tomar el cargo como presidente de la República, Calderón Hinojosa designó a la suegra de Nava como delegada Nacional de Migración.

Al enlace matrimonial entre Cecilia Romero y Emilio Baños, en el campo deportivo del Estado Mayor Presidencial, acudieron unos 800 invitados, entre ellos algunos connotados amigos y protectores de Nava Vázquez y su familia: Diego Fernández de Cevallos, Francisco Barrio Terrazas, Josefina Vázquez Mota, Carlos Abascal Carranza, Rodolfo Elizondo Torres, Ramón Muñoz Gutiérrez, Felipe Calderón Hinojosa, Margarita Zavala, Luis Felipe Bravo Mena, Luis H. Álvarez...

La cantante Guadalupe Pineda, esposa de Antonio Lozano Gracia, cantó el *Ave María* que escuchó extasiada la novia, una mujer que a la militancia panista suma su participación en la Organización Demócrata Cristiana de América (ODCA), grupo que se caracteriza por su permanente campaña anticastrista o por su intromisión en los asuntos internos de países con gobiernos de izquierda.

Gracias a la sacrosanta unión, por lo demás, Cecilia Romero se convirtió en abuela putativa de los hijos de César Nava, fortaleciendo el linaje panista de la familia.

EL DESPOJO

En 1938, el general Lázaro Cárdenas del Río nacionalizó la industria petrolera que entonces controlaban empresas extranjeras como la

Petroleum Company of California (hoy Chevron-Texaco), la Standard Oil Company (hoy Exxon-Mobil) o la Pebb Mex Oil Company (hoy Penzoil). Sesenta y cuatro años después, irónicamente, otro michoacano volvió a abrirle las puertas al capital foráneo.

En la ya citada entrevista que en noviembre de 2006 concedió al periódico *Cambio,* César Nava Miranda evocaba dos rasgos característicos de su padre, Álvaro Nava Morales: la recia formación y su admiración por Lázaro Cárdenas. En forma velada, en 2002, César Nava Vázquez traicionó aquella herencia del abuelo al dar los primeros pasos para entregarle la operación de la Cuenca de Burgos —la región productora de gas no asociado más importante del país— a seis trasnacionales que desde 2004 controlan la exploración y explotación en la zona, lo que marcó el regreso de compañías extranjeras a áreas que por mandato constitucional desde aquel 1938 eran exclusivas de Pemex.

Documentos internos de la paraestatal y la SFP revelan cómo Nava Vázquez, al frente de la OAG, autorizó el diseño y la suscripción de los Contratos de Servicios Múltiples (CSM) en beneficio de las petroleras trasnacionales Repsol, Petrobras, Teikoku Oil, Techint, Tecpetro y D&S Petroleum. Ello, pese a que no tenía atribuciones para aprobar operaciones de tal naturaleza y a que sus subordinados le advirtieron que el modelo de contrato, diseñado por la firma Pricewaterhouse Coopers, violaba el artículo 27 constitucional, la Ley Orgánica de Pemex y su reglamento, así como la Ley de Obras Públicas y Servicios Relacionados con las Mismas (LOPSRM).

El artículo 27 de la Constitución dispone como exclusivo de la nación el dominio directo, inalienable e imprescriptible del petróleo y sus derivados, ordenando de manera categórica que "tratándose del petróleo y de los carburos de hidrógeno sólido, líquido o gaseoso no se otorgan concesiones ni contratos" para su explotación.

Los expedientes evidencian cómo, en el periodo en que Raúl Muñoz Leos era director general de Pemex, Luis Ramírez Corzo director de Pemex Exploración y Producción (PEP), y César Nava, abogado de la paraestatal, operaron para que ésta suscribiera contratos como si se tratara de una compañía privada, cediendo a terceros la exploración y explotación de pozos. Y al hacerlo pasaron por alto las consideraciones de especialistas adscritos a la OAG, quienes desde 2002, cuando se diseñaban los CSM, advirtieron que el modelo propuesto por Pricewaterhouse Coopers violentaba la ley.

Este esquema comercial disimulado como contrato de obra pública llevaba a Pemex a actuar como una empresa privada que, inclusive, renunciaba a la inmunidad que la Carta Magna le confiere —lo mismo que a sus subsidiarias y filiales—, pues establecía que en caso de conflicto cualquier juicio sólo podrá celebrarse en el extranjero ante tribunales comerciales. Todo ello con objeto de que los contratos resultaran "atractivos para los inversionistas privados", según versiones de ex colaboradores del abogado general del corporativo.

Al beneficiar a las trasnacionales con contratos por más de 4 000 millones de dólares que les permiten explorar, explotar, producir, transportar o almacenar gas natural y sus condensados en la Cuenca de Burgos durante 20 años, Nava Vázquez les cedió actividades estratégicas exclusivas de Pemex, por lo que habría incurrido en supuestas violaciones a los cuatro primeros artículos de la Ley Reglamentaria del Artículo 27 Constitucional, así como a la Ley Federal de Responsabilidades de los Servidores Públicos (LFRSP).

En 2005, el ilícito fue denunciado ante la SFP por Jorge García —ex colaborador de Nava a cargo de la revisión de convenios y

LIC. FEDERICO DOMÍNGUEZ ZULOAGA
TITULAR DEL ÁREA DE QUEJAS
DEL ÓRGANO INTERNO DE CONTROL EN
PETRÓLEOS MEXICANOS
PRESENTE:

ASUNTO: DENUNCIA DE LOS SIGUIENTES SERVIDORES PÚBLICOS: ING. LUIS RAMÍREZ CORZO (DIRECTOR GENERAL DE PEMEX EXPLORACIÓN Y PRODUCCIÓN EL 20 DE DICIEMBRE DE 2002), EN LA ACTUALIDAD DIRECTOR GENERAL DE PETRÓLEOS MEXICANOS; LIC. JOSÉ CÉSAR NAVA VÁZQUEZ (ABOGADO GENERAL DE PETRÓLEOS MEXICANOS EL 20 DE DICIEMBRE DE 2002); Y LIC. JOSÉ NÉSTOR GARCÍA REZA (JEFE DE LA UNIDAD JURÍDICA DE PEMEX EXPLORACIÓN Y PRODUCCIÓN EL 20 DE DICIEMBRE DE 2002), ACTUALMENTE ENCARGADO DEL DESPACHO DE LA OFICINA DEL ABOGADO GENERAL DE PETRÓLEOS MEXICANOS.

Jorge García Martínez, de 50 años, de nacionalidad mexicana, Licenciado en Derecho, con 23 años de servicios en la Administración Pública Federal, de los cuales laboré en la industria petrolera 11 años, señalando como domicilio para oír notificaciones la casa ubicada en cerrada del Peñón número 5, Colonia Lomas de Bellavista, Atizapán de Zaragoza, Estado de México, C.P. 52994, teléfono 53-93-30-84 , con base en los artículos 10, 12, 18, 21 y demás aplicables de la Ley Federal de Responsabilidades Administrativas de los Servidores Públicos, y el artículo 67, apartado III, punto 1) del Reglamento Interior de la Secretaría de la Función Pública, por medio del presente escrito presento denuncia en contra de los servidores públicos mencionados en la síntesis, por las conductas y omisiones que más adelante se señalan, al tenor de los siguientes antecedentes y consideraciones:

I.- ANTECEDENTES:

I.1) Ante la necesidad de ampliar la capacidad de exploración y de perforación de pozos con miras a la elevación de la producción de gas natural, y ante las restricciones presupuestales la Dirección General de PEMEX Exploración y Producción, se vio en la necesidad de buscar nuevos mecanismos para la exploración y la perforación, sin renunciar al control de dichas actividades.

I.2) Se decidió en primer lugar incentivar la producción de gas natural, para lo cual se contrató a la empresa PRICEWATERHOUSECOOPERS,S.C., (en adelante PRICE WHC), bajo el contrato número 410212834 (Ref. Int.PEP-SOP-034/2002, cuyo objeto consistió en la "Elaboración de opciones de modelos de contratos de servicios múltiples, así como apoyo en su implementación";

SOLICITUD DE DEFINICIÓN DE COMPETENCIA
EN PROCEDIMIENTO SOBRE CONTRATOS
DE SERVICIOS MÚLTIPLES

ESTADO DE MÉXICO A 20 DE DICIEMBRE DE 2005

C. LIC. EDUARDO ROMERO RAMOS
SECRETARIO DE LA FUNCIÓN PÚBLICA
PRESENTE

Con fundamento en la fracción XXV del artículo 6° del reglamento Interior de esa Secretaría, solicito a usted se sirva resolver la duda que genera el Acuerdo de conclusión de fecha 7 de diciembre de 2005, dictado por el Titular del Área de Quejas del Órgano interno de Control en Pemex exploración y Producción, Lic. Francisco Javier Galindo Noriega, dentro del expediente DE-099/2005, respecto de la competencia de ese Órgano de control para resolver sobre la denuncia presentada por el suscrito el día 3 de junio de 2005, por conductas u omisiones de servidores públicos de Pemex Exploración y Producción que se relacionan con la elaboración del Modelo de Contrato de Servicios Múltiples, por lo cual se refieren los siguientes antecedentes y consideraciones:

ANTECEDENTES

1) El día 3 de junio de 2005 presenté denuncia ante el Titular del Área de Quejas del Órgano Interno de Control en Petróleos Mexicanos, con copia para Usted, para el Titular del Órgano interno de Control de Pemex Exploración y Producción, y del Contralor Interno de esa Secretaría;

2) En la denuncia de referencia solicité se investigarán hechos relacionados con conductas u omisiones de los siguientes servidores públicos: Ing. Luis Ramírez Corzo (Director General de Pemex Exploración Y Producción el 20 de diciembre de 2002) ; Lic. José César Nava Vázquez (Abogado General de Petróleos Mexicanos el 20 de diciembre de 2002); Lic. José Néstor García Reza (Jefe de la Unidad Jurídica de Pemex exploración y Producción el 20 de diciembre de 2002), en la aprobación del Modelo de Contrato de Servicios Múltiples;

3) Por tratarse de un asunto que comprendía a dos organismos descentralizados, por la importancia y trascendencia de los hechos, y con fundamento en el artículo 18 del Reglamento interior de la Ley Federal de Responsabilidades Administrativas de los Servidores Públicos en el petitorio Tercero de mi denuncia le solicité ejercer la atracción;

contratos de PEP— e integrado en el expediente DE/099/2005. En él se implica también a Néstor García Reza y a Luis Ramírez Corzo por haber incurrido en violaciones a la Constitución, a la LOPSRM y a la LFRSP, toda vez que actuaron con dolo y error al avalar un modelo de contrato que significó lesión en contra de Pemex.

Lo denunciado por Jorge García fue comprobado por la Auditoría Superior de la Federación (ASF) durante 2006, en la auditoría especial que el órgano de fiscalización realizó a los CSM. La ASF ordenó a Pemex suspender los contratos y solicitó al OIC abrir investigaciones a los funcionarios involucrados en las irregularidades. Pero la paraestatal ya había cedido a consorcios extranjeros las zonas neurálgicas de la explotación de la Cuenca de Burgos y el OIC hizo caso omiso. Es más, al finalizar 2006, a la par que Vicente Fox le cedía la estafeta a Felipe Calderón, la SFP encapsuló la denuncia del otrora subordinado de Nava.

Aunque la administración foxista justificaba los CSM con el argumento de que se trataba de un esquema orientado a la capitalización de Pemex, legisladores y analistas consideraron que en realidad significó el primer modelo de privatización de sectores que por mandato constitucional están reservados al Estado. Por ello, el ahora fallecido constitucionalista Ignacio Burgoa Orihuela demandó su nulidad absoluta en 2004.

Los "arreglos" de César Nava

Durante más de 50 años, la exploración, explotación y producción de gas natural en la Cuenca de Burgos —situada en Nuevo León, Tamaulipas y Coahuila— fue realizada por Pemex en los campos Misión, Reynosa, Francisco Cano, Treviño y Brasil.

En 2002 se extraían a diario 1 030 millones de pies cúbicos de gas natural, casi una cuarta parte de la producción nacional. Además, se le consideraba la fuente más segura para obtener volúmenes adicionales de gas natural y así contener las importaciones del energético. En tales circunstancias, según sus impulsores, los CSM respondían a "la necesidad de ampliar la capacidad de exploración y perforación de pozos con miras a la elevación de gas natural ante las restricciones presupuestales de PEP".

Aunque el corporativo y las subsidiarias y filiales de Pemex tienen cada una un área dedicada al diseño y revisión de contratos, Nava dispuso que el modelo de CSM lo realizara la trasnacional Pricewaterhouse Coopers, dirigida en México por Javier Soni Ocampo, accionista de la consultora, quien por aquel entonces formaba parte de la fundación Vamos México, creada por la esposa del presidente Fox, Marta Sahagún Jiménez, donde ocupaba un puesto en el Consejo de Vigilancia.

El contrato de servicio respectivo (410212834, etiquetado en PEP como PEP-SOP-034/2002) fue adjudicado en forma directa. A su vez, Pricewaterhouse subcontrató al bufete Macleod Dixon LLP, de origen canadiense. El documento *Aspectos legales selectos de los Contratos de Servicios Múltiples,* elaborado por los encargados del proyecto, J. Jay Park y Elisabeth Eljuri, con fecha 20 de junio de 2002, detalla que Macleod Dixon fue contratada para darle asesoría legal internacional a PEP, misma que brindaba desde sus oficinas en Calgary, Canadá, y Caracas, Venezuela, con el apoyo del despacho Barrera, Siqueiros y Torres Landa, bufete jurídico que intervino también por recomendación de Nava Vázquez.

Se estipuló que la empresa entregaría tres modelos de contrato:

—Uno comercial, otro apegado a derecho, y uno más, intermedio, que permitiera jugar con los tiempos políticos —explica García, quien fungía como coordinador de los abogados de PEP a los que César Nava encargó que participaran en el diseño de los CSM—. Además de diseñar el modelo, Price debía apoyar su ejecución.

Durante semanas, los abogados de Pemex se reunieron con los representantes de Price para definir el modelo en la oficina de García Reza, ubicada en el piso nueve de la torre ejecutiva, en Marina Nacional. En entrevista, Jorge García recuerda los encuentros:

—Había un estira y afloja entre los abogados de PEP y la gente de la consultoría. Nosotros discutíamos cada cláusula, a fin de que se apegaran a la Constitución y a las leyes mexicanas; ellos respondían que su cometido era el de hacer un contrato en el cual Pemex pareciera una empresa privada, no una paraestatal, y por tanto resultara atractivo para los inversionistas. Por ello incluyeron cláusulas contrarias a la ley.

Los principales desencuentros, detalla García en la entrevista, se dieron con la venezolana Elisabeth Eljuri, quien había participado en la formulación de contratos similares para Petróleos de Venezuela:

—Tenía una concepción muy singular de los CSM. Con tal de elaborar un contrato atractivo para los inversionistas, incluso habló de modificar el reglamento de la Ley de Obras Públicas y Adquisiciones e incorporar cosas que la ley prohíbe y que en la redacción final se incluyeron en el contrato —asegura García, tal y como lo hizo del conocimiento de César Nava y de García Reza en diversos correos electrónicos y oficios, mismos que posteriormente aportó a la SFP para sustentar su denuncia contra el hoy presidente nacional del PAN, integrada en el expediente DE/099/2005.

Pese a las observaciones de los abogados de Pemex en torno a los impedimentos jurídicos del contrato que se estaba formulando, los representantes de Price defendieron su modelo con el argumento de que eso era lo que Nava les había solicitado y, además, que la LOPSRM sería reformada para ajustarla a lo que establecía el contrato.

—A Elisabeth se le hacía muy fácil. Decía: "vamos a modificar la ley y el reglamento". Le explicamos que en México las cosas no ocurrían así, pero ella insistía —cuenta el ex abogado de Pemex.

En efecto, cinco años después se modificó dicha ley, en una iniciativa llevada por el PAN al Legislativo.

El 21 de noviembre de 2002 tuvo lugar la más ríspida de las reuniones entre los representantes de Price y los abogados de Pemex. La razón fue que éstos identificaron 67 cláusulas que violaban la Constitución y las leyes mexicanas. Luego advirtieron a sus superiores Nava Vázquez y García Reza: el contrato estaba sustentado en el derecho mercantil privado y no en el público; en vez de empresa del Estado mexicano, definía a Pemex como una empresa privada; más que un contrato de servicios pactaba "actividades comerciales" de exploración y explotación de hidrocarburos, lo cual es ilegal.

Uno de los aspectos más inquietantes para los subordinados de Nava fue que en distintos apartados del clausulado general, Pemex renunciaba a la inmunidad del Estado mexicano, lo cual es contrario a la Constitución. Así, se estableció a la Corte Internacional de Comercio de París como el tribunal donde se dirimiría cualquier conflicto entre las partes y que un tribunal mexicano no podría ordenar un embargo precautorio o un embargo auxiliar. "De lo anterior se desprende que un tribunal extranjero sí podría ordenar un embargo de los bienes de PEP en el extranjero o en México, ya que se trata de relaciones comerciales y se renunció a la jurisdicción", alertaron a sus jefes en numerosas ocasiones y por diversos medios.

Por ejemplo, aquel 25 de noviembre Jorge García remitió un correo electrónico a su superior inmediato, Néstor García, donde indicaba que Nava debía manifestarse respecto a la cláusula en que la paraestatal renunciaba a la inmunidad pues, ya que los contratos pretendían atraer la inversión privada de capital extranjero, la inclusión de la misma en los CSM "puede tener un impacto negativo para PEP, toda vez que podría llegarse al punto de embargos o ejecución de los bienes del organismo por parte de órganos jurisdiccionales extranjeros".

Los abogados insistían en que al renunciar al fuero se exponía a la paraestatal a ser juzgada por alguien ajeno al país y subrayaban las implicaciones de llevar a Pemex a tribunales internacionales, donde históricamente ha perdido los casos.

Sus argumentos y advertencias, sin embargo, no fueron escuchados. El 20 de diciembre Nava emitió el dictamen favorable al modelo de contrato de Price. En su argumentación, plasmada en el documento OAG/960/2002 dirigido a Luis Sergio Guaso Montoya, director ejecutivo del Proyecto de Diseño de Modelos de CSM de PEP, le dice que los CSM son "contratos de obra pública sobre la base de precios unitarios, de acuerdo con la LOPSRM", pero reconocía que algunas de sus cláusulas eran contrarias a la ley y enfatizaba que para incluir la sanción legal al modelo era necesario considerar que "ciertos aspectos" requerían "de la modificación de la LOPSRM, o bien de la confirmación de ciertos criterios de interpretación administrativa" de ésta. No obstante, señala en el documento que, a través del Consejo de Administración, Pemex adoptaría "una política interna" acorde para este tipo de contratos.

PETRÓLEOS MEXICANOS.
OFICINA DEL ABOGADO GENERAL.

México, D. F., a 20 de diciembre de 2002.
OAG/0960/2002

LIC. SERGIO GUASO MONTOYA
DIRECTOR EJECUTIVO
DEL PROYECTO DE DISEÑO DE MODELOS DE
CONTRATOS DE SERVICIOS MÚLTIPLES.
PEMEX-EXPLORACIÓN Y PRODUCCIÓN

En atención a su oficio número DECSM-688/02 de fecha 18 de diciembre de 2002 y de conformidad con el numeral Décimo Primero de los "Lineamientos para el Ejercicio de la Función Jurídica Institucional en Petróleos Mexicanos y Organismos Subsidiarios", y una vez efectuada la revisión jurídica del Modelo Genérico de Contrato de Obra Pública Sobre la Base de Precios Unitarios sin incluir anexos (Versión de diciembre de 2002, remitido a esta Oficina por la Dirección Ejecutiva a su cargo), a celebrarse entre Pemex Exploración y Producción y el Contratista al que en su caso se le adjudique el mismo, me permito emitir opinión jurídica favorable sobre dicho contrato, con las salvedades que se señalan a continuación:

I. Como en el propio contrato se expresa, se parte del supuesto de que será modificado el Reglamento de la Ley de Obras Públicas y Servicios Relacionados con las Mismas (LOPSRM) o se emitirán lineamientos por parte de la SECODAM en materia de ajuste de costos en moneda extranjera; y que PEMEX adoptará una política interna por medio de su Consejo de Administración para estos Contratos en lo específico, que prevalezca sobre las demás políticas de PEMEX que hayan sido emitidas.

II. Los llamados "contratos de servicios múltiples" (CSM) diseñados para aumentar la producción de gas natural no asociado en nuestro país, son desde el punto de vista jurídico, como el propio modelo genérico lo indica, contratos de obra pública sobre la base de precios unitarios, de acuerdo con la Ley de Obras Públicas y Servicios Relacionados con las Mismas. Se ha señalado que, de adoptarse esta nueva modalidad de contratación, PEP podrá administrar, mediante un solo contrato, la ejecución de una multiplicidad de obras y prestación de servicios que actualmente se contratan por separado y cuya administración y supervisión implica una fuerte carga burocrática para la institución, lo cual dificulta, en determinados casos, la obtención de las mejores condiciones en cuanto a precio, calidad, financiamiento y oportunidad, que por mandato constitucional deben asegurarse al Estado (Art. 134 Constitucional).

criterios de interpretación administrativa de la LOPSRM, por lo que se estima procedente plantear las consultas respectivas a la Secretaría de Contraloría y Desarrollo Administrativo.

Por lo que se refiere a los anexos del Contrato, y en virtud de no haber sido revisados durante las reuniones para el análisis del mismo, éstos serán sujetos de revisión por separado.

Como ya quedó expresado, la presente opinión se emite con base en los Lineamientos referidos en el encabezado del presente y se constriñe estrictamente a los aspectos legales, por lo que quedan bajo la responsabilidad del área a su cargo los aspectos técnicos-económicos implicados en el Modelo de Contrato.

Atentamente,

Lic. José César Nava Vázquez.
Abogado General.

Lic. José Néstor García Reza
Jefe de la Unidad Jurídica de
Pemex Exploración y Producción

CONTRATOS A LA MEDIDA

Los ex colaboradores de Nava dicen que además del modelo de
CSM, el proceso de licitación y la formalización de los contratos
también fueron "hechos a modo". En 2003, antes de irse como
asesor jurídico de la Sener con Felipe Calderón, Nava Vázquez
elaboró, junto con García Reza, Ramírez Corzo y Guaso Montoya, las bases para licitar siete bloques integrados en unos 6 000
kilómetros cuadrados en la Cuenca de Burgos.

En cada proceso de licitación —salvo en el bloque fronterizo, en donde participaron dos consorcios— se recibió una sola
propuesta. Contrario a lo estipulado por la LOPSRM en el sentido de optar por la mejor propuesta económica, los funcionarios
de Pemex no buscaron más alternativas y fallaron en favor del
único licitante. Todos se otorgaron a petroleras extranjeras cuyo
giro principal es la exploración, explotación y comercialización
de energéticos, no la prestación de servicios: Repsol, Petrobras,
Lewis Energy Group, Teikoku Oil Co y Techint.

Pese a la complejidad de los contratos y a lo cuantioso de los
recursos comprometidos, fueron adjudicados con gran rapidez: las
licitaciones se publicaron entre julio y agosto de 2003, en octubre se abrieron las propuestas técnica y económica —con un día
de diferencia en cada proceso— y en noviembre la OAG emitió la
aprobación jurídica. El proceso recibió el visto bueno del Consejo de Administración de Pemex que, en su carácter de secretario de Energía, presidía Felipe Calderón, quien ya tenía a Nava
como asesor jurídico y a Juan Camilo Mouriño como coordinador de asesores.

Una vez emitido el fallo, se permitió a las firmas extranjeras
crear empresas *ex profeso* para que suscribieran los contratos y que

"2003. Año del CCL Aniversario del Natalicio de Don Miguel Hidalgo y Costilla, Padre de la Patria"

PETROLEOS MEXICANOS

CORRESPONDENCIA INTERNA — México, D. F. a 13 de Noviembre de 2003

NOMBRE COMPLETO DE LA DEPENDENCIA REMITENTE	ANTECEDENTES DE ESTA COMUNICACIÓN
DIRECCION CORPORATIVA DE ADMINISTRACION OFICINA DEL ABOGADO GENERAL	NUMERO: OAG/ 1650 2003 FOLIO: 0491 EXPEDIENTE/S: PE-0005 T-001 VOLANTE: 2003004045-01
NOMBRE Y DIRECCION DE LA DEPENDENCIA DESTINATARIA	ANTECEDENTES DE LAS COMUNICACIONES QUE SE CONTESTAN CON LA PRESENTE
PEMEX EXPLORACION Y PRODUCCION. DIRECCION EJECUTIVA DE CONTRATOS DE SERVICIOS MULTIPLES. PRESENTE ATENCIÓN: LIC. SERGIO GUASO MONTOYA.	NUMERO/S: DECSM-606/2003 EXPEDIENTE/S: FECHAS 07/NOVIEMBRE/2003 REC: 10/NOVIEMBRE/2003 CORRECCIONES REC.
ANEXOS	SINTESIS DEL ASUNTO: REVISION JURIDICA.

Con su atento oficio citado en antecedentes, mediante el cual remite para su revisión y sanción jurídica el Contrato de obra pública a precios unitarios No. 414103990, a celebrarse con las compañías: REPSOL EXPLORACION MEXICO, S.A. DE C.V. Y REPSOL EXPLORACION, S.A. (OBLIGADO SOLIDARIO), cuyo objeto es: LA EJECUCION DE LAS OBRAS RELACIONADAS CON EL DESARROLLO, INFRAESTRURA Y MANTENIMIENTO DE CAMPOS DE GAS NO ASOCIADO, EN LA CUENCA DE BURGOS REYNOSA-MONTERREY, LOCALIZADO EN LOS ESTADOS DE TAMAULIPAS Y NUEVO LEON., con un monto de USD $ 2,437'196,256.00 (Dos mil cuatrocientos treinta y siete millones ciento noventa y seis mil doscientos cincuenta y seis Dolares de los Estados Unidos Americanos) y un plazo de ejecución de 7,305 días naturales, con fecha de inicio el 08 de enero del 2004 y de terminación el 08 de enero de 2024, adjudicado mediante el procedimiento de licitación pública internacional en términos del artículo 134 de la Constitucion Politica de los Estados Unidos Mexicanos, 3 fracción I, II y VIII, 27 fracción I, 28, 30 fracción II inciso b) y penúltimo párrafo y 38 de la Ley de Obras Públicas y Servicios Relacionados con las Mismas.

En relación con lo anterior, por este conducto le informo que una vez incluidas las observaciones solicitadas en forma verbal al personal adscrito al área a su cargo, el documento de mérito se devuelve rubricado por el suscrito, para continuar con su trámite.

No obstante, cabe aclarar que esta Oficina ha revisado únicamente los aspectos jurídicos del Contrato, quedando bajo la exclusiva responsabilidad de los servidores públicos a cargo del proyecto, la necesidad de contratar los trabajos objeto del mismo, la evaluación y el procedimiento de su adjudicación, la emisión del fallo de adjudicación hecha por el servidor público autorizado para tal efecto, el contenido y alcance de sus anexos, su justificación, el seguimiento de su ejecución, las facultades de quienes lo suscriben, el ajuste de costos en moneda extranjera, el obtener en tiempo y forma las fianzas de cumplimiento y la corporativa, así como los seguros contemplados en el acuerdo de voluntades que nos ocupa, el contar con la suficiencia presupuestal para hacer frente a las erogaciones que se generen en los ejercicios fiscales subsecuentes, el cumplimiento de la aplicacion de la normatividad de la materia, además de los aspectos tecnicos, economicos y administrativos involucrados en el mismo.

2003 NOV 14 AM 10 03

ATENTAMENTE

LIC. J. ALFONSO ITURBIDE GUERRA
ENCARGADO DEL DESPACHO DE LA
OFICINA DEL ABOGADO GENERAL

C.c.p.- Lic. J. Antonio Prado Carranza.- Gerente Jurídico de Convenios y Contratos.

JAPC/RYM/MAR

NUESTRA PRIORIDAD ES LA PREVENCION, CONCILIACION Y ABATIMIENTO DE JUICIOS LABORALES

807

VOLANTE: 2004000356-01
VOLANTE: 2004000469-01

NOMBRE Y DIRECCIÓN DE LA DEPENDENCIA DESTINATARIA	ANTECEDENTES DE LAS COMUNICACIONES QUE SE CONTESTAN CON LA PRESENTE
PEMEX EXPLORACION Y PRODUCCION DIRECCION EJECUTIVA DE CONTRATOS DE SERVICIOS MULTIPLES PRESENTE ATENCIÓN: LIC. SERGIO GUASO MONTOYA.	NUMERO/S: DECSM-0084/2004 EXPEDIENTE/S: FECHAS 30/ENERO/2004 REC: 02/FEBRERO/2004 CORRECCIONES REC.
ANEXOS	SINTESIS DEL ASUNTO: REVISION JURIDICA.

Con su atento oficio citado en antecedentes, mediante el cual remite para su revisión y sanción jurídica el Contrato de obra pública a precios unitarios No. 414104806, a celebrarse con la compañía: LEWIS ENERGY MEXICO, S. DE R.L. DE C.V., cuyo objeto es: LA EJECUCION DE LAS OBRAS RELACIONADAS CON EL DESARROLLO, INFRAESTRUCTURA Y MANTENIMIENTO DE CAMPOS DE GAS NO ASOCIADO EN EL BLOQUE IDENTIFICADO COMO BLOQUE OLMOS, LOCALIZADO EN LA CUENCA DE BURGOS, con un monto de USD $ 343'573,500.00 (Trescientos cuarenta y tres millones quinientos setenta y tres mil quinientos Dólares de los Estados Unidos Americanos 00/100) y un plazo de ejecución de 5,479 días naturales, con fecha de inicio el 20 de febrero del 2004 y de terminación el 19 de febrero de 2019, adjudicado mediante el procedimiento de licitación pública internacional en términos del artículo 134 de la Constitución Política de los Estados Unidos Mexicanos, 3 fracción I, II y VIII, 27 fracción I, 28, 30 fracción II inciso b) y penúltimo párrafo y 38 de la Ley de Obras Públicas y Servicios Relacionados con las Mismas.

En relación con lo anterior, por este conducto le informo que una vez incluidas las observaciones solicitadas en forma verbal al personal adscrito al área a su cargo, el documento de mérito se devuelve rubricado por el suscrito, para continuar con su trámite.

No obstante, cabe aclarar que esta Oficina ha revisado únicamente los aspectos jurídicos del Contrato, quedando bajo la exclusiva responsabilidad de los servidores públicos a cargo del proyecto, la necesidad de contratar los trabajos objeto del mismo, la evaluación y el procedimiento de su adjudicación, la emisión del fallo de adjudicación hecha por el servidor público autorizado para tal efecto, el contenido y alcance de sus anexos, su justificación, el seguimiento de su ejecución, las facultades de quienes lo suscriben, el ajuste de costos en moneda extranjera, el obtener en tiempo y forma las fianzas de cumplimiento y la corporativa, así como los seguros contemplados en el acuerdo de voluntades que nos ocupa, el contar con la suficiencia presupuestal para hacer frente a las erogaciones que se generen en los ejercicios fiscales subsecuentes, el cumplimiento de la aplicación de la normatividad de la materia, además de los aspectos técnicos, económicos y administrativos involucrados en el mismo.

ATENTAMENTE

LIC. J. ALFONSO ITURBIDE GUERRA
ENCARGADO DEL DESPACHO DE LA
OFICINA DEL ABOGADO GENERAL

C.c.p.- Lic. J. Antonio Prado Carranza.- Gerente Jurídico de Convenios y Contratos.

JAPC/RYM/MAR

NUESTRA PRIORIDAD ES LA PREVENCION, CONCILIACION Y ABATIMIENTO DE JUICIOS LABORALES

"2003. Año del CCL Aniversario del Natalicio de Don Miguel Hidalgo y Costilla, Padre de la Patria"

PETROLEOS MEXICANOS

CORRESPONDENCIA INTERNA — México, D. F. a 05 de Diciembre de 2003

NOMBRE COMPLETO DE LA DEPENDENCIA REMITENTE	ANTECEDENTES DE ESTA COMUNICACIÓN
DIRECCION CORPORATIVA DE ADMINISTRACION OFICINA DEL ABOGADO GENERAL	NUMERO: OAG/ 1826/ 2003 EXPEDIENTE/S PE-0009 T-002 VOLANTE: 2003000001-01
NOMBRE Y DIRECCIÓN DE LA DEPENDENCIA DESTINATARIA	ANTECEDENTES DE LAS COMUNICACIONES QUE SE CONTESTAN CON LA PRESENTE
PEMEX EXPLORACION Y PRODUCCION. DIRECCION EJECUTIVA DE CONTRATOS DE SERVICIOS MULTIPLES. PRESENTE ATENCIÓN: LIC. SERGIO GUASO MONTOYA.	NUMERO/S: DECSM-723/2003 EXPEDIENTE/S: FECHAS 28/NOVIEMBRE/2003 REC: 01/DICIEMBRE/2003 CORRECCIONES REC.
ANEXOS	SINTESIS DEL ASUNTO: REVISION JURIDICA.

Con su atento oficio citado en antecedentes, mediante el cual remite para su revisión y sanción jurídica el Contrato de obra pública a precios unitarios No. 414113808, a celebrarse con la compañía: PTD SERVICIOS MULTIPLES, S. DE R.L. DE C.V., cuyo objeto es: LA EJECUCION DE LAS OBRAS RELACIONADAS CON EL DESARROLLO, INFRAESTRUCTURA Y MANTENIMIENTO DE CAMPO DE GAS NO ASOCIADO EN LA CUENCA DE BURGOS EN EL BLOQUE IDENTIFICADO COMO BLOQUE FRONTERIZO, LOCALIZADO EN EL ESTADO DE NUEVO LEON, con un monto de USD $ 264'977,496.00 (Doscientos sesenta y cuatro millones novecientos setenta y siete mil cuatrocientos noventa y seis Dólares de los Estados Unidos Americanos) y un plazo de ejecución de 5,479 días naturales, con fecha de inicio el 09 de enero del 2004 y de terminación el 08 de enero de 2019, adjudicado mediante el procedimiento de licitación pública internacional en términos del artículo 134 de la Constitución Política de los Estados Unidos Mexicanos, 3 fracción I, II y VIII, 27 fracción I, 28, 30 fracción II inciso b) y penúltimo párrafo y 38 de la Ley de Obras Públicas y Servicios Relacionados con las Mismas.

En relación con lo anterior, por este conducto le informo que una vez incluidas las observaciones solicitadas en forma verbal al personal adscrito al área a su cargo, el documento de mérito se devuelve rubricado por el suscrito, para continuar con su trámite.

No obstante, cabe aclarar que esta Oficina ha revisado únicamente los aspectos jurídicos del Contrato, quedando bajo la exclusiva responsabilidad de los servidores públicos a cargo del proyecto, la necesidad de contratar los trabajos objeto del mismo, la evaluación y el procedimiento de su adjudicación, la emisión del fallo de adjudicación hecha por el servidor público autorizado para tal efecto, el contenido y alcance de sus anexos, su justificación, el seguimiento de su ejecución, las facultades de quienes lo suscriben, el ajuste de costos en moneda extranjera, el obtener en tiempo y forma las fianzas de cumplimiento y la corporativa, así como los seguros contemplados en el acuerdo de voluntades que nos ocupa, el contar con la suficiencia presupuestal para hacer frente a las erogaciones que se generen en los ejercicios fiscales subsecuentes, el cumplimiento de la aplicación de la normatividad de la materia, además de los aspectos técnicos, económicos y administrativos involucrados en el mismo.

ATENTAMENTE

LIC. J. ALFONSO ITURBIDE GUERRA
ENCARGADO DEL DESPACHO DE LA
OFICINA DEL ABOGADO GENERAL

C.c.p.- Lic. J. Antonio Prado Carranza.- Gerente Jurídico de Convenios y Contratos.

RYM/MAR

NUESTRA PRIORIDAD ES LA PREVENCION, CONCILIACION Y ABATIMIENTO DE JUICIOS LABORALES

0543

cada trasnacional quedara como obligada solidaria. Esto por una razón: las cláusulas de cada CSM estipulan que PEP y la contratista renuncian a toda inmunidad y protección de su gobierno, no así la obligada solidaria, la cual conserva su derecho a recurrir en todo momento a la protección de su gobierno. Los dictámenes jurídicos mediante los cuales la OAG autorizó la suscripción de cada contrato fueron hechos por el subgerente jurídico Alfonso Iturbide Guerra (sustituto de Nava), y el gerente jurídico de Convenios y Contratos, José Antonio Prado Carranza. Al primero Nava le aseguró, cuando salió de Pemex para seguir a Calderón en la Sener, que al firmar los contratos sería promovido y, en vía de "mientras", lo dejó a cargo del despacho. A través de Prado Carranza, en tanto, siguió controlando el asunto.[3] Posteriormente Nava le pagaría el favor a Iturbide, llevándolo consigo —durante 2007— como su secretario técnico a la Presidencia de la República.

En la revisión que la ASF hiciera de la Cuenta Pública de 2003, se ocupó también del proceso de licitación y detectó que en las convocatorias "se omitió señalar en las bases de licitación la información específica sobre los trabajos que podían subcontratarse, en infracción al artículo 33 de la LOPSRM", lo que habría dejado a otras empresas sin posibilidad de participar. En consecuencia, el órgano de fiscalización solicitó la intervención del OIC para investigar la responsabilidad de los funcionarios de Pemex involucrados en dicha irregularidad, pero no hubo investigación.

---

[3] En el Apéndice I puede consultarse información detallada sobre cada contrato.

JORGE ALFONSO ITURBIDE GUERRA
TIPO DE DECLARACIÓN: INICIAL
FECHA DE LA DECLARACION: 07/03/2007
DEPENDENCIA: PRESIDENCIA DE LA REPUBLICA

DATOS GENERALES DEL SERVIDOR PUBLICO

NOMBRE(S):	ITURBIDE GUERRA JORGE ALFONSO
FECHA DE NACIMIENTO:	16/02/1946
SEXO:	HOMBRE
ESTADO CIVIL:	CASADO (A)
PAÍS DONDE NACIÓ:	MEXICO
NACIONALIDAD:	MEXICANA
ENTIDAD DONDE NACIÓ:	DISTRITO FEDERAL

DATOS DEL PUESTO O ENCARGO DEL SERVIDOR PÚBLICO

NOMBRE DEL ENCARGO O PUESTO:	SECRETARIO TECNICO
DEPENDENCIA O ENTIDAD:	PRESIDENCIA DE LA REPUBLICA
DOMICILIO:	CALLE: RESIDENCIA OFICIAL DE LOS PINOS, CASA MIGUEL ALEMAN; NÚMERO EXTERIOR: PUERTA 5; NÚMERO INTERIOR: SOTANO; LOCALIDAD O COLONIA: SAN MIGUEL CHAPULTEPEC; CÓDIGO POSTAL: 11850; ENTIDAD FEDERATIVA: DISTRITO FEDERAL; MUNICIPIO O DELEGACIÓN: MIGUEL HIDALGO;
ÁREA DE ADSCRIPCIÓN:	SECRETARIA PARTICULAR
FUNCIONES PRINCIPALES:	AREAS TECNICAS; LABOR DE SUPERVISION; MANEJO DE RECURSOS HUMANOS;
TELÉFONO:	27891100 EXT 1137
CORREO ELECTRÓNICO INSTITUCIONAL:	aiturbide16@presidencia.gob.mx
FECHA DE INICIO DEL ENCARGO:	01/02/2007
ESTÁ CONTRATADO(A) POR HONORARIOS?	NO
CLAVE PRESUPUESTAL O EQUIVALENTE:	KC2

DATOS CURRICULARES DEL SERVIDOR PÚBLICO
ESCOLARIDAD
GRADO MÁXIMO DE ESTUDIOS: LICENCIATURA

NIVEL	UBICACIÓN	NOMBRE DE LA INSTITUCIÓN	CARRERA O ÁREA DE CONOCIMIENTO	ESTATUS	PERIODOS CURSADOS	DOCUMENTO OBTENIDO
LICENCIATURA	Estado:DISTRITO FEDERAL Municipio:CUAUHTEMOC	ESCUELA LIBRE DE DERECHO	DERECHO	FINALIZADO		TITULO

EXPERIENCIA LABORAL

SECTOR	PODER	AMBITO	INSTITUCIÓN O EMPRESA	UNIDAD ADMINISTRATIVA	PUESTO	FUNCIÓN PRINCIPAL	INGRESO - EGRESO
PUBLICO	EJECUTIVO	FEDERAL	PETROLEOS MEXICANOS	OFICINA DEL ABOGADO GENERAL	GERENTE DE CONSULTORIA Y PREVENCIÓN	CONSULTAS JURIDICAS	02/2001 - 02/2005
PUBLICO	LEGISLATIVO	FEDERAL	H. CAMARA DE DIPUTADOS	DIRECIÓN GENERAL DE ASUNTOS JURIDICOS	DIRECTOR DE LO COPTENCIOSO Y PROCEDIMIENTOS CONSTITUCIONALES	DEFENSA DE LOS INTERESES JURIDICOS DE LA CAMARA	08/2005 - 02/2007
PUBLICO	EJECUTIVO	FEDERAL	TELECOMUNICACIONES DE MÉXICO	DIRECCIÓN GENERAL DE ASUNTOS JURIDICOS	GERENTE DE CONVENIOS Y CONTRATOS	ELABORACIÓN Y REVISIÓN DE CONVENIOS Y CONTRATOS	01/2000 - 01/2001

EXPERIENCIA ACADEMICA

TIPO	NIVEL	INSTITUCIÓN	ÁREA(S) DE CONOCIMIENTO	INICIO - TERMINO
DOCENCIA	LICENCIATURA	UNIVERSIDAD ANÁHUAC	DERECHO	01/08/1974 - 01/08/1989

LOGROS LABORALES O ACADEMICOS A DESTACAR
EL SERVIDOR PÚBLICO NO PROPORCIONÓ INFORMACIÓN DE LOGROS LABORALES O ACADÉMICOS.

DECLARACION ANTERIOR

TIPO DE DECLARACIÓN	CONCLUSION

Denuncias en la SFP

En su denuncia ante la SFP, Jorge García Martínez señaló que Nava Vázquez, García Reza y Ramírez Corzo habrían incurrido en supuestas violaciones a los artículos 7 y 8 de la LFRSP y a los Lineamientos para el Ejercicio de la Función Jurídica Institucional de Petróleos Mexicanos y sus Organismos Subsidiarios, ya que al aprobar el modelo de CSM sin que éste fuera legal "no se abstuvieron de realizar actos que puedan causar deficiencia del servicio público".

Precisó en la denuncia que Ramírez Corzo habría incurrido en incumplimientos a la fracción XVII del artículo 8 de la LFRSP "al no supervisar que César Nava y Néstor García cumpliesen con las obligaciones" que marca la ley. En cuanto al titular de la OAG, lo responsabilizó de la implantación de los polémicos CSM en la medida en que "la opinión jurídica que emitió sobre el contrato de Price fue determinante para que Ramírez Corzo decidiese su utilización pese a su ilegalidad". Por tanto, denunció, "Nava incumplió las disposiciones legales relacionadas con el servicio público".

Lo anterior implica también que el hoy presidente del PAN habría actuado en contravención al principio de derecho pues, de acuerdo con el artículo 14 de la Constitución, ningún servidor público puede hacer más de lo que la ley le permite. Así, argumentó Jorge García ante la SFP, ni Nava Vázquez ni García Reza podían conferirse facultades que no les daba la ley, "como lo hicieron al renunciar a la posibilidad de proteger los intereses de Pemex".

En cuanto a Pricewaterhouse Coopers, denunció que no cumplió con el objeto de su contratación, toda vez que "el modelo de contrato no se apega a lo dispuesto en la LOPSRM, y por tanto es ilegal". De este modo, agregó, "existe responsabilidad del contratista por no haber cumplido con el objeto del contrato que era elaborar un modelo acorde a la ley, independientemente de las indicaciones del abogado general de Pemex".

Cuando la indagatoria estaba en curso, Función Pública abrió otra investigación, integrada en el expediente DE/025/20025/ NA/042, que tenía a su cargo el titular del Área de Quejas del OIC en Pemex, Federico Domínguez Zuloaga.

Jorge García se dice víctima de persecución, espionaje telefónico, presiones psicológicas y acoso judicial. Asegura que agentes de la Agencia Federal de Investigación y elementos de seguridad interna de Pemex, adscritos a la Gerencia de Servicios de Seguridad Física, encabezada primero por el militar Víctor Manuel de la Peña Cortés —quien fue acusado de supuesto espionaje en 2006 por el legislador Jesús González Schmal cuando presidía la comisión de la Cámara de Diputados que investigaba el tráfico de influencias de los hermanos Manuel y Jorge Bribiesca Sahagún— y posteriormente por el general Miguel Estrada Martínez, vigilaban su domicilio y que en diversas ocasiones siguieron a sus hijos, a su esposa y a él mismo.

Ante la SFP documentó en forma detallada el modelo y placas de los vehículos que vigilaban su casa, las intervenciones telefónicas, el rastreo que de sus datos personales hacían diferentes sujetos entre sus vecinos.

El acoso llegó a tal grado, dice en entrevista, que en noviembre de 2005 solicitó a la SFP que el OIC emitiera una resolución "objetiva y apegada a derecho" a propósito de la denuncia, pues estaba en riesgo su integridad y la de su familia. En un oficio del 11 de noviembre, Francisco Javier Galindo Noriega, titular del Área de Quejas del OIC en PEP, señala que García Martínez pidió medidas cautelares para él y su familia.

Mientras el caso se ventilaba en la dependencia, la OAG presentó una denuncia penal en su contra por sustracción de documentos confidenciales. García Martínez asegura que el expediente exhibido por Néstor García en la PGR es el mismo que él aportó en la SFP, "por lo que, ante el Ministerio Público Federal, manifesté que ellos hicieron uso de información contenida en un expediente que estaba bajo investigación".

En diversos escritos dirigidos a altos funcionarios de la secretaría, Jorge García insistió en que era sujeto de investigación y presiones. Éstas se incrementaron y el 9 de junio de 2006 presentó una queja ante la Comisión Nacional de Derechos Humanos (CNDH) —expediente 2006/2128/2/OD— a fin de que el organismo interviniera ante la SFP por supuestas violaciones a sus derechos humanos. El 30 de junio la CNDH hizo un extrañamiento al contralor interno de la secretaría, Francisco Medellín, y le solicitó aclarar la responsabilidad de los funcionarios que habrían incurrido en infracciones al artículo 10 de la LFRSP en detrimento de García Martínez.

No obstante que los señalamientos de Jorge García fueron corroborados por la ASF, a finales de 2006, previo al cambio de gobierno, Función Pública "encapsuló" la denuncia.

Violaciones a la Ley de Inversión Extranjera

Si bien las empresas beneficiadas con los CSM son en su mayoría de capital cien por ciento foráneo —de España, Brasil, Japón y Estados Unidos—, Pemex no solicitó la aprobación de la Comisión Nacional de Inversión Extranjera (CNIE) para la participación de recursos provenientes de empresas no nacionales en actividades

ORGANO INTERNO DE
CONTROL EN PETROLEOS
MEXICANOS

Comisión Nacional de los
Derechos Humanos
MÉXICO

2006 JUL 17 PM 5: 31

SEGUNDA VISITADURÍA GENERAL
Av. Periférico Sur No. 3469
Col. San Jerónimo Lídice
Deleg. Magdalena Contreras
C. P. 10200 México, D. F.
FAX: 5681 54 82
Exp. No. 2006/2128/2/OD
Oficio No. V2/ **22223**

ASUNTO: OFICIO DE VISTA

México, D. F., a **30 JUN 2006**

DR. FRANCISCO R. MEDELLIN LEAL
CONTRALOR INTERNO EN LA
SECRETARÍA DE LA FUNCIÓN PÚBLICA
PRESENTE.

Respetable señor Contralor Interno:

Me permito hacer de su conocimiento que ante esta Comisión Nacional de los Derechos Humanos, el señor Jorge García Martínez presentó queja el 9 de junio de 2006, la cual dio origen al expediente citado al rubro, en que manifestó ha transcurrido más de 5 meses desde que solicitó la intervención del Secretario de la Función Pública para definir la competencia de los Órganos Internos de Control en Petróleos Mexicanos y PEMEX Exploración y Producción y hasta el momento no se ha pronunciado al respecto, además, considera que el citado servidor público permitió la prescripción de las facultades de la autoridad para imponer sanciones y se ha actuado selectivamente, ya que no obstante que aportó en su denuncia los elementos de convicción suficientes para sustentar la responsabilidad de los servidores públicos involucrados, no fueron sancionados, pero sí sirvieron para que el abogado general de PEMEX presentara una denuncia en su contra por una supuesta sustracción de información y de documentos, situación con la que no está de acuerdo.

Por lo anterior, con fundamento en los artículos 108 y 109, fracción III, de la Constitución Política de los Estados Unidos Mexicanos; 4°, 8°, fracción XVIII y 10, de la Ley Federal de Responsabilidades Administrativas de los Servidores Públicos; 37, fracción XVII, de la Ley Orgánica de la Administración Pública Federal; se le da vista de los presentes hechos, a fin de que, en el ámbito de sus atribuciones investigue y determine si los servidores públicos involucrados incurrieron en alguna irregularidad en el ejercicio de sus funciones.

recibido el 17-Jul-06

63

económicas relativas a la perforación de pozos petroleros y gas, en contravención al artículo 8 de la Ley de Inversión Extranjera.

Lo anterior fue comprobado por la ASF en la citada revisión al proceso de licitación de Burgos y por ello determinó la presunción "de hechos de los que podrían desprenderse responsabilidades administrativas de los servidores públicos" que, pese a no contar con una resolución favorable de la CNIE, suscribieron los contratos. En consecuencia, solicitó la intervención del OIC, pero tampoco fue abierta investigación alguna y Pemex respondió que era "obligación de la persona moral que llevara a cabo dichas actividades de perforación, y no de PEP, obtener la resolución favorable de la Comisión Nacional de Inversiones Extranjeras".

El ex secretario de Gobernación Manuel Bartlett Díaz, quien en el periodo en que se adjudicaron los CSM presidía la Comisión de Puntos Constitucionales en el Senado de la República, define a los CSM como "una de las estrategias diseñadas por la administración de Vicente Fox para privatizar los hidrocarburos".

Explica que su origen está en la aceptación, por parte de Fox, a la solicitud explícita de George W. Bush (entonces presidente de Estados Unidos) de acelerar la integración energética entre México y Estados Unidos.

—Se cedió también a las presiones de las empresas extranjeras distribuidoras de gas natural y a las grandes petroleras trasnacionales —dijo Bartlett.

El fraude de las trasnacionales

El cauce del río Bravo divide los campos de gas natural no asociado que se extienden en la franja del noreste de México, de

Tamaulipas a Coahuila, y hacia el sur de Texas, en Estados Unidos. La geografía de la desértica zona, de sedimentos arenosos y depósitos subterráneos profundos formados por roca porosa, hace de ésta un importante yacimiento del combustible considerado una de las fuentes de energía más limpias y seguras.

El gas natural se extrae perforando pozos, a los cuales se les coloca un árbol de válvulas para regular la presión y así expulsar el energético, que se conduce mediante gasoductos hasta las estaciones de recolección.

Durante más de medio siglo, Pemex destinó infraestructura, recursos materiales y humanos para explotar la Cuenca de Burgos. En su sexenio, Vicente Fox promovió la zona en el extranjero como un área de oportunidad para las petroleras trasnacionales. No era un asunto menor: se trata de la región productora de gas no asociado más importante de México.

Pese a su inconstitucionalidad, los gobernadores de los estados donde se ubica la cuenca —Natividad González Parás, de Nuevo León; Enrique Martínez y Martínez, de Coahuila; Tomás Yarrington Ruvalcaba, de Tamaulipas—, todos de extracción priísta, defendieron a ultranza el proyecto impulsado por el gobierno del PAN y promovieron los CSM como la panacea que despuntaría las economías locales.

—Ello fue la primera muestra de que, en pos de los beneficios privados en materia energética, muchos priístas estaban dispuestos a traicionar los preceptos del partido —asegura el también ex gobernador de Puebla, Manuel Bartlett Díaz. Y explica que, en su obstinación por privatizar Pemex, Fox utilizó a los gobernadores como cabilderos con objeto de convencerlo de que cesara en las denuncias que entre 2001 y 2006 hizo permanentemente en la tribuna legislativa, respecto de los riesgos de que el Estado perdiera propiedad de los recursos energéticos.

El principal emisario, dice Bartlett, fue González Parás, quien "se prestó a toda esa manipulación entreguista".

—Me decía que era un esquema bueno, que iban a llegar empresas a hacer una derrama enorme de recursos e industrializar. Lo mismo hicieron los gobernadores de Coahuila y de Tamaulipas.

Bartlett dice que los gobernadores de su partido "son corresponsables de la corrupción". Tras una pausa, acusa:

— ¡Qué mayor corrupción que entregarle a los extranjeros los energéticos de todos los mexicanos, violando la Constitución!

La apertura de Burgos a la iniciativa privada mediante los CSM fue justificada por los directivos de Pemex con el argumento de que se trataba de un mecanismo destinado a captar recursos técnicos y financieros para la exploración y explotación de gas. Urgía, decían, contar con la tecnología de punta y el *know-how* que sólo poseían consorcios privados, indispensables para incrementar el nivel de explotación de los pozos y disminuir las importaciones. Las empresas que participaran, además, pondrían "sus mejores prácticas productivas y tecnológicas" al servicio de la paraestatal, amén de que se reducirían los costos de producción en la medida en que una sola compañía se encargara de la operación de cada bloque, en sustitución de las muchas que trabajaban con contratos menores.

La realidad es otra. En enero de 2004, con la apertura por parte de Repsol del pozo 4020 en el bloque Burgos-Reynosa —considerado el corazón de la cuenca—, se dio el banderazo a los CSM. Hoy, para acercarse al lugar, hay que cruzar tupidos sembradíos de maíz. Desde el 1º de diciembre de 2005, cuando se tapó el pozo, la tierra volvió a su uso agrícola. En realidad éste nunca se conectó con la estación Reynosa 5, que es la que le correspondía, y sólo para las placas fotográficas de rigor (encabezadas por el presidente Vicente Fox) se le instaló un árbol de válvulas provisional.

Muñoz Leos y Ramírez Corzo, en su papel de directores, aseguraban que desde ese año y gracias a las trasnacionales disminuiría la importación de gas y que, en sólo cuatro años, se duplicaría la producción. Según datos de la Sener, en cambio, las compras del energético en el extranjero no disminuyeron y la tendencia es que seguirán incrementándose: en 2013, Pemex importará 3 784 millones de pies cúbicos diarios de gas natural, el doble del requerimiento actual. Así, la inversión destinada a los cinco CSM no tuvo correspondencia con la productividad de las empresas contratistas.

Otro indicio de ello es que, según una estimación realizada por Víctor Rodríguez Padilla, investigador de la Universidad Nacional Autónoma de México (UNAM), la extracción de cada millar de pies cúbicos cuesta a Pemex 3.31 dólares, contra 1.5 que erogaría la paraestatal si la realizara directamente.

La explotación de la Cuenca de Burgos por parte de consorcios extranjeros no ha reportado beneficio alguno a Pemex ni a la economía local. La paraestatal sigue contratando a terceros, por lo que debían hacer las trasnacionales, las cuales además tienen abandonadas muchas de las áreas a las que por obligación contractual deberían dar mantenimiento.

En toda la cuenca no se observa mejora —ni la ha habido nunca, aseguran trabajadores petroleros de Tamaulipas— a partir de que las trasnacionales privadas se encargan de la zona. La anunciada maquinaria brilla por su ausencia, al igual que los grupos de especialistas de primer nivel que "en sólo cuatro años" duplicarían la producción. La única diferencia es que ahora empresas privadas hacen los trabajos que, por mandato constitucional, están reservados a Pemex: exploración, perforación y extracción de gas.

Por otro lado, dichos corporativos tienen acceso a información privilegiada, considerada por el Estado de seguridad nacional: datos geológicos, técnicos y económicos en relación con la ubicación de los yacimientos, mapeo de las reservas, ubicación de pozos y manejo de ductos. Sin embargo, no invierten siquiera en vigilancia, lo cual ha impactado en forma negativa las finanzas de Pemex al acrecentarse el robo y contrabando de combustibles a través de tomas clandestinas. La Cuenca de Burgos es la zona que registra el mayor índice de *ordeñas*, según información oficial de Pemex, negocio que genera ganancias ilícitas estimadas en más de 10 000 millones de pesos anuales.

En octubre de 2007, Jesús Reyes Heroles presentó un diagnóstico donde asegura que la "ordeña" de combustible en Burgos se incrementó desde 2005, es decir, cuando las trasnacionales tomaron posesión de la zona.

El ilegal negocio involucra a funcionarios públicos del más alto nivel, políticos y militares. Por ejemplo, en abril de 2009, la PGR detuvo a Miguel Ángel Almaraz Maldonado, ex dirigente del PRD en Tamaulipas, quien encabezaba una banda asociada con *Los Zetas* —otrora brazo armado del Cártel del Golfo— en el contrabando de gasolina de Burgos a Estados Unidos.

Filibusteros trasnacionales

Alfredo Jalife-Rahme, analista en geopolítica y negocios internacionales, califica a la española Repsol como una "trasnacional pirata" que no invierte en infraestructura y cuya expansión en México se debe a que "Fox y Calderón la han subsidiado parasitariamente en detrimento del bien común nacional" (*La Jornada,* 7 de mayo de 2008). La definición del también comentarista de la cadena de televisión *Cable News Network* resulta proverbial atendiendo a su presencia en Burgos: opera con una docena de empleados encargados de administrar el CSM y, con el visto bueno de sus superiores asentados en Houston, Texas —reconoce el vocero Pablo Espresate—, subcontrata a las compañías que ejecutan los trabajos.

Durante tres años (a partir de la firma de los CSM), los empleados de Repsol despacharon en una casa particular a unas calles de las instalaciones de la sección 36 del STPRM, en las inmediaciones de las oficinas de PEP en la Región Norte, en el centro de Reynosa, Tamaulipas. En marzo de 2008 la compañía se instaló en un pequeño inmueble arrendado en el parque industrial, en la colonia Lomas de Jarachina. El único indicio de su presencia es el logotipo impreso en las cinco camionetas tipo van que constituyen su parque vehicular. No hay maquinaria, sólo los trabajadores administrativos.

Todos los trabajos que se encargó a Repsol, en tanto, son realizados por terceros. La subcontratista que explora y perfora los pozos es la trasnacional Schlumberger, con sedes en París, Houston y La Haya. La operación y mantenimiento corre a cargo de la venezolana OTEPI Consultores, a través de su subsidiaria OGS Energy Services.

OGS tiene a su cargo el mantenimiento preventivo, desmalezado y limpieza; el mantenimiento mecánico, soldadura, instrumentación, telemetría y comunicaciones; el mantenimiento predictivo, eléctrico y protección de ductos. Asimismo, operaciones de producción y mantenimiento de carreteras o equipos pesados de todo el bloque, el cual alberga 16 estaciones de reco-lección y cuatro de compresión, 38 gasoductos de más de 1 600 kilómetros, 22 pozos activos, 40 más de posible explotación y 81 cerrados.

Las decenas de pozos clausurados, según Repsol, se debe a que dejaron de ser productivos, si bien muchos de ellos fueron perfo-rados en 2007. El CSM establece que la española debe darle man-tenimiento a todos los pozos que forman parte del activo, según la cláusula 12 del contrato 414103990, suscrito entre PEP y Rep-sol, pero en diversos recorridos que hice en Burgos pude corro-borar que muchos de ellos están prácticamente abandonados. En algunas zonas, sin embargo, trabajadores limpian los caminos con motoconformadoras de Pemex o hacen reparaciones de las líneas de descarga y recolección de residuos, y construyen cercas. Otro de los problemas en el bloque es la falta de señalamientos, norma básica de seguridad industrial. Incluso aquellos que son productivos no tienen barandales de protección o algunas válvu-las están oxidadas.

En el campo Reynosa, en 2001, Pemex invirtió en el mante-nimiento general de las estaciones de recolección, lo que incluyó cambiar el cercado y construir accesos de concreto. Como con-secuencia del incremento en la producción debieron haberse ampliado, pues así lo estipula el contrato. En cambio, varias de ellas fueron desmanteladas. En algunas de las estaciones sólo sobreviven el dique de contención del tanque, las bases de con-creto, residuos de una cerca perimetral que parece haber sido arrancada de tajo y retazos de ductos que conectaban a una docena de pozos.

DESEMPLEO LOCAL Y DEGRADACIÓN AMBIENTAL

Para los lugareños, el panorama no es mejor. Las zonas rurales de Reynosa son las más afectadas. Así como cientos de trabajadores de la paraestatal fueron desplazados, la entrada en vigor de los CSM provocó el desempleo de un número indefinido de familias que trabajaban en las compañías locales.

Una de estas zonas es el ejido Alfredo Bonfil, fundado hace 30 años, el cual proveía de mano de obra a las subcontratistas en Burgos. Propietario de uno de los pocos "muebles" —camionetas— del pueblo, José Lara llevaba a las cuadrillas de hombres que laboraban en los campos de gas de toda la cuenca y hacía el enlace entre los lugareños y las compañías. Ahora, las empresas extranjeras no contratan a los lugareños:

—Piden muchos papeles, ponen peros. Para limpiar maleza o pintar bardas nos exigen haber ido a la universidad y aquí nadie cumple con los requisitos de Repsol, de Schlumberger o de Halliburton. Burgos era nuestra fuente de empleo, ahora no tenemos nada. Les tocamos la puerta en nuestro propio país a los extranjeros a sabiendas de que nunca van a contratarnos.

Por otro lado, los CSM estipulan que las contratistas son responsables de realizar todos sus trabajos con apego a la Ley General de Equilibrio Ecológico y Protección al Ambiente, así como a las normas o reglamentos estatales y federales vigentes en la materia, lo que tampoco se cumple.

En 2005 los ejidatarios denunciaron que, en el ejido Emiliano Zapata —a unos 40 kilómetros de Reynosa—, Repsol, Halliburton y Schlumberger confinaban clandestinamente los lodos de perforación que extraían de los pozos de gas, considerados como altamente tóxicos por el Programa de Naciones Unidas para el

Medio Ambiente. Incluso, pidieron la intervención de Greenpeace para que verificara la afectación a sus tierras, en su mayoría sembradas de sorgo.

Y hay más: de forma inexplicable, PEP sigue contratando algunas de las obras incluidas en el catálogo de CSM, es decir, los fallidos esquemas de contratación impuestos a la paraestatal por César Nava provocaron que Pemex pague dos veces el mismo trabajo.

El secretario

—Juan Camilo se queda en Gobernación y la reforma energética va —aseguraba César Nava Vázquez la tarde del 6 de marzo del 2008, cuando arreciaba el escándalo en torno a los contratos que Mouriño Terrazo firmó como accionista y apoderado legal de la empresa Transportes Especializados Ivancar, al tiempo que se desempeñaba como coordinador de asesores del entonces secretario de Energía, Felipe Calderón Hinojosa.

—César, tú eres abogado y conoces la Ley Federal de Responsabilidades de los Servidores Públicos, y es muy clara: Mouriño no podía firmar contratos. Es más, por tratarse de un funcionario, Pemex ni siquiera debía celebrar contratación alguna con él o su familia.

—Todo depende de cómo se vea, es una cuestión de apreciación.

— ¿Ésa es la estrategia de defensa de Mouriño?

—Sí, eso pensó el presidente y coincidimos.

El entonces secretario particular del primer mandatario bebía sin prisa un Absolut Azul diluido con Perrier en The Palm, el famoso *Steak & Lobster* ubicado en el Hotel Presidente Intercontinental de Polanco cuyo estilo está inspirado en el primer restaurante de la cadena que fundaron en 1926, en el corazón del barrio italiano de Nueva York, los inmigrantes parmesanos John Ganzi y Pio Bozzi. Acabados de fina madera, desniveles, paredes cubiertas con caricaturas de personajes de la farándula y la política... Un escenario ideal para tratar de conocer los entretelones de la comedia de equivocaciones que protagonizaban algunos de los hombres del presidente.

El lugar estaba atiborrado. Los atareados meseros iban de una mesa a otra o transitaban rumbo a la cocina y de regreso, prestos a atender a los comensales: empresarios, políticos, funcionarios públicos, algunas parejas de turistas —en su mayoría europeos— hospedados en el inmueble de Campos Elíseos. A medida que avanzaba la tarde crecía el bullicio y, en contraste, la voz de César Nava se volvía cada vez más inaudible pues, como si hubiese micrófonos u oídos indiscretos, casi susurraba.

—¿Van a publicar algo sobre mí? —preguntó, impaciente.

Cuando supo que no, que la preocupación de la reportera se centraba en el caso Mouriño y en las consecuencias del escándalo en los planes de impulsar la reforma energética —una de las misiones principales del flamante secretario de Gobernación y cuya iniciativa de momento se encontraba en suspenso—, Nava Vázquez dio otro sorbo a su vodka y confesó que en Los Pinos desconfiaban de todo el mundo, de modo que sólo ellos tres: Calderón, Mouriño y Nava, definieron la estrategia para defender ante la opinión pública a *Iván* —así le llamaban a Juan Camilo sus amigos cercanos—: insistir en la legalidad de los contratos.

—La verdad es que no tenemos operadores, estamos jalando con lo que hay. En el Congreso está Héctor Larios, aunque él sólo es bueno en corto y para esto necesitamos a alguien más hábil: como no lo tenemos, Juan Camilo se defenderá en los medios, primero en televisión y luego en una conferencia de prensa. Hoy empezamos la campaña mediática con Joaquín López Dóriga. Va a explicar en su noticiero que el negocio de la familia Mouriño tiene muchos años, que no empezó cuando él se convirtió en funcionario...

Hizo una pausa para darle otro trago a su bebida e insistió:

—¿Tienen algo sobre mí?

Era el segundo encuentro con Nava para hablar sobre los negocios de Juan Camilo Mouriño en Pemex. Un mes antes de que publicara en *Contralínea* los contratos que éste firmó a nombre de Transportes Especializados Ivancar (TEISA), empresa transportista de productos petrolíferos al servicio de la subsidiaria Pemex Refinación, solicité a través del área de comunicación social de la Secretaría de Gobernación (Segob) una entrevista con el recién nombrado secretario. Así fue como éste supo que los documentos que lo involucraban en hechos comprometedores ya estaban en mis manos.

Las semanas pasaron sin que avanzaran las gestiones destinadas a conocer la versión del funcionario. Entonces un operador oficioso se ofreció como intermediario a fin de pactar el encuentro. Tampoco tuvo éxito. Sus intentos, sin embargo, despertaron la curiosidad del entonces secretario particular de Felipe Calderón, quien se mostró muy interesado en conocer los documentos y, sobre todo, verificar si no lo involucraban. A través del intermediario pidió una copia de los contratos, explicando que se los haría llegar al secretario con objeto de que éste corroborara su autenticidad. Días después, la oficina de prensa de la dependencia respondió que Mouriño no concedería la entrevista solicitada y que podía hacer con los contratos lo que juzgara más conveniente.

Publiqué la información en *Contralínea,* en la edición del 16 de febrero de 2008, revelando que entre 2001 y 2004 Pemex Refinación otorgó contratos por más de 100 millones de pesos a Ivancar, algunos de los cuales fueron firmados por Mouriño en su calidad de contratista cuando, al mismo tiempo, se desempeñaba como funcionario público. El impacto fue tal, que la permanencia del brazo derecho de Felipe Calderón al frente de la Segob se vio amenazada y, 20 días después, Nava no quiso desaprovechar la oportunidad de indagar si tenía documentos que lo involucraran a él en algún ilícito, con el antecedente del prevaricato documentado. Sí, más que la situación de su amigo y rival, pues ambos se disputaban el favoritismo del presidente en Los Pinos, al secretario particular, calculador como siempre, le interesaba contar con la información necesaria para poder adelantar su siguiente jugada.

Cumplido su cometido, emprendió el camino de regreso a su oficina en la residencia presidencial desde donde, una hora después, vería por televisión la entrevista en que Mouriño confirmaba la autenticidad de los contratos y, sin éxito, trataba de justificar su doble papel de contratista y funcionario público.

ACOSO INSTITUCIONAL

Ni Juan Camilo Mouriño ni directivo alguno del Grupo Energético del Sureste (GES) accedió a hablar con la reportera en las numerosas ocasiones en que les busqué a propósito de la investigación periodística del caso. Y al mutismo oficial le siguió el acoso institucional en contra de la revista *Contralínea,* lo cual incluyó el abrupto recorte de la publicidad gubernamental y un cerco informativo, en especial en Pemex. Entonces detonó el acoso y las amenazas de muerte.

—Te vas a arrepentir de lo que le hiciste a Juan Camilo —me advirtió del otro lado del auricular Carlos Ramírez Fuentes, gerente de Comunicación Social de Pemex.

Posteriormente y en diversas ocasiones, de manera directa y a través de su subordinada, Gabriela Gallegos, me insinuó que dejara de investigar los malos manejos de ciertos funcionarios de la paraestatal. A su vez, dentro de la paraestatal se puso en marcha la inquisidora misión de descubrir quién me había entregado los contratos. Cientos de funcionarios fueron interrogados, se revisaron computadoras, agendas y llamadas telefónicas e incluso se ofrecieron prebendas a cualquier delator que permitiera dar con la fuente de información.

A los empleados de seguridad se les encargó verificar que cada documento, disco compacto o unidad externa que saliera de las oficinas centrales de Marina Nacional llevara un pase otorgado por los directivos de área. Y de la Presidencia de la República llegó una orden tajante: desaparecer todo documento o archivo en el que apareciera el nombre de Juan Camilo Mouriño Terrazo.

Sentado detrás de un lujoso y amplio escritorio color caoba, el informante relató impasible el caos sin precedentes que por esos días imperó en el corporativo. Y tampoco se inmutó al recibir la noticia de la exoneración oficiosa del secretario de Gobernación, en mayo de 2008, ya esperada por la opinión pública desde que se conocieron, en marzo, los nombres de los integrantes de la comisión del Congreso encargada de investigarlo.

Unos meses antes, en enero, acudí al llamado que me hiciera un alto funcionario de la paraestatal. En su oficina, ubicada en uno de los últimos pisos de la torre ejecutiva, a los cuales sólo se accede por los elevadores privados, el funcionario me explicó:

—Algunos estamos hartos de que se siga saqueando a Pemex. Todos le sacan lo que pueden pero hay niveles y la ambición de éste (Juan Camilo Mouriño) no tiene límites —concluyó antes de entregarme los contratos.

Días después, Felipe Calderón nombraba a Juan Camilo secretario de Gobernación, en sustitución de Francisco Ramírez Acuña, a quien ya le había pagado el favor de destaparlo como precandidato del PAN a la Presidencia el 29 de mayo de 2004. Para entonces, los lugartenientes de la familia Mouriño —ex empleados del GES que *Iván* había colocado en Pemex— ya operaban en áreas de su interés. Una de ellas, la Gerencia Corporativa de Desarrollo Social, estratégica en la paraestatal, pues maneja los donativos y donaciones en todo el país. Allí, contra la voluntad del director general, Jesús Reyes Heroles, impuso a Yolanda Guadalupe Valladares Valle, su operadora desde los días en que se enroló en la política en Campeche.

En enero de 2007 fue asignada al piso 14 de la torre de Marina Nacional, desde donde controla a delegados en todo el país, divididos por región de influencia petrolera, en una estructura igual a la de la Sedesol. Son los encargados de representar a Pemex ante gobernadores, alcaldes, comunidades, dependencias gubernamentales u organizaciones civiles y de entregarles donativos.

Valladares nació en Campeche en 1959 y es administradora pública de profesión. Su relación con la familia Mouriño se remonta a finales de la década de 1990, cuando los incipientes transportistas coqueteaban con el PAN y, para acercarlos al partido, Carlos Medina Plascencia les ofrecía un promisorio porvenir. Ella era secretaria de organización estatal del albiazul y coordinaba el área de prensa y relaciones públicas, la cual puso al servicio del joven Juan Camilo para convertirlo en diputado local.

Yolanda Valladares, cuentan en entrevista sus colaboradores, llegó a la Gerencia Corporativa de Desarrollo Social con el supuesto propósito de utilizar los donativos de Pemex —dinero en efectivo, asfalto, gasolina, diésel, gas, tubería, tabiques, cemento,

 **PEMEX**

GERENCIA CORPORATIVA DE DESARROLLO SOCIAL

NOTIFICACIÓN

2008 MAY 15 AM 11: 53

México, D. F., a 21 de abril de 2008
GCDS- 177 /2008

ING. ANDRÉS RUÍZ MORZILLO
PRESIDENTE MUNICIPAL DE
OTHÓN P. BLANCO, QUINTANA ROO
P r e s e n t e.

Con fundamento en los Lineamientos en Materia de Donativos y Donaciones en Petróleos Mexicanos y Organismos Subsidiarios vigentes, y en respuesta a su atenta solicitud enviada al Dr. Jesús Reyes Heroles González Garza, Director General de Petróleos Mexicanos, me permito notificarle que el Consejo de Administración en su sesión del 4 de diciembre de 2007, autorizó la ampliación del plazo para el retiro de 600 toneladas de asfalto AC-20, con un valor total de $2,026,296.00 (dos millones veintiséis mil doscientos noventa y seis pesos 00/100 M. N.), el cual será utilizado para apoyar la pavimentación de calles en el Municipio.

Es importante señalar que, de conformidad con lo establecido en la normatividad, el producto otorgado en donación deberá ser retirado dentro del término de un año contado a partir de los treinta días posteriores a la recepción de la presente notificación y, en la medida de lo posible, aplicarse a la brevedad al propósito para el que fue solicitado y autorizado; situación que de no cumplirse, motivaría su cancelación y/o devolución del producto otorgado.

Adicionalmente, le informo de la obligación como donatario de proporcionar a Petróleos Mexicanos toda la información que se requiera para comprobar la adecuada aplicación de la donación, sin menoscabo de otros datos e información que pudiera solicitársele. En fecha próxima le remitiremos los formatos para tal fin.

La política de Petróleos Mexicanos en materia de donativos y donaciones establece la obligación de hacer pública la información sobre los apoyos sociales que otorga la Empresa. Por tal motivo, se solicita su intervención para difundir este apoyo entre la comunidad beneficiada y la opinión pública en general. Le agradeceré incluir un reporte de la difusión en el informe que nos envíe sobre la aplicación de esta donación.

Por lo anterior, solicito a usted establecer la coordinación necesaria con la Subgerencia de Desarrollo Social Zona Sureste, a fin de que se realicen los trámites requeridos para el retiro del Asfalto AC-20 mencionado; para ello, le pido nos proporcione la calendarización en que deberá hacerse el retiro del mismo.

Sin otro particular, reciba un cordial saludo.

A t e n t a m e n t e

LIC. YOLANDA VALLADARES VALLE
Gerente Corporativo

C.C.P. Dr. Jesús Reyes Heroles González Garza.- Director General de Petróleos Mexicanos.
Ing. Carlos Morales Gil.- Director General de Pemex-Exploración y Producción.
Ing. José Antonio Ceballos Soberanis.- Director General de Pemex-Refinación.
Lic. Alejandro Fleming Kauffman.- Secretario del Consejo de Administración de Petróleos Mexicanos.
Lic. Roberto Ortega Lomelín.- Coordinador Ejecutivo de la Dirección General de Petróleos Mexicanos.
Lic. José Néstor García Reza.- Abogado General de Petróleos Mexicanos.
Ing. Guillermo Villa Montaño.- Gerente de Ventas al Mayoreo de Pemex-Refinación.
Control de Gestión DG.- En atención al volante 200703690.
Folio GCDS: 080038.

MVA/AOG

Teléfonos para la coordinación: Subgerencia de Desarrollo Social Zona Sureste: 1944-9182.

motores, vehículos, lanchas, inmuebles, computadoras, entre otros— como botín político en el ambicioso proyecto de JC —así le llamaban en Pemex—: para suceder a Calderón en la Presidencia.

EL CONFLICTO DE INTERÉS

Antes de que en *Contralínea* diera a conocer los negocios de Mouriño en Pemex, Juan Camilo aseguraba en entrevistas de televisión y prensa escrita, lo mismo en México que en Europa, que cuando decidió dedicarse al servicio público se deslindó por completo de los negocios familiares, la mayoría de ellos ligados al sector energético. Era una más de las mentiras sobre las que cimentó su vertiginosa carrera política, caracterizada por el oportunismo, como aquella otra acerca de su nacionalidad y la de sus padres, o el uso de pasaportes apócrifos que sacaron a la luz periódicos de Campeche en 1996.

En el tiempo en que se desempeñó como funcionario del sector energético, Ivancar, empresa de la cual fue accionista hasta el día de su muerte, recibió de Pemex adjudicaciones directas por más de 100 millones de pesos para el transporte de hidrocarburos, en contratos y convenios firmados por el propio Mouriño, lo cual contraviene la LFRSP, la Ley de Adquisiciones, Arrendamientos y Servicios del Sector Público (LAASSP), así como la LOPSRM.

Entre 1998 y enero de 2008, Ivancar suscribió 10 contratos o convenios y cuatro modificaciones. Seis de ellos los firmó Juan Camilo, periodo en el que fungió como presidente de la Comisión de Energía de la Cámara de Diputados, director general de la Subsecretaría de Política Energética y Desarrollo Tecnológico de la Sener y como coordinador de asesores del entonces titular del ramo, Felipe Calderón.

CONVENIO DE PRESTACIÓN DE SERVICIOS DE TRANSPORTE TERRESTRE DE PRODUCTOS DERIVADOS DEL PETRÓLEO, QUE CELEBRAN POR UNA PARTE PEMEX REFINACIÓN, REPRESENTADO POR LA ING. IRMA ALEJANDRA RODRÍGUEZ BAEZA EN SU CARÁCTER DE GERENTE DE TRANSPORTE TERRESTRE, A QUIEN EN LO SUCESIVO SE LE DENOMINARÁ PEMEX Y POR LA OTRA LA EMPRESA TRANSPORTISTA TRANSPORTES ESPECIALIZADOS IVANCAR, S. A. DE C. V., REPRESENTADA POR EL SR. JUAN CAMILO MOURIÑO TERRAZO, EN SU CARÁCTER DE APODERADO GENERAL, A QUIEN EN LO SUCESIVO SE LE DENOMINARÁ EL TRANSPORTISTA, AL TENOR DE LAS SIGUIENTES:

D E C L A R A C I O N E S

I.- PEMEX DECLARA QUE:

I.1. Es un Organismo Público Descentralizado de carácter técnico, industrial y comercial del Gobierno Federal de los Estados Unidos Mexicanos, Subsidiario de Petróleos Mexicanos, con personalidad jurídica y patrimonio propio, con capacidad para la realización de estos convenios de acuerdo con el Decreto publicado en el Diario Oficial de la Federación el 16 de Julio de 1992.

I.2. Señala como domicilio para los fines del presente convenio el ubicado en Av. Marina Nacional No. 329, Edificio "A", Piso 6º , de la Colonia Huasteca, Delegación Miguel Hidalgo de esta ciudad, código postal 11311.

I.3. En el dictamen de fecha 06 de diciembre de 2000, se detallan las razones que justifican la contratación de EL TRANSPORTISTA, partiendo de la necesidad de PEMEX de cumplir con los programas normales y extraordinarios de transporte de productos por autotanque, coadyuvando en el abasto de productos en todo el territorio nacional.

I.4. Los servicios objeto de este convenio, están considerados dentro del programa de operación para el año de 2001, y las erogaciones que se deriven se cargarán a las partidas autorizadas a la Gerencia de Transporte Terrestre.

El presupuesto de operación autorizado para la Subdirección Comercial, Gerencia de Transporte Terrestre en el rubro de "Fletes Terrestres" para el 2001, es por la cantidad total de $1,969'924,200.00 M.N. (Mil novecientos sesenta y nueve millones novecientos veinticuatro mil doscientos pesos 00/100 M,N.).

I.5. El procedimiento de adjudicación directa de los servicios de este convenio, fue autorizado por el Comité de Adquisiciones, Arrendamientos y Servicios de PEMEX en su sesión No.214, caso 214.04, celebrada el 6 de diciembre del 2000, hasta por $ 1,969'924,200.00 M.N. (Mil novecientos sesenta y nueve millones novecientos veinticuatro mil doscientos pesos 00/100 M.N.), y se adjudican con base en los artículos 26 fracción III; 41 fracción III y 47 de la Ley de Adquisiciones, Arrendamientos y Servicios del Sector Público.

I.6. Acredita la personalidad y facultades de la Ing. Irma Alejandra Rodríguez Baeza, en su carácter de Gerente de Transporte Terrestre, según testimonio de la escritura pública número 155859, de fecha 31 de octubre del 2000, otorgada ante la fe del Lic. José de Jesús Castro Figueroa, Notario Público 38 de la Cd. de México, D.F.

Leído el presente convenio, y estando conformes las partes con su contenido, lo firman por triplicado el día 20 de diciembre del 2000.

POR PEMEX REFINACIÓN   POR EL TRANSPORTISTA:

ING. IRMA ALEJANDRA RODRÍGUEZ BAEZA   SR. JUAN CAMILO MOURIÑO TERRAZO
GERENTE DE TRANSPORTE TERRESTRE   APODERADO GENERAL

REVISIÓN JURÍDICA:

LIC. LUIS RICARDO BOUCHOT GUERRERO
JEFE DE LA UNIDAD JURÍDICA
------------------------ Última hoja del convenio ------------------------

Conforme oficio
UJ-PR- C 0023/2001

81

En 2003, al convertirse en asesor de la Sener, los montos que obtuvo Ivancar en Pemex se incrementaron en 100%. En el periodo en que Calderón lo nombró vicecoordinador de la campaña presidencial, su compañía obtuvo —por primera vez— un contrato multianual de carácter transexenal por 40 millones de pesos. Ni uno solo de los contratos que Refinación otorgó a Ivancar fue sometido a licitación.

IVANCAR

Si bien la empresa Ivancar no es la que mayores ingresos reporta al GES, sí es la más significativa. No es gratuito que la denominaran con el nombre con el cual fallidamente intentaron bautizar al menor de sus hijos: Iván. Además, para el matrimonio Mouriño Terrazo representó la primera compañía de su propiedad tras años de tropiezos económicos en España que llevaron a la familia —integrada por Manuel, María de los Ángeles y sus tres hijos, Carlos, Juan Camilo y María de los Ángeles, todos nacidos en Madrid— a emigrar a México en 1979, donde el hoy propietario del equipo de futbol Real Club Celta de Vigo trabajó en los hoteles, panificadoras y mueblerías de sus suegros en la capital del país. Luego se instaló en Campeche con el tino de vincularse al entonces gobernador Abelardo Carrillo Zavala, de quien se decía Manuel Carlos Mouriño era prestanombres; el entonces gobernador fue quien le facilitó sus negocios.

Ante la notaría pública 60, de Tizapán, Distrito Federal, el 2 de agosto de 1985 ocho accionistas crearon la empresa con la razón social Transportes Especializados Ivancar y domicilio fiscal en Campeche. Su objeto social va desde la transportación y dis-

CONVENIO DE PRESTACIÓN DE SERVICIOS DE TRANSPORTE TERRESTRE DE PRODUCTOS DERIVADOS DEL PETRÓLEO, QUE CELEBRAN POR UNA PARTE PEMEX REFINACIÓN, REPRESENTADO POR EL INGENIERO JESÚS VILLARREAL GALLEGOS EN SU CARÁCTER DE GERENTE DE TRANSPORTE TERRESTRE, A QUIEN EN LO SUCESIVO SE LE DENOMINARÁ "PEMEX REFINACIÓN" Y POR LA OTRA LA EMPRESA TRANSPORTISTA TRANSPORTES ESPECIALIZADOS IVANCAR, S. A. DE C. V., REPRESENTADA POR EL SR. JUAN CAMILO MOURIÑO TERRAZO, EN SU CARÁCTER DE APODERADO GENERAL, A QUIEN EN LO SUCESIVO SE LE DENOMINARÁ "EL TRANSPORTISTA", AL TENOR DE LAS SIGUIENTES:

DECLARACIONES

I.- "PEMEX REFINACIÓN" DECLARA QUE:

I.1. Es un organismo público descentralizado del Gobierno Federal de los Estados Unidos Mexicanos, Subsidiario de Petróleos Mexicanos, de carácter técnico industrial y comercial, con personalidad jurídica y patrimonio propios, con capacidad para la realización de este Convenio de acuerdo con el Decreto publicado en el Diario Oficial de la Federación el 16 de julio de 1992.

I.2. Tiene por objeto llevar a cabo procesos industriales de la refinación; elaboración de productos petrolíferos y derivados del petróleo que sean susceptibles de servir como materias primas industriales básicas; almacenamiento, transporte, distribución y comercialización de los productos y derivados mencionados.

I.3. Señala como domicilio para los fines del presente convenio el ubicado en Av. Marina Nacional No. 329, Edificio "A" Piso 6° de la Colonia Huasteca, Delegación Miguel Hidalgo de esta ciudad, código postal 11311.

I.4. En el dictamen de justificación para la contratación de los servicios de transporte terrestre por autotanque de productos derivados del petróleo de fecha 29 de noviembre del 2002, se detallan las razones que justifican la contratación de "EL TRANSPORTISTA", partiendo de la necesidad de "PEMEX REFINACIÓN" de cumplir con los programas normales y extraordinarios de transporte de productos por autotanque, coadyuvando en el abasto de productos en todo el territorio nacional.

I.5. La Secretaría de Hacienda y Crédito Público autorizó la contratación de los servicios objeto de este convenio, por medio del oficio 340.-A-1405 de fecha 27 de Noviembre de 2000; con cargo al renglón de operación.

I.6. Los servicios objeto de este Convenio se adjudicaron mediante el procedimiento de adjudicación directa, fue autorizado por el Comité de Adquisiciones, Arrendamientos y Servicios de Pemex Refinación en su Sesión No. 267, Caso 267.2, celebrada el 18 de diciembre de 2002 y se adjudica con fundamento en los artículos 26 fracción III, 40, 41 fracción III y 47 de la Ley de Adquisiciones, Arrendamientos y Servicios del Sector Público.

I.7. Este convenio se origina con las solicitudes de pedido números 30013095 Y 30013131, de fechas 29 de noviembre y 02 de diciembre del 2002, de la Gerencia de Transporte Terrestre quién cuenta con los recursos suficientes para llevar a cabo las erogaciones del presente convenio con cargo a las posiciones financieras números 210360300 y 422915100, respectivamente.

I.8. El Ingeniero Jesús Villarreal Gallegos, quién interviene en la firma del presente convenio, lo hace en su carácter de Gerente de Transporte Terrestre de Pemex Refinación, cuenta con facultades para actos de administración en términos del poder notarial número 44,141 de fecha 2 de diciembre de 2002, otorgado ante la fe del Licenciado Roberto Courtade Bevilacqua, titular de la Notaría número 132 del Distrito Federal, facultades que no le han sido modificadas, limitadas ni revocadas a la fecha de la firma de este convenio.

"EL TRANSPORTISTA" deberá presentar ante "PEMEX REFINACIÓN" los recibos de fondo de penas convencionales a que se refiere esta cláusula, en su siguiente facturación que se Subgerencia de Contratos y Pagos de la Gerencia de Transporte Terrestre, de no existir ésta, el monto máximo estipulado en este convenio, o con cinco días hábiles de anticipación a la te vigencia de este convenio, de no hacerlo "PEMEX REFINACIÓN" podrá notificar a la Afian hacer efectiva la garantía establecida en la cláusula octava.

Para determinar la aplicación de las penas convencionales estipuladas en esta cláusula, no cuenta las demoras motivadas por caso fortuito o causas de fuerza mayor de conformidad con la cláusula décima tercera o cualquier otra causa no imputable a "EL TRANSPORTISTA" ya que, en tal evento, de común acuerdo se harán las modificaciones que procedan.

Si "EL TRANSPORTISTA" no solicita la prórroga y/o espera dentro de la vigencia del convenio, por atrasos en la prestación de los servicios, estará impedido de presentar ofertas o firmar convenios en tanto no regularice su situación.

VIGÉSIMA SEGUNDA: RESPONSABILIDADES POR CONTAMINACIÓN Y/O DAÑOS A LA ECOLOGÍA.- "EL TRANSPORTISTA" se obliga a cumplir con todas las disposiciones legales y/o administrativas, federales, estatales y municipales de carácter ambiental, así como a responder por cualquier demanda, requerimiento, multa, inspección o responsabilidad instaurada en contra de "PEMEX REFINACIÓN" y/o Petróleos Mexicanos y/o cualquiera de sus Organismos Subsidiarios, como consecuencia de violaciones y/o daños ocasionados en materia de medio ambiente, imputables a "EL TRANSPORTISTA" derivados de la prestación de los servicios de este convenio. De igual modo "EL TRANSPORTISTA" se obliga a pagar a "PEMEX REFINACIÓN" los gastos, erogaciones y pagos que se efectúen por los conceptos a que se refiere esta cláusula.

Asimismo, "EL TRANSPORTISTA" asume en este acto la obligación solidaria que la Ley General de Equilibrio Ecológico y de Protección al Ambiente impone a "PEMEX REFINACIÓN" en su artículo 151.

VIGÉSIMA TERCERA: JURISDICCIÓN.- Para la interpretación y cumplimiento de este convenio, así como para todo aquello que no esté expresamente estipulado en el mismo, las partes se someten a las disposiciones de la legislación federal y a la jurisdicción de los tribunales federales de la ciudad de México, Distrito Federal, por lo tanto "EL TRANSPORTISTA" renuncia al fuero que pudiere corresponderle por razón de su domicilio presente o futuro o por cualquier otra causa.

Leído el presente convenio, y estando conformes las partes con su contenido, lo firman por triplicado el día 20 de diciembre del 2002.

POR PEMEX REFINACIÓN:

POR EL TRANSPORTISTA:

ING. JESÚS VILLARREAL GALLEGOS
GERENTE DE TRANSPORTE TERRESTRE

SR. JUAN CAMILO MOURIÑO TERRAZO
APODERADO GENERAL

2-ENE-03

REVISIÓN JURÍDICA:

Conforme oficio
UJ-PR- C-5509/2002

LIC. LILIANA ANZALDÚA MEDINA
JEFE DEL ÁREA
DE ASUNTOS JURÍDICOS CONSULTIVOS
— Última hoja del convenio —

tribución de gasolina, diésel, aceites, lubricantes y sus derivados, hasta la distribución de refacciones, la construcción de fábricas o la operación de loncherías y títulos de crédito.

De acuerdo con el acta constitutiva (número 46850), se creó con un capital social de cinco millones de viejos pesos, divididas las acciones de la siguiente manera: Juan Carlos Merelles Díaz, 50 acciones; María del Carmen Vázquez Aguirre, 100; Santiago Espósito Semerena, 200; Esther Janeiro Barros de Merelles, 50; María de los Ángeles Terrazo Blanco, 250; Manuel Carlos Mouriño Atanes —originario de Vigo, Pontevedra, mexicano por naturalización y padre de Juan Camilo—, 200; Juan Carlos Lorenzo Relloso —nacido en Corcores, Orense, mexicano por naturalización—, 25; Sinforiano Miguel Benedicto Javier Maza Ruiz —natural de Miera, Santander, mexicano por naturalización—, 125. Espósito Semerena aportó tres camiones marca Dina —modelos 1975, 1981 y 1982—, con los cuales la compañía comenzó sus operaciones, de la cual Mouriño Atanes fue designado como administrador único.

Con una participación accionaria inicial de 45% de las acciones, en menos de seis años los Mouriño Terrazo se convirtieron en dueños de Ivancar. El primer paso ocurrió el 13 de junio de 1986, cuando María del Carmen Vázquez Aguirre cedió sus acciones a Evaristo Vásquez Cendón. Unos meses después, el 10 de abril de 1987, éste, junto con Juan Carlos Lorenzo y Juan Carlos Merelles, transfirieron sus acciones a Mouriño Atanes y a Miguel Maza Vázquez. Ese mismo año, en noviembre, Esther Janeiro Barros cedió sus acciones a Manuel Carlos Mouriño, de modo que, junto con el 25% que poseía su esposa, tenían ya 80% de la compañía.

El total del capital quedó en manos de los cinco miembros de la familia Mouriño una vez que, el 13 de agosto de 1991, se integraron como accionistas sus hijos Juan Camilo, Carlos y María de los Ángeles, con 100, 60 y 60 acciones, respectivamente, al tiempo que, en la misma operación, salieron de la empresa Sinforiano Maza Ruiz y Miguel Maza Vázquez. El 8 de noviembre de 1994 el acta constitutiva fue modificada, argumentando nuevos requerimientos de Pemex para obtener franquicias de gasolineras. En la misma fecha, Juan Camilo fue designado secretario del Consejo de Administración.

El 24 de mayo de 1995 Mouriño Atanes, a la sazón administrador general, designó apoderados legales a sus hijos Juan Camilo y Carlos que, cinco meses después —el 31 de octubre—, fueron ratificados y se ampliaron sus facultades "de dueño, tanto en lo relativo a los bienes, como a hacer toda clase de gestiones a fin de defenderlos". También el objeto social de Ivancar sufrió cambios y quedó de la siguiente manera: "El objeto principal de la sociedad será la comercialización de gasolinas y diésel, suministrado por Pemex Refinación, así como lubricantes marca Pemex".

La creación del GES, en tanto, se remonta al 25 de febrero de 1997. Según el acta constitutiva, nació con el objeto social de "operar como empresa controladora de todo tipo de sociedades", entre ellas Ivancar: el 27 de mayo de 1999 fueron trasladadas 99% de las acciones de la empresa a GES (María de los Ángeles Terrazo, 380 títulos; Juan Camilo, 100; Carlos, 100). Sólo una quedó a nombre de Manuel Carlos Mouriño, y como apoderado legal de la controladora se designó a Juan Camilo.

Paulatinamente, GES recibió 37 franquicias para operar gasolineras en Campeche, Tabasco, Chiapas, Quintana Roo y Yucatán, convirtiéndose en un negocio redondo, pues los camiones de Ivancar transportan los hidrocarburos con los que Pemex abastece de gasolina al grupo y, en forma adicional, trasiega el combustible a otras estaciones de servicio en fletes contratados por la paraestatal.

POLÍTICA, EL GRAN NEGOCIO

El mismo año en que se constituyó el GES, Juan Camilo Mouriño se convirtió, a sus 26 años de edad, en diputado local del PAN por el quinto distrito en Campeche. Tres meses después, Ivancar recibió de Pemex Refinación un convenio por asignación directa para el transporte de hidrocarburos del entonces titular de la subsidiaria, Jaime Mario Willars Andrade, y del subdirector comercial, Emilio Aguado Calvet, vigente del 1° de febrero al 31 de diciembre de 1998.

Durante el sexenio de Carlos Salinas de Gortari, cuando se desempeñó como director de Pemex Petroquímica, Willars estuvo involucrado en un supuesto fraude de 140 millones de dólares en agravio de la subsidiaria, ilícito que involucraba a las empresas Proesa y Oximex, ambas propiedad de Alfredo Miguel. En el sexenio de Ernesto Zedillo, Willars fue protegido por el presidente, de quien era amigo personal y quien lo designó director de Pemex Refinación. Al final de ese gobierno, cuando se comprobó el fraude, tanto él como el empresario Alfredo Miguel se fugaron del país, condición que mantienen actualmente.

Como consecuencia de la labor de convencimiento que Medina Plascencia y la asociación Amigos de Fox realizaron entre decenas de prestadores de servicios de Pemex en Ciudad del Carmen y Campeche, en el sentido de que el PRI perdería las elecciones en julio de 2000 y llegaría a Los Pinos el después autobautizado "gobierno del cambio", muchos de ellos le retiraron el apoyo económico y moral a los políticos del tricolor. La familia Mouriño ayudó a convencer a los empresarios regionales tradicionalmente priístas de que apoyaran a Fox, pues se les prometió que con él mejorarían sus negocios con Pemex.

El diputado Juan Camilo y su padre coordinaron la campaña del guanajuatense en la región peninsular: Campeche, Tabasco, Chiapas, Yucatán y Quintana Roo. Por esos días, el 15 de diciembre de 1999, Pemex Refinación adjudicó a Ivancar un convenio (GTT-0142-01/2000) por 3 701 000 pesos, vigente durante 2000. El documento, de seis fojas, fue firmado por Manuel Carlos Mouriño Atanes y, en representación de la paraestatal, por Irma Alejandra Rodríguez Baeza, encargada del despacho de la Gerencia de Transporte Terrestre y por el jefe de la Unidad Jurídica de Pemex, Luis Ricardo Bouchot Guerrero, quien según las indagatorias ayudó a Jaime Mario Willars a fraguar el supuesto fraude en agravio de la petrolera.

El proselitismo de los Mouriño a favor de Vicente Fox tuvo por condición que, a cambio del apoyo económico y moral, a Juan Camilo se le incluyera entre los aspirantes del PAN a cargos de elección popular. Similar estrategia siguió otro contratista de Pemex, Jorge Rubén Nordhausen González, y así ambos llegaron al Poder Legislativo, en donde encabezaron las comisiones de energía en las cámaras de Diputados y de Senadores, neurálgicas para los contratistas de la petrolera.

Mientras se desempeñó como congresista local, Juan Camilo Mouriño dirigía el corporativo de la familia. En 1999, cuando ingresó a las listas del partido para ocupar una curul en San Lázaro por la vía plurinominal de cara a las elecciones de julio de 2000, GES designó en forma temporal a Pedro Uc Azul como apoderado legal.[1] Al año siguiente, en mayo, la potestad fue trasladada a su padre y a su hermano, según consta en la respectiva acta de la asamblea, certificada el 29 de junio. En el documento, Lucila del Carmen Gamboa, notaria pública 46 de Campeche, asienta que a Mouriño Terrazo "se le previno previamente acerca de las penas en que incurre quien declara falsamente ante notario público, en términos de lo que establece el artículo 218, fracción IV, del Código Penal del Estado en vigor".

En dicha asamblea, Juan Camilo declaró ser mexicano por nacimiento no obstante que, en agosto de 1996, había ingresado a México desde Tampa, Florida, donde estudió la licenciatura en economía, utilizando un pasaporte expedido por el Ministerio de Relaciones Exteriores de España a través de su consulado en Miami. La información, publicada por el diario *El Sur* de Campeche, ocasionó que se impugnara su participación en el Congreso ya que, por mandato constitucional, los puestos de elección popular están reservados para los mexicanos.

LUCRO EN SAN LÁZARO

A la edad de 29 años y a menos de 40 meses de haber ingresado en la política, el madrileño Juan Camilo Mouriño Terrazo se convirtió en el diputado federal más joven de la LVIII Legislatura en San Lázaro. El 9 de septiembre de 2000 se le designó presidente de la Comisión de Energía del Congreso de la Unión. A partir de entonces los convenios de Ivancar que él firmaba se duplicaron y hasta triplicaron.

[1] Escritura pública número 6, fechada el 17 de febrero de 1999.

Ese mismo año, el 6 de noviembre, la familia citó a sus accionistas a una asamblea general extraordinaria. En ella, los hermanos Juan Camilo y Carlos fueron ratificados como apoderados del GES e Ivancar, otorgándoles "poder general amplísimo para pleitos y cobranzas", a fin de ejercerlo de manera indistinta e individual, según el acta certificada al día siguiente ante el notario público 18 de Campeche, Tirso René Rodríguez de la Gala. Apenas una semana después, Ivancar fue beneficiada por el primero de los varios contratos para el transporte de hidrocarburos: gasolina y turbosina principalmente, que a continuación se enlistan:

- El GTT-0142-02/2000, por 630 351.16 pesos, para el periodo del 14 de noviembre al 31 de diciembre de 2000.
- El GTT-0142-03/2000, por 555 150 pesos, vigente del 4 al 31 de diciembre de 2000. Fue formalizado por Irma Alejandra Rodríguez Baeza, gerente de Transporte Terrestre de Pemex Refinación, y Manuel Carlos Mouriño Atanes. El contrato establece que la antigüedad máxima permitida para los tractores que utilizaría la transportista era de ocho años; sin embargo, el parque utilizado por Ivancar tenía entre 10 y 20 años.
- El GTT-0142-01/2001, por 6 856 722.82 pesos, vigente del 1° de enero al 31 de diciembre de 2001. El documento fue firmado por Rodríguez Baeza, a nombre de Pemex, y Juan Camilo Mouriño, como apoderado de Ivancar.
- El GTT-0142-M/2001, del 8 de agosto de 2001, que le otorga a la empresa un monto adicional de 20% al establecido en el contrato anterior. Fue firmado también por Juan Camilo Mouriño y no modificó la vigencia del convenio inicial.
- El GTT-0142-02/2001 por 2 100 000 pesos, vigente de agosto al 31 de diciembre de 2001.

- El GTT-0142-01/2002, por 7 859 627 pesos, que amplía la vigencia del anterior del 1° de enero al 31 de diciembre de 2002.
- El GTT-00142-01/2003, por 16 600 000 pesos, formalizado el 20 de diciembre de 2002 por Jesús Villarreal Gallegos y Juan Camilo Mouriño, el cual amplía la vigencia del anterior del 1° de enero al 31 de diciembre de 2003.

El ascenso de Jesús Villarreal Gallegos al frente de la gerencia de Transporte Terrestre resultó benéfico para los Mouriño, que vieron incrementarse sus ingresos por fletes de hidrocarburos a través de adjudicaciones directas. Por ejemplo, en septiembre de 2003 acordó con Juan Camilo un incremento por 8 300 000 pesos para el contrato GTT-00142-01/2003, según establece el documento GTT-00142-01-2PP/2003.

Desde aquellos años, el funcionario estaba bajo indagatorias de la SFP y de autoridades judiciales por presuntos actos de corrupción en complicidad con el entonces director de Refinación y actual senador, Juan Bueno Torio. Villarreal Gallegos amasó una cuantiosa e inexplicable fortuna durante los años en que trabajó en Pemex y, antes de que lo inhabilitara la Función Pública, se incorporó a trabajar como asesor del entonces secretario de Seguridad Pública del Distrito Federal, Joel Ortega. En medio del *Mouriñazo*, en marzo de 2008, éste lo despidió.

Más allá de los contratos, otro dato revelador es que el 14 de julio de 2001 las gasolineras de los Mouriño fueron las primeras en recibir el certificado de calidad ISO9002 que otorga Pemex. Al acto, publicitado por el área de comunicación de la paraestatal, asistieron el entonces gobernador de Campeche, Antonio González Curi, así como funcionarios municipales y de la empresa petrolera.

El subsecretario

Un año clave en los negocios de la familia Mouriño al amparo del poder fue el de 2003, cuando Juan Camilo se convirtió en la mano derecha de Felipe Calderón en la Sener, pues las ganancias de Ivancar a costa de Pemex se incrementaron.

En Refinación, su director general, Juan Bueno Torio, impuso el denominado Plan Piloto de Transporte Dedicado con objeto de incrementar las tarifas que la paraestatal paga a los transportistas y abrir nuevas rutas para la distribución de hidrocarburos por auto-tanque. El plan fue puesto en marcha al margen de la Secretaría de Hacienda y Crédito Público (SHCP), encargada de fijar los precios.

Así, el 3 de marzo de 2003, el Consejo de Administración de la subsidiaria —presidido por Bueno Torio— autorizó a un grupo de transportistas 40 rutas adicionales en Guadalajara, Rosarito, Tijuana, Madero, Ciudad Valles, Ciudad Mante y Gómez Pala-cio. Además, aprobó que Pemex les pagara por el transporte de petrolíferos una tarifa de 104 000 pesos para el traslado mínimo de 8 000 kilómetros y de 9.10 pesos por cada kilómetro adicional. Entre las beneficiadas estaba Ivancar, las compañías de la familia de Bueno Torio y Autotransportes Flensa, de la cual es accionista Javier Fox Quesada, hermano de Vicente Fox.

Al respecto, la SHCP emitió un extrañamiento al Consejo de Administración de Pemex Refinación por la discrecionalidad en la aplicación de las tarifas en el transporte de hidrocarburos, violando el artículo 31 de la Ley Orgánica de la Administración Pública Federal, que da a las autoridades hacendarias atribuciones exclusivas en lo que toca a establecer y revisar los precios o tari-fas de los bienes y servicios de la administración pública federal, amén de las bases para fijarlos.

En abril de ese año, integrantes del STPRM adscritos a la delegación Lerma, en Campeche, denunciaron el supuesto fraude contra Pemex por parte del GES, que desde meses atrás desviaba a sus gasolineras en Campeche, Escárcega y Champotón la gasolina que Ivancar debía entregar a las estaciones ubicadas en las zonas fronterizas de la península, la cual tenía subsidio de casi 40% del costo. En vez de investigar el supuesto ilícito, Refinación le adjudicó contratos para cubrir "las nuevas rutas" en las terminales de almacenamiento y distribución —conocidas como TAD— en Irapuato, Rosarito, Madero y Gómez Palacio.

El 5 de diciembre de 2003, Mouriño Terrazo, a la sazón director general en la Subsecretaría de Política Energética y Desarrollo Tecnológico de la Sener, señaló en su primera declaración patrimonial que ingresó a la dependencia el 16 de octubre anterior. Anotó como domicilio el piso 16 de Insurgentes Sur 890, en la colonia Del Valle del Distrito Federal —es decir, la sede de la secretaría—.

Sólo unos días después, el 29 de diciembre, firmó en su carácter de representante y apoderado legal de Ivancar el contrato GTT-00142-01/2004, por 8 300 000 pesos, para la prestación de servicios de transporte terrestre de productos derivados del petróleo, vigente del 1° de enero al 31 de diciembre de 2004.

En su doble papel de funcionario y contratista del gobierno federal, declaraba ante la SFP que su domicilio era la sede de la Sener, mientras que en los documentos mercantiles con Pemex aparecía el de la oficina de la transportista, en avenida Ruiz Cortines 112, torre B, tercer nivel, edificio Torres de Cristal, en la colonia San Román de la ciudad de Campeche.

Cuando se hicieron públicos los contratos, algunos juristas, como el doctor en derecho Raúl Carrancá y Rivas, consideraron que por la firma del convenio arriba mencionado (GTT-00142-01/2004), Mouriño habría incurrido en delitos penales, merced a que ya trabajaba en la Sener.

—La firma implica un claro conflicto de intereses —explicó el jurista—. No puedo ser un alto funcionario del Estado y hacer negocios que involucran a mis familiares. Ni aunque fueran parientes lejanos lo puedo hacer. Dicho delito está tipificado en el Código Penal Federal y en la ley de responsabilidades de los servidores públicos.

El constitucionalista explicó que la responsabilidad alcanzaba a Felipe Calderón, jefe inmediato de Juan Camilo, pues por cada contrato, convenio o modificación a los mismos celebrado entre Ivancar y Pemex a partir de que Mouriño había ingresado a la Sener, éste debió presentarle a su superior una declaración de intereses en conflicto o una declaración espontánea de incumplimiento a la LFRSP. Calderón, a su vez, estaba obligado a dar vista a la SFP, la cual no recibió una notificación al respecto.

Fue hasta el 28 de abril de 2004 que Carlos Mouriño, director general del GES, designó apoderado legal de Ivancar ante Pemex Refinación a Luis Fernando Coyoc Ramírez.[2] Sus atribuciones para firmar contratos, convenios y suscribir títulos de crédito eran exclusivamente ante la paraestatal. Ya con Coyoc como apoderado, el 1° de octubre la subsidiaria otorgó a la transportista un monto adicional de 1 660 000 pesos por el último convenio que firmara Mouriño (documento GTT-00142-01-M/2004).

Cuando Calderón había dejado la Sener, Juan Camilo fue ascendido por Vicente Fox a subsecretario de Electricidad. En ese entonces, el 29 de diciembre de 2004, Refinación concedió

---

[2] Escritura pública 168, expedida por la notaria Nelia del Pilar Pérez.

a Ivancar el contrato GTT-00142-01/2005. Su monto era por 9 530 000 pesos y la vigencia del 1° de enero al 31 de diciembre de 2005. El acuerdo se hizo pasando por alto a la SHCP, que a través de oficios dirigidos a diversos funcionarios —entre ellos Villarreal Gallegos— les advirtió en repetidas ocasiones que los precios aplicados a los transportistas no habían sido autorizados por Hacienda.

El 26 de enero de 2005, el Consejo de Administración de Pemex Refinación acordó otorgar contratos multianuales por 10 114 millones de pesos a transportistas miembros de la Cámara Nacional de Autotransporte de Carga (Canacar), asociación que presidía Leo Flores González. Ese mismo día, éste remitió al subdirector de Almacenamiento y Distribución de la subsidiaria, Pedro Carlos Gómez Flores, un oficio (DG69/2005) con el listado de las transportistas a las cuales se les entregarían los contratos, todos por adjudicación directa, vigentes de 2005 a 2008.

No obstante, el servicio lo solicitó el Comité de Adquisiciones hasta el 9 de marzo de 2005, según documento de Pemex clasificado por la subsidiaria como "reservado". Lo anterior significa que el consejo acordó el servicio con los transportistas antes de tramitarlo, contraviniendo la LAASSP (ley de adquisiciones) e incumpliendo los lineamientos para una adjudicación directa.

El caso es que en la lista entregada por Leo Flores aparecía Ivancar y, una vez que Refinación notificó a los directivos de la transportista que se les otorgaría un contrato transexenal, una junta de consejo del GES acordó que Coyoc sustituiría en forma definitiva a Mouriño como su representante ante Pemex. Eso sí, la compañía nunca registró acta alguna que indicara que Juan Camilo había dejado de ser accionista. Al contrario, la documentación contable expedida por Pemex a favor del GES[3] cita el siguiente accionariado: Manuel Carlos Mouriño Atanes, María de los Ángeles Terrazo Blanco, así como Carlos, Juan Camilo y María de los Ángeles Mouriño Terrazo.

El 1° de junio de 2005, cuando Juan Camilo desempeñaba el cargo de vicecoordinador de campaña de Felipe Calderón, Ivancar obtuvo un contrato transexenal (GTT-00142-CM/2205-2008) cuyo monto ascendía a 39 646 477.27 pesos y fue firmado por el gerente jurídico de Convenios y Contratos, José Antonio Prado Carranza, y la subgerente jurídico de Contratos, Silvia Oropeza Querejeta. El 7 de enero de 2008, a unos días de que Calderón nombrara a Mouriño secretario de Gobernación, Refinación le otorgó a su empresa un incremento de 7 929 295 pesos (convenio modificatorio GTT-00142-CM-M/2005-2008, suscrito por Oswaldo Machado Martínez, apoderado de Refinación, y Luis Fernando Coyoc a nombre de la transportista).

Para justificar tal incremento presupuestal en beneficio de esta y otras compañías de transporte, los funcionarios de Pemex señalaron que, "durante 2006, en atención a los requerimientos operativos derivados principalmente de la problemática presentada en el transporte marítimo, aumentó significativamente la utilización de transporte terrestre". Sólo que este y otros contratos tenían más de dos años de haber entrado en vigor, por lo que el aumento resultaba improcedente de acuerdo con la LAASSP, según la cual ningún contrato, convenio o adjudicación puede ser modificado después de seis meses de su formalización.

---

[3] Esta documentación está amparada en la escritura pública número 19, del 25 de febrero de 1997, y fue registrada ante el notario público 47 de Campeche, Fernando de Trueba Brown.

PATRIMONIO DUDOSO

En sus declaraciones patrimoniales presentadas ante la SFP entre 2003 y 2008, Mouriño omitió los ingresos que obtuvo por estas transacciones comerciales con Pemex. En la primera de ellas, hecha el 25 de junio de 2003, manifestó rentas mensuales netas por 5 000 pesos producto de actividades financieras que no especificó y retribuciones por 100 000 pesos al mes relacionadas con actividades que tampoco aclaró entre los beneficios económicos que se sumaban al sueldo de 86 075 pesos como funcionario de la Sener.

En cuanto a sus bienes, declaró poseer una casa con valor de 350 000 pesos, de 300 metros cuadrados de construcción en un terreno de 825 metros cuadrados, la cual adquirió de contado en 1997, así como una residencia de 711 metros cuadrados en un terreno de 1 627 metros cuadrados, valuada en 2 124 035 pesos y adquirida por "donación" el 30 de noviembre de 2003. Además, una camioneta Grand Cherokee, modelo 1999, con valor de 230 000 pesos; muebles valuados en 170 000 pesos que le fueron obsequiados el 8 de mayo de 1999, y otros por valor de 30 000 pesos, adquiridos en junio de 2000; joyas y obras de arte por 220 000 pesos, recibidas como regalos, y otras por 40 000 pesos compradas en diciembre de 2002. El costo del menaje de casa era estimado en 80 000 pesos.

El 21 de mayo de 2004 declaró ingresos salariales por 86 000 pesos mensuales y rentas por 5 000 pesos al mes relacionadas con actividades financieras. Sus casas ya estaban valuadas en 484 000 y 2 579 080 pesos, respectivamente. El 16 de diciembre de 2003 había erogado 655 856 pesos para adquirir una camioneta BMW X5 modelo 2004 y sus muebles valían 560 000 pesos, mientras sus joyas y obras de arte sumaban 340 000 pesos. Asimismo, manifestó tener inversiones bancarias en pesos y en euros, si bien se abstuvo de especificar los montos. El 26 de mayo de 2004 modificó su declaración. En ella reportó beneficios producto de actividad industrial o comercial por 400 000 pesos anuales y gastos de manutención por 750 000 pesos.

Pese a que se ufanaba de promover la transparencia y se asumía como un ejemplo de la rendición de cuentas, Mouriño no era consecuente con estos principios, pues en noviembre de 2006, cuando presentó su declaración como coordinador general del Fideicomiso para Apoyar el Cambio de la Administración del Ejecutivo Federal, con objeto de evitar que se conocieran sus ingresos, blindó el sueldo que recibía, así como todos sus bienes muebles e inmuebles. Y lo mismo ocurrió en la declaración que presentó en diciembre, cuando encabezó la Oficina de la Presidencia de la República.

Pero hay más.

El dinero no declarado

Las facturas que Ivancar cobró a la Superintendencia General de Contratos y Pagos de Carga Liquidada, producto de los convenios y contratos firmados por Juan Camilo Mouriño para el transporte de turbosina y gasolina, dan cuenta de que el secretario de Gobernación ingresó a las arcas familiares 100 millones de pesos que no reportó en sus declaraciones patrimoniales. Los documentos también evidencian incumplimientos a la LAASSP y al fisco.

Fuentes de Pemex me confiaron que cuando investigaba los negocios de Juan Camilo Mouriño, muchas de las facturas pagadas a Ivancar desaparecieron de los archivos de la Subdirección de Finanzas de Refinación. Obtuve 507, expedidas por GES, las cuales revelan que la compañía contaba con sólo cinco pipas arrendadas a la paraestatal una vez que Mouriño ingresó al servicio público. La capacidad técnica y económica de las mismas nunca fue verificada. En la actualidad, según información del corporativo, éste cuenta "con una flota transportista cuya función primordial es suministrar productos Pemex a nuestra red de estaciones de servicio".

En 1985, al fundarse Ivancar, comenzó sus operaciones con tres camiones marca DINA, modelos 1975, 1981 y 1982. Entre 2000 y 2005, periodo en el cual Mouriño presidió la Comisión de Energía en la Cámara de Diputados y ocupó diversos cargos en la Sener, su compañía arrendaba cinco pipas (PR2167, PR2168, PR2169, PR2172 y PR2173). El año en que se sumó a la campaña de Felipe Calderón, la empresa incorporó una unidad más (PP0340), otra en febrero de 2006 (PP0429) y la última (PR0240) en noviembre del mismo año, cuando encabezaba el Fideicomiso para Apoyar el Cambio de Administración del Ejecutivo Federal.

Documentos contables de Ivancar —Registro Federal de Contribuyentes TEI-850802-RF6— indican que no siempre existe correspondencia entre los servicios facturados y los convenios o contratos, lo cual implicaba desvío de recursos públicos. En algunas operaciones se excedió el tope presupuestal autorizado por la SHCP o los documentos fueron suscritos en una fecha posterior al periodo autorizado por la normatividad de Pemex para cualquier modificación.

De entre los convenios firmados por Juan Camilo Mouriño, destaca el GTT-0142-01/2002, suscrito el 20 de diciembre de 2001. La adjudicación estipulaba que entraba en vigor el 1°

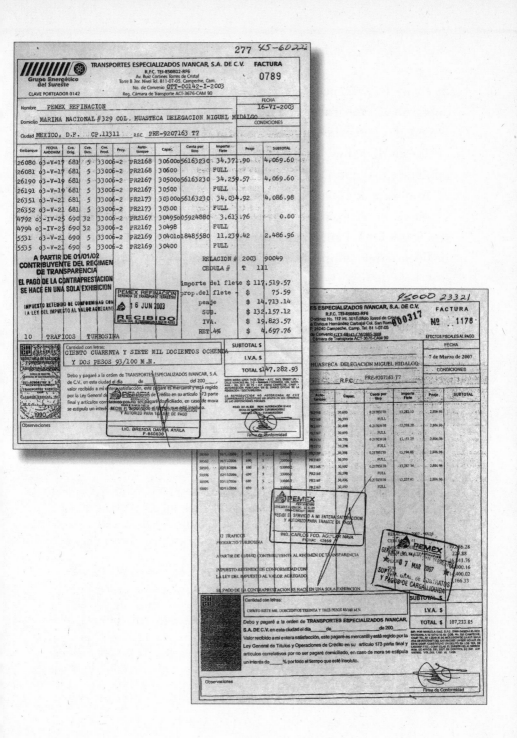

de enero de 2002, pero las facturas refieren que a cuenta de éste se cobraron 12 embarques de hidrocarburos realizados por las pipas arrendadas a Pemex entre el 5 y el 14 de diciembre de 2001. Es decir, seis días antes de que se firmara el contrato y tres semanas antes de su vigencia.[4]

Auditores de la SFP explicaron que lo anterior implicaba el desvío de recursos por parte de los funcionarios de Pemex que pagaron servicios no amparados en el contrato. Dichos pagos eran ilegítimos, pues amparaban servicios fuera del plazo contractual,

---

[4] De acuerdo con la factura 648, emitida el 28 de enero de 2002 a cuenta de este contrato, se cobraron 42 841.98 pesos por concepto de cuatro embarques realizados el 8 y el 12 de diciembre de 2001. Con la factura 649 se liquidaron dos embarques por 31 997.77 pesos, ocurridos el 5 de diciembre de 2001. Y con la factura 650, otros seis embarques, por 61 142.99 pesos, correspondientes al 10, 11 y 14 de diciembre de 2001, casi 20 días antes de que entrara en vigor la adjudicación.

El contrato fue modificado el 1º de septiembre de 2003 (convenio modificatorio GTT-00142-01-2PP/2003, firmado por Juan Camilo). En él, Juan Bueno Torio le autorizó a IVANCAR el transporte de hidrocarburos en la ruta Progreso-Cancún que, entre septiembre y diciembre de 2003, generó a los Mouriño ingresos por 2 056 920.79 pesos.

La primera factura, por 176 289.27 pesos, se emitió el 19 de septiembre de 2003 y cubría "la ruta de autotanque PR 2168, PR 2172, PR 2173, del 1 al 15 de septiembre de 2003 en la ruta Progreso-Cancún" y en las "rutas alternas de acuerdo a necesidades operativas, con base en el Plan Piloto de Transporte".

El 7 de octubre de ese año se emitió la factura 813 por 176 289.27 pesos, amparando la renta de los mismos autotanques para el transporte de turbosina; el 20 de octubre, por otros 176 064.85 pesos; el 31 de octubre, la factura 820 por 138 634.33 pesos; el 3 de noviembre, la factura 821 por 176 641.85 pesos; el día 17, las facturas 825 y 826, por 127 036.41 pesos y 149 166.65 pesos, respectivamente; el 18 de noviembre, la factura 828 por 176 641.85 pesos; tres días después se emitieron tres facturas (829, 830, 832), que sumaban 406 2956.61 pesos; el 2 de noviembre, la 832, por 176 641.85 pesos y el 18, la factura 833 por 176 641.85 pesos.

por ello, los funcionarios del área de Finanzas y de la Superintendencia General de Pago de Fletes de Autotransporte estarían en el supuesto de ejercicio indebido de funciones, tipificado en el Código Penal para todo servidor público que indebidamente contrate obra pública, adquisiciones o servicios, o que los pague.

Respecto al convenio GTT-00142-01/2004, suscrito por Mouriño al tiempo que era funcionario de la Sener, la petrolera erogó 8 433 387.83 pesos mediante 60 facturas, aunque el monto original era de 8 300 000 pesos. Amén de los 133 378.83 pesos pagados en demasía, el 19 de enero Refinación pagó a Ivancar 673 286.81 pesos más (facturas 839, 840, 842 y 843) a cuenta del convenio GTT-00142-01-2PP/2004.

Y hay más: dos meses antes de que concluyera el último convenio firmado por Juan Camilo, el gerente de Transporte Terrestre, Jesús Villarreal Gallegos, le asignó un incremento de 1 660 000 pesos —formalizado en el documento GTT-00142-01-M/2004. Para cobrarlo, el 17 de diciembre de 2004 Ivancar expidió 13 facturas que suman 1 813 993 pesos.

En 2004, ya al frente Mouriño de la Subsecretaría de Electricidad, a Ivancar se le adjudicó el contrato GTT-00142-01-2005 por un monto de 9 530 000 pesos. El documento explica que el 29 de diciembre de 2004 lo autorizó el Comité de Adquisiciones, Arrendamientos y Servicios de Pemex Refinación para la realización de servicios entre el 1° de enero y el 31 de diciembre de 2005. Sin embargo, a cuenta de éste se cobraron nueve facturas por 785 745.96 pesos bajo el concepto de servicios que se habrían efectuado del 1° al 15 de diciembre de 2004, antes de que se autorizara la adjudicación y de que el acuerdo entrara en vigor.

En los pagos del contrato transexenal GTT-00142-CM/2205-2008, por un monto de 39 646 477.27 pesos, se incumplieron los topes presupuestales autorizados por la SHCP: la segunda cláusula del contrato especifica para el ejercicio fiscal 2007 un pago de 11 152 665 pesos. Sin embargo, las facturas cobradas ese año —cuya copia obra en poder de la reportera— suman 20 902 974 pesos.

EL ESCÁNDALO

La mañana del 21 de febrero de 2008, dos políticos perredistas, ex funcionarios del gobierno capitalino, me pidieron copia de los contratos que publiqué en el número 96 de la revista *Contralínea*. Conforme al principio periodístico de que una vez que se divulga la información cualquier lector puede acceder a los documentos, éstos les fueron entregados.

Setenta y dos horas después, el domingo 24, el calor del sol de medio día se tornó en incendio: frente a la torre de Pemex, en un mitin que se antojaba rutinario, Andrés Manuel López Obrador acusó a Juan Camilo Mouriño de traficante de influencias. El tabasqueño exhibió una gruesa carpeta que contenía los contratos y actas de Ivancar y el GES que a través de sus emisarios me había solicitado. Enseguida, ante la mirada de toda la concurrencia, se los entregó al coordinador del PRD en la Cámara de Diputados, Javier González Garza.

El escándalo fulminó al "chico superpoderoso", como llamaban a Juan Camilo Mouriño en las revistas de sociales. Por días guardó silencio, hasta que el jueves 28 de febrero, frente a los reporteros nacionales y extranjeros que cubrían la reunión de la Alianza para la Seguridad y la Prosperidad de América del Norte (ASPAN) en San José del Cabo, Baja California Sur, se refirió al asunto.

Se le veía con la barba crecida ensombreciéndole el semblante demacrado y las profundas ojeras que dejaban al descubierto las recientes noches en vela. Sudoroso, vestía una camisa blanca y un saco color beige que parecía ser de una talla más grande a la suya. Pese a la investidura de los invitados que lo flanqueaban —los secretarios de Seguridad y de Comercio de Estados Unidos, Michael Chertoff y Carlos Gutiérrez, así como los ministros de Seguridad Pública e Industria de Canadá, Stockwell Day y Jim Prentice—, había dejado en el armario el traje Ermenegildo Zegna, su marca favorita.

La apariencia desaliñada poco tenía que ver con la pretenciosa figura del hombre ataviado en forma impecable con un traje gris y corbata de líneas azul turquesa y plata que, 22 días atrás, había aparecido retratado en la revista *Quién*. Un pie de foto destacaba el verde de los ojos del "niño bien" que a partir de enero despacharía en el Palacio de Covián. El de ese 28 de febrero, sombra de aquel otro rodeado de *glamour*, leyó cabizbajo un comunicado en el cual aseguraba no haber beneficiado en ningún momento al grupo empresarial que encabeza su padre, sociedad a la que, insistió, renunció cuando decidió incorporarse al servicio público.

En 1985, hace 23 años, mi padre decidió emprender un negocio relacionado con Pemex. Con el paso de los años y gracias al tesón, logró consolidar su empresa.

Muchos años de esfuerzo y visión empresarial le permitieron lo que cualquier padre anhela para sus hijos [*sic*]: techo, educación, salud. Debo decir que estoy profundamente agradecido con la vida y también lo estoy con mi padre. El trabajo honrado no puede más que dignificar a la persona. Ya con mayoría de edad obtuve responsabilidades en el negocio familiar, acciones y funciones directivas.

El negocio tomó dimensiones relevantes. En esos años de consolidación profesional no sólo me formé como administrador, sino tomé conciencia social respecto a la responsabilidad que deben tener las personas con su entorno y con sus semejantes.

En 1997, cuando el grupo de empresas había crecido y se había consolidado como uno de los más importantes en la región, decidí emprender mi propio camino y abrirme paso en la vida pública. Por eso me postulé y contendí en una elección. Fue así como gané una diputación de mayoría por el PAN en Campeche.

Concluido mi encargo en la Legislatura local, tomé posesión como diputado federal.

Hacia finales de 2003, al asumir mi primera responsabilidad en la Administración Pública, tomé la decisión más importante de mi vida: dedicarme por completo al servicio público. En ese año opté por cosechar lo más valioso que una persona puede obtener: la satisfacción del servicio al país y a los demás. El precio que pagué no fue menor. Le he arrebatado tiempo a mi familia, renuncié a las acciones de las cerca de 80 empresas de uno de los grupos empresariales más importantes del sureste mexicano y también dejé muchas de las comodidades que tienen los que viven en el interior del país [...]

La expansión del grupo empresarial se ha dado en la administración de franquicias y en negocios inmobiliarios desde mucho antes que yo ingresara al servicio público. Resulta mezquino que se me acuse de beneficiarme económicamente de la política, cuando fue justamente la política la que me motivó a renunciar a un patrimonio legítimo, producto del esfuerzo personal y familiar.

No perderé el tiempo debatiendo públicamente con mis detractores. Hoy tengo a mi cargo responsabilidades muy importantes para el país que no merecen distracción alguna [...] Quiero ser contundente, jamás me he beneficiado ni he beneficiado indebidamente a nadie desde los cargos públicos que he ocupado. Mis actos han sido legales, mi actuar ha sido siempre ético.

Nadie creyó en él. A partir de ese día los caricaturistas de los diarios de todo el país lo exhibieron como saqueador de Pemex. En forma temporal dejó de aparecer en actos públicos y, en el ámbito familiar, su esposa María de los Ángeles Escalante Castillo —hija del constructor Eduardo Escalante, propietario de la empresa Constructora Escalante— regresó a Campeche, junto con sus tres hijos, donde la familia gozaba de la protección del gobernador, Jorge Carlos Hurtado Valdez, ex socio de Manuel Carlos Mouriño Atanes.

Volvieron a Villa Gely, el rancho donde hacía unos meses la única Miss Universo que ha tenido México, Lupita Jones, coronó a María de los Ángeles Mouriño Escalante —de siete años de edad— como Nuestra Belleza Infantil Campeche 2007. Tres meses después de su muerte, su esposa ventilaría en la revista *Quién* la preocupación familiar que les generó que se ventilaran sus contratos.

Tras el escándalo de sus negocios irregulares con Pemex, la opinión pública cuestionó el origen de la riqueza que en el sureño estado de Campeche exhibían los dueños del GES y de la que hacía gala el benjamín de la familia con la imprescindible ropa de diseñador, el lujoso Volvo que adquirió desde que se avecindó en la ciudad de México, con cenas para sus amistades en el departamento que habitaba en Lomas de Chapultepec, donde sólo se servían viandas preparadas por un chef o compradas en el restaurante El Lago. Ello para no hablar de los viajes que invariablemente hacía a Europa los fines de semana sin más pretexto que el de presenciar algún partido de futbol o de sus noches *antreando* en el Love, de la colonia Roma, en compañía de Olegario Vázquez

Aldir, vicepresidente del Consejo de Administración de Hoteles Camino Real y director general del Grupo Empresarial Ángeles, heredero de Olegario Vázquez Raña, quien en otros tiempos fuera benefactor de los hijos de Vicente Fox.

El 3 de marzo, el fugaz secretario de la Función Pública y luego presidente nacional del PAN, Germán Martínez Cázares, se lanzó en su defensa:

—Él es una muestra de la nueva clase política que está construyendo el país, una buena muestra de profesionalismo, de decencia pública y capacidad. ¡Eso representa Juan Camilo! —exclamó el líder del blanquiazul, e incluso calificó a Mouriño como "orgullo" de ese partido.

El día 11, el secretario de Gobernación anunció que entregaría a la SFP y a la PGR los contratos que suscribió con Pemex en su papel de representante de Ivancar. En conferencia de prensa, leyó titubeante y "gris", como se le definió a partir de la revelación en *Contralínea* sobre sus negocios, un comunicado en el que declaró:

—Este expediente contiene los documentos que acreditan la legalidad de todos mis actos. Cumplo así con mi deber y también con mi convicción, como servidor público y como ciudadano, de actuar con toda transparencia frente a la sociedad.

Dentro de la parafernalia, pues las dos dependencias a las que les encargó investigarlo están por jerarquía a las órdenes del secretario de Gobernación, esa misma noche la PGR emitió un boletín de prensa, informando que tras recibir el expediente había "iniciado una averiguación previa para esclarecer dichos hechos y determinar lo que en derecho corresponda".

No obstante, la estrategia fraguada en Los Pinos para defender a *Iván* hacía agua por doquier, incluido el frente interno. Un síntoma de ello fue que, según reportó más de un medio de información, Margarita Zavala trataba con desaire, en público, a Mouriño. La actitud de la primera dama no era gratuita: Felipe Calderón había decidido vigilar de cerca cada movimiento de Juan Camilo. Para ello encomendó al subsecretario de Asuntos Jurídicos y Derechos Humanos de la Segob, Daniel Cabeza de Vaca —ex procurador general en el sexenio de Vicente Fox y ex consejero jurídico de la Presidencia en el arranque de la actual administración—, reportarle cuanto hiciera su jefe.

La comisión

El solo nombre de los diputados que integrarían la comisión especial, creada el 26 de marzo de 2008 en el seno de la Cámara de Diputados para investigar la legalidad de los contratos firmados por Mouriño, revelaba la intención de exonerarlo sin mayor trámite:

Obdulio Ávila Mayo había sido coordinador de campaña de Felipe Calderón y, por designación del presidente del PAN, Germán Martínez, ocupaba un puesto en el Comité Ejecutivo Nacional del partido.

Antonio Valladolid, también panista, era ex gerente de diversas maquiladoras en Baja California y miembro de la Coparmex, organización donde la familia de César Nava tiene fuertes influencias.

Raúl Cervantes Andrade, del PRI, era asesor de la Canacar, agrupación a la que está afiliada Ivancar. El abogado es esposo de Angélica Fuentes Téllez, conocida como *La Reina del Gas,* contratista de la subsidiaria Pemex Gas y Petroquímica Básica (PGPB), pariente de los controvertidos gaseros de Ciudad Juárez, algunos de cuyos miembros han sido señalados por supuestos vínculos con el narcotráfico.

Miguel Ángel Jiménez representaba al Partido Nueva Alianza, el organismo político interlocutor de Elba Esther Gordillo con el gobierno federal.

Armando García, de Alternativa Socialdemócrata, un empresario accionista de Muebles de Mimbre y Rattan, Hielo Brisa y el Centro de Espectáculos Reforma.

Xavier López Adame, del Partido Verde Ecologista, presidió la comisión. Los legisladores de este partido han sido apoyados por el GES en los estados del sureste.

Desde el 13 de marzo, día en que el Congreso aprobó la creación de la comisión investigadora, ésta fue descalificada por los representantes del Frente Amplio Progresista (FAP), agrupación que aglutinaba a diputados del PRD, el Partido del Trabajo y Convergencia Democrática, quienes consideraron que fue integrada "a modo".

—Decidimos no subordinarnos ni participar en una comisión que ya sabemos hacia dónde va: la exoneración de Mouriño —me explicó entonces González Garza, coordinador de la bancada del sol azteca. Y agregó, enfático—: ¡Es una comisión tapadera!

Las "investigaciones" duraron menos de dos meses. En ese lapso, los diputados se limitaron a pedir la comparecencia de dos funcionarios: el director de Pemex Refinación, José Antonio Ceballos Soberanis, y el secretario de la Función Pública, Salvador Vega Casillas (también michoacano y amigo de Calderón Hinojosa), así como la del presidente de la Canacar, Tirso Martínez Angheben.

En cada una de las reuniones, los legisladores Obdulio Ávila, Antonio Valladolid, Raúl Cervantes, Miguel Ángel Jiménez,

Armando García y Xavier López Adame se ajustaron al guión previamente establecido a fin de exonerar al bisoño secretario. Así, centraron sus preguntas en los alcances jurídicos del convenio establecido entre Pemex Refinación y la Canacar, sin entrar al meollo del asunto: las violaciones a la LAASSP y la LFRSP.

La reunión que mejor ilustra la actuación por consigna de parte de los legisladores fue la primera comparecencia, celebrada el jueves 17 de abril de 2008 con la presencia de los funcionarios de Pemex. El encuentro se prolongó por más de tres horas y tuvo lugar en el salón de protocolos, mientras el salón de plenos permanecía clausurado por los legisladores del FAP en oposición a la apertura de Pemex a la iniciativa privada y en repudio al tráfico de influencias del secretario de Gobernación. Ceballos Soberanis defendió a ultranza la legalidad de los contratos otorgados a Ivancar.

—Yo no era director de Refinación cuando Mouriño firmó los contratos, pero puedo asegurar que son legales —aseguró el funcionario ante los diputados.

Néstor García Reza, abogado general de Pemex, lo secundó, agregando que los convenios y contratos firmados por Mouriño, en su momento fueron avalados por la OAG, entonces a cargo de César Nava. No está de más recordar que, gracias a Nava, García Reza ingresó al jurídico de la paraestatal y a la salida de Soriano Rosas lo impuso como titular del área.

En la comparecencia, Ceballos admitió que la adjudicación directa de los contratos era más costosa que la licitación pública. Pero con tal de cubrirle las espaldas a Juan Camilo, agregó que la participación de Ivancar "es apenas del 0.5 por ciento, así que los contratos que recibió la empresa no son representativos".

—Díganos, ingeniero —intervino el diputado priísta Raúl Cervantes, insistiendo por enésima ocasión en que su pregunta tenía por objeto dejar en claro si hubo o no "trato preferencial para el secretario de Gobernación"—: ¿Mouriño les habló por teléfono para pedirles algún contrato?

— ¡De ninguna manera! —respondió Ceballos, pudiendo eludir así, gracias al montaje a cargo de los diputados, temas de mayor importancia, por ejemplo el hecho de que Ivancar obtuvo más de 100 millones de pesos sin participar en una sola licitación y de que nunca fue verificada la capacidad técnica o económica de su empresa. Agregó—: ¡Nunca habló por teléfono!

—Si se aprobara la reforma a Pemex que plantea el presidente Calderón nos ahorraríamos todas estas suspicacias —comentó satisfecho Cervantes, abogado de cabecera de Salvador Sánchez Alcántara, propietario de Estrella Blanca y benefactor de la fundación Vamos México, de Marta Sahagún, además de asesor de la Canacar, agrupación empresarial bajo sospecha de tener relación con los ilícitos que se imputaban a Ivancar y, por tanto, parte involucrada.

A esa misma hora, en la sede alterna del Congreso, diputados del PRI y del PAN aprobaron reformas a la LAASSP —ley de adquisiciones—, flexibilizando la contratación discrecional de arrendamiento y obra pública, pese a que los diputados que dieron su visto bueno a los cambios aseguraban que ese rubro era el que registraba la mayor incidencia de actos de corrupción.

Aquel mismo día, en la explanada de San Lázaro, Carlos Ramírez Fuentes se lanzó de nuevo contra mí amenazándome de que me arrepentiría si seguía publicando artículos sobre Pemex (lo que en septiembre denuncié ante la CNDH y en la Fiscalía Especial de Delitos contra Periodistas de la PGR).

El 24 de abril tocó el turno de comparecer al secretario de la Función Pública, Salvador Vega, y el día 29 al presidente de la

Canacar, Tirso Martínez. El formato fue el mismo: los largos mensajes de pleitesía dirigidos al funcionario y al líder de los transportistas en agradecimiento por acudir a San Lázaro —más largo el primero, menos extenso el segundo, cuestión de investiduras— fueron seguidos por interrogatorios de los diputados dirigidos a que los comparecientes enfatizaran la legalidad de los contratos.

Cinco días antes de que venciera el plazo —8 de mayo— para que la comisión rindiera su informe, Xavier López Adame, su presidente, adelantó a la prensa que las indagaciones no revelaban siquiera la "posibilidad" de que Mouriño hubiera "podido traficar con influencias". El informe final, un legajo de 69 cuartillas presentado el martes 13, no sorprendió a nadie: exonerado mediante interpretaciones de la ley que harían ruborizar a cualquier abogado. Por ejemplo, se concluía que Mouriño suscribió los convenios "en su carácter de apoderado legal de TEISA, que es un particular, y no como servidor público de Pemex Refinación".

Y también que:

[...] para esta comisión no pasó inadvertido el hecho de que en algunas de las fechas de celebración de los convenios con Pemex Refinación, el señor Juan Camilo Mouriño era accionista de GES que, como se ha dicho, es la sociedad controladora de TEISA; sin embargo, la prohibición del artículo 50, fracción II de la ley de adquisiciones no abarca a las demás empresas que forman parte del mismo grupo empresarial, por lo que no impide que Pemex Refinación celebre contratos con sociedades controladas por una sociedad controladora de la que formen parte servidores públicos federales.

Respecto a las violaciones al artículo 47 de la LFRSP, referido a la obligación de los servidores públicos de "salvaguardar la legalidad, honradez, lealtad, imparcialidad y eficiencia [...] en el desempeño de su empleo, cargo o comisión" o de "abstenerse de cualquier acto u omisión que [...] implique abuso o ejercicio indebido", a juicio de los diputados, tales disposiciones sólo rigen "a quien decide en nombre de la Administración Pública Federal".

Este mismo artículo, en su fracción XIII, agrega que todo servidor público debe:

> ...excusarse de intervenir en cualquier forma en la atención, tramitación o resolución de asuntos en los que tenga interés personal, familiar o de negocios, incluyendo aquéllos en los que pueda resultar algún beneficio para él, su cónyuge o parientes consanguíneos hasta en cuarto grado, por afinidad o civiles, para terceros con los que tenga relaciones profesionales, laborales o de negocios, o para socios o sociedades de las que el servidor público o las personas antes referidas formen o hayan formado parte.

Para esas fechas ya era público que en contravención a la LAASSP, otras empresas del GES habían suscrito contratos por unos 27 millones de pesos como prestadoras de servicios del Instituto Mexicano del Seguro Social, el Instituto de Seguridad Social y Servicio de los Trabajadores del Estado y Diconsa.

Mouriño fue exonerado y yo comencé a recibir amenazas de muerte, mi domicilio fue vigilado, padecí seguimientos, vigilancia, y me vi obligada a permanecer escoltada durante meses. Recurrí incluso a los organismos internacionales de derechos humanos tanto de la Organización de las Naciones Unidas como de la Comisión Interamericana de Derechos Humanos, que en marzo de 2009 mediante llamadas telefónicas pidieron al gobierno mexicano que garantizara mi integridad física.

Los fideicomisos

Cuando Juan Camilo Mouriño se convirtió en funcionario público, las empresas del GES resultaron beneficiadas a través de subsidios de la Secretaría de Economía (SE) con cargo a diversos fideicomisos y programas de gobierno destinados a las pequeñas y medianas empresas, revela el padrón oficial de beneficiarios de la SE y los *vouchers* expedidos a favor de las compañías, cuya copia obra en poder de la reportera. Inclusive, recién creadas, algunas de sus compañías recibieron subvenciones que permiten explicar cómo es que el grupo llegó a convertirse en uno de los consorcios con mayor poder económico y político en el sureste mexicano.

El mismo año en que ingresó a la Sener bajo las órdenes de Calderón, empezó a fluir el dinero público a los negocios de la familia proveniente de fideicomisos destinados a la instalación y remodelación de locales, la habilitación, equipamiento o remodelación de naves industriales, la adquisición de maquinaria y equipo, la capacitación o asesoría empresarial en desempeño ambiental, planeación financiera, y promoción en ferias regionales.

Facturas, recibos y *vouchers* cobrados a la SE entre 2004 y 2006 por Carlos Mouriño Terrazo y Jorge Alberto Hernández Villanueva, director general y director ejecutivo del GES, respectivamente, asientan que los montos obtenidos se derivan de programas "de carácter público, no patrocinados ni promovidos por partido político alguno y sus recursos provienen de los impuestos que pagan todos los contribuyentes".

Lo anterior supone otro caso de violaciones a la LFRSP y al Código Penal Federal —artículos 220 y 221—, una vez que, por su relación con un funcionario de gobierno, la familia estaba impedida de recibir beneficios económicos, en especie o de cualquier tipo, de alguna dependencia del gobierno de la República.

Los artículos 2, 7, 8, 15 y 47 de la LFRSP prohíben a todo funcionario tener relaciones contractuales, convenios o cualquier otro asunto con el gobierno federal del que pueda resultar algún beneficio para él, su cónyuge, parientes consanguíneos o por afinidad hasta el cuarto grado, parientes civiles y terceros con los que tenga relaciones profesionales, laborales o de negocios, así como para socios o sociedades de las que el servidor público o las personas referidas formen o hayan formado parte. Y también que los funcionarios y sus familiares obtengan beneficios económicos de cualquier programa de gobierno, pues ello implica conflicto de intereses. El artículo 15 establece la imposición de sanciones económicas cuando el incumplimiento de las obligaciones enumeradas se traduzca en beneficio o lucro.

MARCHA HACIA EL SUR

La administración de Vicente Fox promocionó al Programa Marcha Hacia el Sur (PMS) como panacea para el desarrollo de los estados más pobres del país —Campeche, Chiapas, Guerrero, Yucatán y Oaxaca—. No obstante, resultó uno de los peores fracasos de su gobierno y dio pie a diversos actos de felonía por parte de empresarios que debían dar empleo a los lugareños con recursos —dinero, apoyo en especie o exenciones fiscales— que aportaban los gobiernos locales y el federal.

El 8 de marzo de 2001, en Tlapa, uno de los municipios con

mayor rezago de Guerrero, entidad que a su vez está clasificada por la Organización de las Naciones Unidas en el tercer lugar del país en cuanto a marginación y pobreza, Fox anunció el programa y sus objetivos, entre ellos el de apuntalar un desarrollo más equilibrado en los estados de la región sur-sureste. Para ello, su gobierno otorgaría estímulos económicos, construiría infraestructura y daría exenciones fiscales a quienes crearan fuentes de empleo en la región. Acompañado por algunos de los hombres de negocios beneficiarios del programa, a quienes les tomó protesta como integrantes del Consejo Consultivo Empresarial, el entonces presidente alardeó:

> Ésta es la nueva clase empresarial de nuestro país; éste es el empresario de compromiso social; éste es el compromiso de empresarios que saben de su hipoteca social y que están dispuestos a cumplir con ella; éste es el compromiso de empresarios y de inversionistas que tienen cariño, amor a nuestro país. Por esto, no les vamos a dejar solos, vamos a trabajar juntos, hombro con hombro.

A través de Nacional Financiera (Nafin), la SHCP constituyó el fideicomiso PMS, el cual sería dirigido y administrado por un Comité Técnico que integrarían funcionarios de la SHCP y de la Subsecretaría para la Pequeña y Mediana Empresa (SPYME), que entonces encabezaba Juan Bueno Torio, quien fue designado su presidente. El 15 de marzo de 2001, en el *Diario Oficial de la Federación*, se publicaron las Reglas de Operación para la Asignación del Subsidio del PMS. Por ejemplo, que la aprobación de beneficiarias y asignación de recursos la realizaría la SPYME.

Entre 2001 y 2006, el PMS repartió 493 717 323 pesos a 392 empresas. En su Sexto Informe de Gobierno, Vicente Fox aseguró que dichos recursos se tradujeron en 116 000 empleos, amén de capacitación e infraestructura para las empresas beneficiadas. Lo cierto es que con tal de recibir el dinero, muchos patrones registraron a sus empleados como si estuviesen recién contratados. Otros, tras capitalizarse mediante los subsidios, desmantelaron sus negocios para ir en pos de nuevos apoyos gubernamentales. Algunos más, como los Mouriño, crearon compañías a fin de incluirlas en el fideicomiso. Dicha familia fue una de las grandes beneficiarias de este programa que a partir de 2006 quedó bajo investigación de la PGR y de la SFP por malos manejos.

Empresas exitosas

En 2004, año en el cual Juan Camilo trabajaba en la Sener, el GES adquirió franquicias de comida rápida para recibir subsidios de la SE. Una de ellas, Moteburguer, se constituyó en Campeche el 16 de abril con objeto de operar franquicias de Burger King. El fideicomiso PMS le dio financiamiento para maquinaria y para la capacitación de personal y de la administración, a fin de hacer de dicha empresa "un caso de éxito".

Las reglas de operación del PMS establecían que los apoyos serían otorgados siempre y cuando las solicitantes no recibieran recursos de otros programas de la Administración Pública Federal. En el caso de los Mouriño, sus compañías estaban en el padrón de beneficiarias de otros subsidios de la SE, como el Fondo PYME, y también recibían apoyos de la Secretaría del Trabajo y Previsión Social (STPS).

A pesar de que lo anterior contraviene las reglas de operación del fideicomiso, un estudio realizado por el Centro de Investigaciones Económicas, Administrativas y Sociales para la SE reproduce declaraciones del director ejecutivo del GES, Jorge Hernández Villanueva, según las cuales la inclusión de Moteburguer en el PMS se debió "a la buena comunicación" existente con la Secretaría de Economía y que el dinero del fideicomiso le permitió al grupo "concretar sus proyectos de inversión" en Veracruz, Campeche y Yucatán.

En septiembre de 2004, Moteburguer recibió 299 000 pesos para su restaurante ubicado en la ciudad de Campeche. Luego obtuvieron subsidios casi todos los Burger King de los Mouriño que en cuatro años instalaron 11 locales en Campeche, Escárcega, Chetumal, Othón Blanco, Palenque, Coatzacoalcos, Minatitlán, Salina Cruz y Frontera, según los *vouchers* proporcionados por la SE a la reportera mediante una solicitud de información en apego a la Ley Federal de Acceso a la Información Gubernamental.

Aunque en 2005 la SHCP se abstuvo de asignarle nuevos recursos al PMS, la administración del fideicomiso dispuso otorgarle fondos de su patrimonio a Moteburguer. Así, el 20 de junio destinó 380 000 pesos para la sucursal de Othón Blanco, en Quintana Roo, y 160 000 pesos para la de Campeche. Según documentos del GES, recibió el dinero Carlos Mouriño el 24 de junio. Por esas fechas su hermano Juan Camilo coordinaba la campaña de Calderón a la Presidencia de la República.

Desde los días en que fue subsecretario de Electricidad, las gasolineras del GES también accedieron a beneficios del PMS:

- El 23 de abril de 2004 se le otorgaron 384 000 pesos a Servicio Héroes, ubicada en el número 288 de la avenida Insurgentes, en Chetumal, y 392 000 pesos a Servicio Kanisté.
- Un recibo expedido por el GES el 10 de mayo de 2004, con la firma de Carlos Mouriño Terrazo, especifica que ese día el her-

mano del entonces subsecretario recibió otros 392 000 pesos del fideicomiso. La mitad de dicho monto —196 000 pesos— se destinaría a "la capacitación de 98 empleados en el municipio de Campeche" y el resto a la "habilitación y el equipamiento de la Comercializadora de Servicio Kanisté", en el mismo municipio.

- Otro recibo, fechado el 8 de septiembre de 2004, da cuenta de 312 000 pesos que serían empleados en la capacitación de 78 empleados y "el equipamiento de la Comercializadora de Servicio Héroes". Esta vez, Carlos Mouriño aparece como secretario del Consejo de Administración del consorcio.

- El 1° de octubre de 2004, el PMS entregó 572 000 pesos a la gasolinera Servicio Sayanes, registrada en Mérida, Yucatán.

- Tres recibos, con fecha del 7 de diciembre de 2004 y signados también por Carlos Mouriño, especifican otro desembolso por 767 500 pesos a cuenta de los fondos del fideicomiso para el restaurante Moteburguer de Campeche y las gasolineras ubicadas en Mérida y Chetumal.

- Un recibo, expedido el 25 de noviembre de 2005, revela que Carlos Mouriño recibió 91 000 pesos más para remodelar el establecimiento Servicio Sayanes.

A finales del sexenio foxista, el OIC en la SE detectó irregularidades en la asignación de los recursos del PMS y abrió una indagatoria, de la cual derivó en septiembre de 2007 la inhabilitación por 20 años de Carlos Alejandro González Colsa, ex secretario técnico del fideicomiso: lo responsabilizó de quebranto al erario por más de 211 millones de pesos —43% de los recursos que manejó el fideicomiso— y le impuso una multa de 179 874 000 pesos. Además, la PGR abrió una averiguación de carácter penal en su contra. En la SFP las pesquisas involucraban tanto a los funcionarios que operaron los recursos como a las empresas beneficiadas, entre ellas las de los Mouriño.

Abruptamente la administración de Calderón Hinojosa desapareció el fideicomiso: mediante un oficio (número 100.2007.00594), el 15 de junio de 2007 la SE le solicitó a la SHCP que instruyera a Nafin para su extinción. A este respecto, el secretario técnico del PMS, Raymundo Camacho Villa, aseguró en una conferencia de prensa celebrada en septiembre de 2007, que "en todo 2006 ya no se dio ningún apoyo". No obstante, recibos pagados por la SE al GES contradicen tal aseveración: ese año a las empresas de la familia Mouriño se les entregaron más de dos millones de pesos, autorizados por Carlos Ibarra Domínguez, María del Pilar Hiroishi Suzuki y Gustavo Meléndez Arreola, integrantes del Comité Técnico. Facturas con la firma de Jorge Alberto Hernández, apoderado legal del GES, amparan una serie de cobros en beneficio de sucursales administradas por Moteburguer:

- El 24 de marzo de 2006, 420 000 pesos para la de Minatitlán, Veracruz, y 600 000 para la de Coatzacoalcos.
- El 31 de marzo, 275 000 pesos para la de Escárcega, en Campeche, y 600 000 para la de Veracruz.
- El 29 de mayo, 600 000 pesos para la de Coatzacoalcos, en Veracruz.
- El 23 de junio, 695 000 pesos para las de Campeche y Minatitlán.

Durante varios años la SE ha publicitado en su portal de internet al consorcio —y en especial a Moteburguer— como uno de los mayores casos de éxito empresarial gracias a apoyos guber-

IV INFORME TRIMESTRAL DE LOS PROGRAMAS CON REGLAS DE OPERACIÓN 2006
LISTADO DE BENEFICIARIOS DEL PROGRAMA 2006
PROGRAMA MARCHA HACIA EL SUR (PMHS)
(Pesos)

Fecha de elaboración: 14 de Febrero de 2007
Formato LB

Periodo: Enero - Diciembre

N°	Beneficiarios	Estado	Actividad	Monto del apoyo	Empleos comprometidos	Fecha
1	Augusta Sportswear de México, S. de R.L. de C.V.	Campeche	Industria	$530,000.00	53	24/03/2006
2	Comercializadora e Industrializadora Agropecuaria, S.A. de C.V.	Veracruz	Agroindustria	$115,000.00	23	24/03/2006
3	Costa de Veracruz, S.A. de C.V.	Veracruz	Agroindustria	$350,000.00	35	24/03/2006
4	Embotelladora Tropical, S.A. de C.V.	Veracruz	Comercio	$1,620,000.00	162	24/03/2006
5	Hong Ho de México, S.A. de C.V.	Yucatán	Industria	$785,480.00	269	24/03/2006
6	Hong Ho de México, S.A. de C.V.	Yucatán	Industria	$400,000.00	80	24/03/2006
7	Mezcal Benevá, S.A. de C.V.	Oaxaca	Comercio	$375,000.00	25	24/03/2006
8	Mezcal Embajador, S.P.R. de R.I.	Oaxaca	Comercio	$559,500.00	86	24/03/2006
9	Moteburger, S.A. de C.V.	Veracruz	Comercio	$420,000.00	42	24/03/2006
10	Soluciones Profesionales de Control, S.A. de C.V.	Nuevo León	Industria	$310,250.00	73	24/03/2006
11	Unidad Especializada de Aprovechamiento Forestal Comunal Zapoteca Cárdenas	Oaxaca	Agroindustria	$550,000.00	100	31/03/2006
12	Autosistemas de Torreón S.A. de C.V.	Durango	Industria	$1,000,000.00	200	31/03/2006
13	Cut & Sew Industries, S.A. de C.V.	Yucatán	Industria	$310,800.00	74	31/03/2006
14	Desarrollo Agroindustrial Gaya, S.A. de C.V.	Veracruz	Agroindustria	$75,000.00	15	31/03/2006
15	Líderes Industriales de Ropa, S.A. de C.V.	Veracruz	Industria	$176,000.00	28	31/03/2006
16	Maqui Sampedro, S.A. de C.V.	Guerrero	Industria	$145,000.00	29	31/03/2006
17	Moteburger, S.A. de C.V.	Campeche	Comercio	$275,000.00	55	31/03/2006
18	Moteburger, S.A. de C.V.	Veracruz	Comercio	$600,000.00	60	31/03/2006
19	Operadora de Franquicias del Sureste, S.A. de C.V.	Yucatán	Industria	$500,000.00	100	31/03/2006
20	Pichirros, S.A. de C.V.	Veracruz	Comercio	$75,000.00	15	31/03/2006
21	Rubinmex, S.A. de C.V.	Guerrero	Industria	$150,000.00	30	31/03/2006
22	Turística Calenda, S.A. de C.V.	Oaxaca	Servicio	$220,000.00	11	31/03/2006
23	Industrias Moc, S.A. de C.V.	Oaxaca	Industria	$255,000.00	48	18/05/2006
24	Nutrición Animal del Soconusco, S.P.R. de R.L.	Chiapas	Agroindustria	$180,000.00	17	18/05/2006
25	Productores de Ron Río Blanco y Asociados, S.P.R. de R.I.	Oaxaca	Agroindustria	$100,000.00	19	18/05/2006
26	Productores Universales de Tapeyula, S.P.R. de R.L. de C.V.	Puebla	Agroindustria	$240,000.00	48	18/05/2006
27	Promotora Farrera de Turismo, S.A. de C.V.	Chiapas	Servicio	$1,125,000.00	75	18/05/2006
28	Saromi Mexicana, S. de R.L. de C.V.	Yucatán	Industria	$250,000.00	50	18/05/2006
29	Servicios Especiales Portuarios, S.A. de C.V.	Veracruz	Servicio	$920,000.00	46	18/05/2006
30	Unidad Comunal Forestal Agropecuaria y de Servicios de Ixtlán de Juárez	Oaxaca	Agroindustria	$350,000.00	70	18/05/2006
			Total	$12,962,030.00	1,938	

Carlos Ibarra Domínguez
Consultor del Fideicomiso

Gilberto García Fiol
Secretario Técnico

Gustavo Meléndez Arreola
Director General de Promoción Empresarial

120

namentales. La alusión no es gratuita: cuando en 2006 **Eduardo Sojo Garza Aldape** presentó su libro *De la alternancia al desarrollo*, Manuel Carlos Mouriño fue uno de los encargados de dedicarle loas al autor y a su obra, exagerando cumplidos a su desempeño al frente de la Oficina de la Presidencia de la República y de la coordinación del Gabinete Económico durante la administración foxista.

En diciembre de 2006, Calderón designaría a Sojo secretario de Economía, cargo que ocupó hasta el 6 de agosto de 2008, para ser sustituido por Gerardo Ruiz Mateos, otro operador de Mouriño Terrazo. En tanto, Sojo era transferido al Instituto Nacional de Estadística, Geografía e Informática, área clave en tiempos electorales.

En las dos administraciones panistas, gratuitamente la SE ha apuntalado y promovido cada uno de los negocios de los Mouriño como si se trataran de proyectos de gobierno.

COYOTAJE CON NAFIN

Las compañías del GES no sólo han obtenido subsidios del gobierno federal en los dos últimos sexenios, sino que controlan los apoyos de la banca de desarrollo en el estado mediante el Centro Regional para la Competitividad Empresarial de Campeche, cuyas instalaciones se ubican en la misma sede del grupo, en las llamadas Torres de Cristal de la Avenida Ruiz Cortines 112, colonia San Román.

En este centro, donde se llevan a cabo las reuniones corporativas del GES, se realizan las gestorías entre Nafin y los microempresarios que buscan financiamiento. Sólo por efectuar el perfil de negocio, dicho organismo cobra a los aspirantes al crédito 1%

del monto requerido, con independencia de que se les apruebe el préstamo o no. Un amigo y ex socio de TEISA, el empresario Santiago Espósito —propietario de la empresa de Maxi Aloe, subsidiada también por el gobierno federal—, es integrante del Consejo Consultivo de Nafin.

Entre los beneficios recibidos de Nafin por empresas de la familia Mouriño pueden citarse los siguientes:

- Del Fondo PYME, en 2004, cada una de las siguientes empresas del GES recibieron 600 000 pesos: Prestadora de Servicios Ges, Restaurantes Ges, Moteburguer, Recubrimientos del Sur y 35 gasolineras.[5]
- A cuenta del fideicomiso público FP2004-4158 —programa de apertura rápida de empresas— se otorgaron en 2004 subsidios por 175 000 pesos a cada una de las siguientes compañías: Servicio Tintorero de Campeche, Moteburguer, Restaurante Ges —tres apoyos— y siete sucursales de Tiendas Ges de Conveniencia.
- También en 2004, el fideicomiso FP2004-1434 —Consultoría Integral y Consultoría Especializada para Mejorar la Com-

5 Las estaciones de gasolina beneficadas fueron: Servicio Mina, Estación de servicio Subteniente López, Estación de Servicio Tres Brazos, Estación de Servicio Universidad, Gasolinera López Mateos, Gasolinera Zapata, Gasolinera Kin Ha, Gasolinera Lerma, Gasolinera Palenque, Gasolinera Sabancuy, Servicio Hercelchakaw, Servicio Candelaria, Servicio Casa de Justicia, Servicio Escárcega, Servicio Halachó, Servicio Héroes, Servicio Hopelchén, Servicio Casa de Justicia, Servicio Candelaria, Servicio Isla Aguada, Servicio Isla de Tris, Servicio Jonuta, Servicio Kanisté, Servicio Lomas de Ocuitzapotí, Servicio Macusspana, Servicio Malecón, Servicio Monterrey, Servicio Novia del Mar, Servicio Nueva Frontera, Servicio Palizada, Servicio Sac Xan, Servicio San José, Servicio Sayanes, Servicio Xpujil.

petitividad de las MIPYMES (Red Centro Crece)— distribuyó 24 200 000 pesos a 90 empresas. De ellas, 39 eran del GES.

- A cuenta del FP2004-1574, en la Expoferia de Campeche, se dieron apoyos por 33 000 pesos a Restaurante Ges, Desarrollo Inmobiliario y Prestadora de Servicios Ges.
- En 2005, Moteburguer y Prestadora de Servicios Ges fueron beneficiadas por el fideicomiso FP2005-2409, que ese año operó 61 millones de pesos para el Programa de Consultoría y Capacitación para Mejorar la Competitividad de las MIPYMES.

Un legajo de recibos expedidos por el Fondo PYME a diversas empresas del GES documenta otros subsidios que el consorcio recibió entre noviembre de 2005 y octubre de 2006, época en la cual Manuel Carlos Mouriño Atanes era accionista mayoritario del Celta de Vigo, club de futbol de primera división de la liga española.

- El 30 de noviembre de 2005, Carlos Mouriño recibió 2 400 pesos para que la empresa Prestadora de Servicios Ges participara en el diplomado en competitividad empresarial.
- El 5 de abril de 2006, Jorge Alberto Hernández recibió subsidios por 496 291 pesos para que 33 empresas del GES —Restaurante Ges, Moteburguer y 31 gasolineras— recibieran "consultoría especializada".
- El 18 de octubre de 2006, el grupo obtuvo 15 480 pesos para subsidiar la auditoría ambiental de las empresas Diésel y Lubricantes y TEISA.
- Un día después, el 19 de octubre, recibió 85 140 pesos más, esta vez como subsidio para la auditoría ambiental de las gasolineras Servicio Halachó y López Mateos, así como de las empre-

RECIBO y/o VOUCHER PYME

19 DE OCTUBRE DE 2006

Por medio del presente, el que abajo suscribe, y en representación de la empresa **GRUPO ENERGETICO DEL SURESTE SA DE CV** manifiesto que mediante el PROYECTO que se indica en la parte inferior de este documento, mismo que fue apoyado por el FONDO DE APOYO PARA LA MICRO, PEQUEÑA Y MEDIANA EMPRESA (FONDO PYME), en el año fiscal 2006, mi empresa recibió el SERVICIO de: AUDITORIA AMBIENTAL

Por lo anterior, manifiesto conocer que dicho **SERVICIO** recibido a través del citado proyecto, incluye un subsidio de la Secretaría de Economía por la cantidad de $7740.00 (SON: SIETE MIL SETECIENTOS CUARENTA PESOS 00/100 MN) cuyo costo total es de $21194.28 (SON: VEINTIUN MIL CIENTO NOVENTA Y CUATRO PESOS 28/100 MN)

Asimismo, manifiesto estar enterado que el Fondo PYME es un programa de carácter público, que no es patrocinado ni promovido por partido político alguno y sus recursos provienen de los impuestos que pagan todos los contribuyentes y que queda prohibido su uso con fines políticos, electorales, de lucro y otros distintos a los establecidos. El uso indebido de los recursos de este programa deberá ser denunciado y sancionado de acuerdo a la Ley. Estos recursos están sujetos a las acciones de vigilancia, control y evaluación de las autoridades federales.

A t e n t a m e n t e

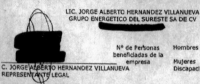

LIC. JORGE ALBERTO HERNANDEZ VILLANUEVA
GRUPO ENERGETICO DEL SURESTE SA DE CV

C. JORGE ALBERTO HERNANDEZ VILLANUEVA
REPRESENTANTE LEGAL

N° de Personas beneficiadas de la empresa	Hombres	____
	Mujeres	____
	Discapacitados	____

N° FOLIO	NOMBRE DEL PROYECTO
FP2006-833	PROGRAMA DE CONSULTORIA Y CAPACITACION PARA LA MEJORA DE LA COMPETITIVIDAD DE LA MIPYMES EN EL ESTADO (CRECE CAMPECHE, A. C.)

000132

RECIBO y/o VOUCHER PYME

19 DE OCTUB...

Por medio del presente, el que abajo suscribe, y en representación de **GASOVALES GES SA DE CV** manifiesto que mediante el PROYECTO que... la parte inferior de este documento, mismo que fue apoyado por el FOND... PARA LA MICRO, PEQUEÑA Y MEDIANA EMPRESA (FONDO PYME), en... 2006, mi empresa recibió el SERVICIO de: AUDITORIA AMBIENTAL

Por lo anterior, manifiesto conocer que dicho **SERVICIO** recibido a trav... proyecto, incluye un subsidio de la Secretaría de Economía por la... $7740.00 (SON: SIETE MIL SETECIENTOS CUARENTA PESOS 00/100 MN... total es de $21194.28 (SON: VEINTIUN MIL CIENTO NOVENTA Y CU... 28/100 MN)

Asimismo, manifiesto estar enterado que el Fondo PYME es un programa de carácter público, que no es patrocinado ni promovido por partido político alguno y sus recursos provienen de los impuestos que pagan todos los contribuyentes y que queda prohibido su uso con fines políticos, electorales, de lucro y otros distintos a los establecidos. El uso indebido de los recursos de este programa deberá ser denunciado y sancionado de acuerdo a la Ley. Estos recursos están sujetos a las acciones de vigilancia, control y evaluación de las autoridades federales.

A t e n t a m e n t e

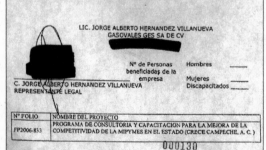

LIC. JORGE ALBERTO HERNANDEZ VILLANUEVA
GASOVALES GES SA DE CV

C. JORGE ALBERTO HERNANDEZ VILLANUEVA
REPRESENTANTE LEGAL

N° de Personas beneficiadas de la empresa	Hombres	____
	Mujeres	____
	Discapacitados	____

N° FOLIO	NOMBRE DEL PROYECTO
FP2006-833	PROGRAMA DE CONSULTORIA Y CAPACITACION PARA LA MEJORA DE LA COMPETITIVIDAD DE LA MIPYMES EN EL ESTADO (CRECE CAMPECHE, A. C.)

000130

sas Servicio Tintorero de Campeche, Servicios Corporativos Ges, Negocios y Concesiones Mexicanas, Tesorera Ges, Tiendas Ges de Conveniencia, Esges, Grupo Energético del Sureste, Prestadora de Servicios Ges, Gasovales.

Algunos de los subsidios al GES no corresponden a la ubicación de las empresas beneficiadas. Por ejemplo, el 10 de octubre de 2006, la gasolinera Servicio Palizada, que se localiza en Campeche, recibió 10 476.19 pesos para el plan integral de gestión ambiental, a cuenta del fideicomiso FP2006-1732 Crece Tabasco. Del mismo fideicomiso se asignó un monto similar a Servicio Escárcega y Servicio Candelaria en Campeche, y Servicio Palenque, en Chiapas.

Las estaciones de servicio beneficiadas con este programa y que sí están en Tabasco son: Servicio Monterrey, Gasolinera Macuspana, Servicio Jonuta, Servicio Frontera, Gasolinera Zapata, Estación de Servicio Universidad, Estación de Servicio Mina.

En 2006, la SE le destinó a Campeche recursos por un millón de pesos a través del Fondo de Apoyo para la Micro, Pequeña y Mediana Empresa (FAMPYME). De 79 empresas beneficiadas, 44 pertenecen al GES pese a que, de acuerdo con los requisitos, el fondo era exclusivamente para dicha entidad y algunas de las empresas favorecidas se ubican en Tabasco, Quintana Roo y Yucatán.

Ese mismo año, la SE abrió el fideicomiso público FP2006-833, a cuenta del cual se destinó otro millón a consultoría y capacitación para la mejora competitiva de la MIPYMES en el estado. Nuevamente recibieron apoyo 36 gasolineras del GES, así como las firmas Moteburguer, Restaurante Ges, Prestadora de Servicios Ges, Gasovales Ges, Transportes Especializados Ivancar, Diésel y

Lubricantes, Servicios Corporativos Ges, Servicio Tintorero de Campeche, Tiendas Ges de Conveniencia, Tesorera Ges, Esges y hasta el Corporativo GES.

PROMOCIÓN POLÍTICA

Por lo demás, las inversiones de la familia Mouriño en el sureste han sido también promocionadas tanto por políticos como por funcionarios públicos.

Uno de los mayores publicistas de los negocios de los Mouriño fue el gobernador de Campeche, Jorge Carlos Hurtado Valdez, quien entre febrero de 1992 y abril de 1993 dirigió el ya desaparecido Grupo Empresarial Gamma III —dedicado a los desarrollos inmobiliarios—, del cual Mouriño Atanes fue socio junto con Jorge Castillo López y Ramón Espínola Toraya. El vínculo es tal que, en sus informes de gobierno, Hurtado incluía entre sus logros gubernamentales la expansión de Moteburguer.

Lo mismo ocurrió en Tabasco, donde el gobernador priísta Andrés Granier Melo hacía promoción de los Burger King y sus secretarios de gobierno, junto con diputados y alcaldes, apadrinaban la inauguración de los negocios. En julio de 2007 por ejemplo, en el municipio de Frontera, el secretario de Desarrollo Económico, Mario de la Cruz Sarabia, y el alcalde Nicolás Bellizia inauguraron uno de los restaurantes, al tiempo que destacaban que la expansión del GES en el estado es "resultado de las gestiones del gobernador Granier". La galería fotográfica del acontecimiento fue publicitada en el portal del gobierno de Tabasco, donde se promovían también otros giros operados por la familia Mouriño.

En 2003, mientras Manuel Carlos Mouriño Atanes regresaba a su natal Vigo para integrarse a la Junta Directiva del Celta de Vigo, en México el secretario de Trabajo, Carlos Abascal (fallecido en 2009), incluía a algunas de sus empresas —entre ellas Prestadora de Servicios Ges— en el padrón de beneficiarias de los programas sociales oficiales.

LOS NEGOCIOS EN LA CASONA DE COVIÁN

No habían pasado 48 horas desde que se convirtiera en el nuevo huésped del palacio que hace un siglo mandó construir su compatriota, el latifundista español protegido del porfiriato, Feliciano Covián, cuando su familia obtenía nuevos contratos petroleros.

El 18 de enero de 2008, Carlos Mouriño Terrazo acudió a las oficinas corporativas de Refinación, en Marina Nacional, para firmar un nuevo contrato de franquicia para la estación de gasolina E09121, en Mérida. Carlos Mouriño, a la sazón secretario del Consejo de Administración de la firma Esges (controladora de las gasolineras propiedad de la familia Mouriño), presentó documentos notariales en los cuales su hermano Juan Camilo aparecía como tesorero.

El 18 de febrero recibió otra franquicia, para operar la estación de servicio E06142, en Ciudad del Carmen. Se formalizó mediante el contrato mercantil NCF-1943, signado por José Ramón Rodríguez Jiménez y Carlos Mouriño, quien nuevamente exhibió ante Refinación documentos notariales en donde su hermano aparecía como socio.

Amistades peligrosas

Tras concluir sus estudios de economía en la Universidad de Tampa, Florida, Juan Camilo Mouriño volvió a Campeche y también al círculo de amistades y de correrías de la adolescencia, pero nada más por un tiempo, pues emigró al Distrito Federal y sólo mantuvo relación con algunos de aquellos amigos, como Leonardo Olavarrieta, con quien la comunicación se hizo frecuente durante los meses en que trabajó en la Sener.

A través del teléfono celular y del de la oficina contigua a la del secretario, Juan Camilo hablaba con frecuencia con Olavarrieta, director general adjunto de la empresa Oceanografía, radicado en Ciudad del Carmen. El tema de conversación, sin embargo, no versaba sobre las amistades en común o las fiestas a las que ya no asistían, sino giraba alrededor de los negocios de Pemex que interesaban a los jefes de Olavarrieta: Amado Yáñez Correa y su hijo Amado Omar Yáñez Osuna, quienes tenían a Olavarrieta y Mouriño como enlace con el secretario de Energía.

Los empresarios querían hablar con Calderón del lucrativo negocio de arrendamiento de embarcaciones que tienen con Pemex y, específicamente, que días atrás, la subsidiaria Exploración y Producción había declarado desierta una licitación en la que ellos tenían especial interés, pues representaba casi 1 000 millones de pesos.

En marzo de 2004, desde el fax de la oficina sede de Oceanografía, Leonardo remitió a su amigo Juan Camilo toda la información relativa al contrato en cuestión a los números telefónicos de la oficina del secretario (50 00 60 87 y 50 00 60 96). El envío incluía las actas del concurso y el nombre de los funcionarios de PEP que definirían la contratación. Meses después, esos mismos

FACSIMILE CORRESPONDENCE

TO: **LIC. JUAN CAMILO MURINO**
COMPANY: SECRETARIA DE ENERGIA
PHONE: 01 55 50006087
FAX : 01 55 50006096

FROM : **ING. LEONARDO OLAVARRIETA**

COMPANY : OCEANOGRAFIA, S.A. DE C.V.

PHONE / FAX : + 938 38 12570

DIRECT NUMBER: + 938 38 12571

DATE: 5 / MARZO / 04
PAGES INCLUDING
THIS COVER PAGE **4**

COMMENTS :

ANEXO ACTA DE FALLO DE LA LICITACION No. 18575035 – 025 – 03 FUE DECLARARADA DESIERTA Y EN ESTE MOMENTO SE ENCUENTRA EN INCONFORMIDAD POR LA COMPANIA " CONSTRUCCIONES INTEGRALES DEL CARMEN", S.A. DE C.V.

SALUDOS

funcionarios le entregaban a Oceanografía el contrato 418235843 por adjudicación directa.

El asunto no es menor: con dicho contrato, ofrecido como única garantía, Oceanografía consiguió un crédito del Banco Nacional de Comercio Exterior (Bancomext). El OIC en la banca de desarrollo descubrió que Amado Yáñez Osuna cobró más de 60 millones de pesos mediante cuatro facturas apócrifas.

Por lo demás, los encuentros de los Yáñez con Calderón no son un hecho aislado: el michoacano aprovechó sus días en la Sener para reunirse con contratistas del gobierno federal, a quienes confesó su interés por convertirse en presidente y les solicitó su futuro apoyo. En aquel entonces, muy pocos sabían de sus aspiraciones políticas. Entre ellos su coordinador de asesores y su asesor jurídico, Juan Camilo Mouriño y José César Nava, quienes pactaban los encuentros de Calderón con los contratistas y futuros financiadores.

Algunos de esos empresarios utilizaron tal información para presionar a funcionarios del sector para que les otorgaran millonarios contratos. Las reuniones con el hoy presidente de la República fueron usadas por los propietarios de Oceanografía para convencer al entonces director de Exploración y Producción, Luis Ramírez Corzo, de que, pese a sus incumplimientos, no les rescindiera los contratos de arrendamiento de embarcaciones, mantenimiento de plataformas y estudios de medición geofísica.

Por ejemplo, el 16 de diciembre de 2003, Amado Yáñez Osuna le envió un documento a Luis Ramírez Corzo a su oficina en el piso 41 de la torre ejecutiva de Marina Nacional, relatándole las afectaciones causadas por la rescisión de diversos contratos a la empresa de la cual es el accionista principal. Entre otras cosas, el contratista le mencionó a Ramírez Corzo una reunión que habría sostenido días antes con Felipe Calderón, por mediación de César Nava:

Con fecha 4 de marzo (de 2003) se llevó a cabo el acta de formalización de contratos en la sala de juntas de la Gerencia de Logística SCSM (Subdirección de la Coordinación de Servicios Marinos), mediante la cual nos comunicaron oficialmente que nuestra empresa estaba impedida para firmar los contratos, en virtud de encontrarnos en los supuestos de la fracción III del artículo 50 de la Ley de Adquisiciones, Arrendamientos y Servicios.

Se consultó con usted qué opinión o consejo, si se denunciaba a la Secretaría de Energía las consecuencias que teníamos por la inconformidad del IMR (Índice de Percepción de Mejora Regulatoria) y derivado de esto las dos rescisiones para no encontrarnos en el artículo 50. Se solicitó una cita con el secretario de Energía, a través del licenciado César Nava, la cual fue concedida las dos primeras semanas del mes de diciembre (de 2003).

Solamente se comentó con el señor secretario los problemas que se tenían con IMR en la cual se tenía interés del licenciado Bracho (Rafael Bracho Ransom, subdirector de Administración y Finanzas de PEP) de favorecer a la empresa DIAVAZ, nunca se mencionó a usted, como se está rumorando a través de los contratistas y personal de PEP; al contrario, siempre se le guardó un gran respeto a su personal. Del árbol caído quieren seguir haciendo daño a nuestra empresa, en la cual se hicieron muchas inversiones para ustedes con barcos de bandera mexicana que actualmente están inactivos...

En otros documentos, Yáñez le insistía en que no procediera a la cancelación de los contratos a fin de evitar la inhabilitación. Argumentaba que "la rescisión del contrato no es obligatoria para ninguna de las dos partes, sino potestativa", y solicitaba "que Pemex reconsidere su postura y permita la concertación entre ambas partes".

Desde esas fechas, la naviera enfrentaba serios problemas con los órganos internos de control en Pemex porque ante el cúmulo de incumplimientos en los que incurría apenas conseguía frenar su inhabilitación con amparos conseguidos por sus abogados, entre ellos Antonio Lozano Gracia, Diego Fernández de Cevallos y José Luis Nassar Daw.

En 2007, Mouriño colocó a un empleado del GES, Karim Elías Bobadilla, al frente del OIC en PEP, la subsidiaria que controla más de 60% de los recursos de Pemex y el grueso de las contrataciones del sector. Originario de Campeche, Elías Bobadilla llegó al Distrito Federal en noviembre de 2006, días antes de la toma de posesión de Felipe Calderón, invitado por su jefe y amigo Juan Camilo a trabajar a su lado en Los Pinos. Lo nombró director general de Administración en la Oficina de la Presidencia.

En junio de 2007, el entonces secretario de la Función Pública, Germán Martínez Cázares, destituyó al titular del OIC en PEP, Jorge Javier Ramos Negrete, para colocar al protegido de Mouriño. Elías Bobadilla tenía una encomienda en particular: limpiar los rastros de corrupción de la naviera para la cual trabajaron como gestores Manuel y Jorge Bribiesca, los hijos de Marta Sahagún, y el hermano de ésta, Guillermo Sahagún Jiménez, durante el sexenio del primer presidente que germinó su partido.

Segunda parte

LA FAMILIA INCÓMODA

Marta e hijos

Era la mañana del 7 de octubre de 2004. Luis Ramírez Corzo, director de PEP, la subsidiaria más importante de Pemex, llegó a las nueve en punto al Club de Industriales, en Polanco. Impecable, vestía pantalón de casimir oscuro, un elegante saco color hueso, corbata azul y camisa en el mismo tono, en cuyas mangas relucían las mancuernillas de oro.

Del bolsillo extrajo la cartera y de ésta una tarjeta dorada, indispensable para acceder al exclusivo lugar en cuyos salones los más altos directivos de la petrolera acostumbran sostener reuniones privadas, lejos de las miradas y oídos indiscretos que a toda hora pululan en la torre de 48 pisos erigida en Marina Nacional en los años del *boom* petrolero. El uso del club es una más de tantas prebendas para los ejecutivos petroleros.

Ramírez Corzo llegó al Salón San Cristóbal en compañía de Julio Camelo, ex director corporativo de Administración de Pemex y concertador del encuentro con los reporteros Miguel Badillo y Ana Lilia Pérez. El retablo de estilo barroco en honor al mártir cristiano, enmarcado en madera estofada, era mudo testigo del nerviosismo de Ramírez Corzo que, a pesar de esforzarse por mantener el gesto impávido de un jugador de póquer, no podía disimular las gotas de sudor perlando su frente ni controlar el tamborileo de sus dedos golpeando la madera de la ele-

135

gante mesa hexagonal, manía que sólo interrumpía cada vez que bebía pequeños sorbos de café de una taza que el mesero, diligente, se empeñaba en llenar una y otra vez.

Habló de las finanzas de PEP, de los proyectos de la subsidiaria, de la necesidad que tenía la empresa de abrirse a la inversión privada... De pronto, ante el asombro de Julio Camelo, cambió en forma brusca de tema:

—La señora es la que manda en Pemex —reveló antes de hacer una pausa y darle otro trago a su café, ocasión que aprovechamos para abrir nuestras libretas y recoger sus palabras. Mientras dejaba la taza sobre el plato, hizo como si tratara de asomarse a corroborar que los trazos en las hojas de papel reprodujeran fielmente la confesión. Titubeando, agregó—: Se trata de una naviera. Raúl Muñoz Leos me pide que le entregue contratos, me presiona. A él también lo presiona la señora Marta.

—¿Quién es Marta?

—La señora Marta Sahagún, la esposa del presidente.

—¿Y a qué empresa quiere beneficiar?

—Se llama Oceanografía. Es mexicana, pero tiene socios de Estados Unidos.

—¿Por qué dice que lo presionan, ingeniero?

—Porque los hijos trabajan para esta empresa.

—¿Cuáles hijos?

—Los hijos de la señora Marta.

—¿Trabajan en Oceanografía?

—Bueno, ellos consiguen los contratos a cambio de una comisión... Son dos de sus hijos y un hermano de la señora.

—¿Qué hermano?

—No recuerdo cómo se llama, pero es el menor.

—¿Y qué clase de empresa es la beneficiaria?

—Es contratista de Pemex, pero no reúne los requisitos para que se le den los contratos —respondió, aunque interrumpió el relato al recordar el apelativo del hermano menor de Marta Sahagún de Fox—: ¡Memo, se llama Memo!

—¿Y cómo lo presionan, ingeniero?

—La señora le dice a Raúl, ella le llama directamente al teléfono de la dirección general… En otras ocasiones lo hace por medio del secretario particular de Raúl, se llama Eduardo Rosas Monroy. Trabajó en la editorial Santillana y la señora lo puso allí, con Raúl, para que lo vigilara. Es su operador. Me llama por teléfono para presionarme y para que le dé contratos a Oceanografía. Dice que son instrucciones de la señora.

—Marta Sahagún es amiga de Hilda Ledesma, la esposa de Raúl Muñoz Leos, ¿verdad?

—Sí. También a través de ella la señora le manda mensajes a Raúl.

—¿De qué tipo?

—De las empresas a las que quiere se les entregue algún contrato.

—¿Y aceptan las recomendaciones, les entregan los contratos…?

—¡Este hombre ya no aguanta las presiones! —interrumpió Julio Camelo, evitando que Ramírez Corzo respondiera la pregunta. Ex diputado federal y directivo de Pemex hasta el día en que debió salir por la puerta trasera pues, según le informó Raúl Muñoz Leos, los panistas no lo querían más en la empresa por su pasado priísta, Camelo sabía muy bien qué hilos mover y cuánto podían estirarse, algo que durante muchos años le permitió ser el fiel de la balanza en las relaciones entre la empresa y el sindicato petrolero. Dolido por la forma en que salió de la paraestatal, consideraba que había llegado la hora de pagarle a Muñoz Leos con

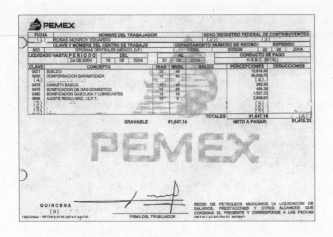

CLAVE	CONCEPTO	DIAS	NIVEL	SALDO	PERCEPCIONES	DEDUCCIONES
0001	SUELDO	15	45		12,618.30	
0099	COMPENSACION GARANTIZADA	15	45		69,609.75	
(4)					(4)	
0476	CANASTA BASICA	15	45		282.50	
0478	BONIFICACION DE GAS DOMESTICO	15	45		454.28	
0480	BONIFICACION GASOLINA Y LUBRICANTES	15	45		1,527.23	
0696	AJUSTE REGULARIZ. I.S.P.T.	15	0		2,949.81	

FICHA: ROSAS MONROY EDUARDO
NOMBRE DEL TRABAJADOR
CLAVE Y NOMBRE DEL CENTRO DE TRABAJO: 800 OFICINAS CENTRALES (MEXICO, D.F.)
DEPARTAMENTO: 10300 — NUMERO DE RECIBO: 000006 — EXPEDIDO: 20 08 2004
LIQUIDADO HASTA: 2a-08-2004 — PERIODO DEL: 16 08 2004 — AL: 31 08 2004
CONDUCTO DE PAGO: H.S.B.C. (BITAL)

TOTALES: 91,647.14
GRAVABLE: 91,647.14 — NETO A PAGAR: 51,410.33

QUINCENA (9)
FIRMA DEL TRABAJADOR
ORIGINAL: PETROLEOS MEXICANOS
RECIBI DE PETROLEOS MEXICANOS LA LIQUIDACION DE SALARIOS, PRESTACIONES Y OTROS ALCANCES QUE CONSIGNA EL PRESENTE Y CORRESPONDE A LAS FECHAS DETALLADAS EN EL MISMO

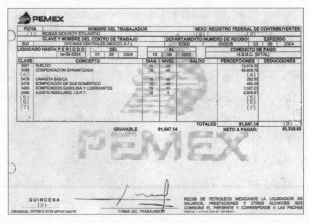

CLAVE	CONCEPTO	DIAS	NIVEL	SALDO	PERCEPCIONES	DEDUCCIONES
0001	SUELDO	15	45		12,618.30	
0099	COMPENSACION GARANTIZADA	15	45		69,609.75	
(4)					(4)	
0476	CANASTA BASICA	15	45		282.50	
0478	BONIFICACION DE GAS DOMESTICO	15	45		454.28	
0480	BONIFICACION GASOLINA Y LUBRICANTES	15	45		1,527.23	
0696	AJUSTE REGULARIZ. I.S.P.T.	15	0		2,949.81	

FICHA: ROSAS MONROY EDUARDO
NOMBRE DEL TRABAJADOR
CLAVE Y NOMBRE DEL CENTRO DE TRABAJO: 800 OFICINAS CENTRALES (MEXICO, D.F.)
DEPARTAMENTO: 10300 — NUMERO DE RECIBO: 000008 — EXPEDIDO: 03 09 2004
LIQUIDADO HASTA: 1a-09-2004 — PERIODO DEL: 01 09 2004 — AL: 15 09 2004
CONDUCTO DE PAGO: H.S.B.C. (BITAL)

TOTALES: 91,647.14
GRAVABLE: 91,647.14 — NETO A PAGAR: 50,335.88

QUINCENA (9)
FIRMA DEL TRABAJADOR
ORIGINAL: PETROLEOS MEXICANOS
RECIBI DE PETROLEOS MEXICANOS LA LIQUIDACION DE SALARIOS, PRESTACIONES Y OTROS ALCANCES QUE CONSIGNA EL PRESENTE Y CORRESPONDE A LAS FECHAS DETALLADAS EN EL MISMO

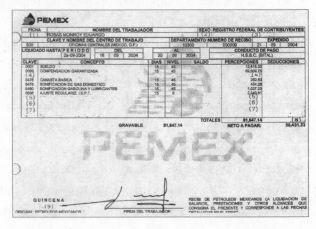

CLAVE	CONCEPTO	DIAS	NIVEL	SALDO	PERCEPCIONES	DEDUCCIONES
0001	SUELDO	15	45		12,618.30	
0099	COMPENSACION GARANTIZADA	15	45		69,609.75	
(4)					(4)	
0476	CANASTA BASICA	15	45		282.50	
0478	BONIFICACION DE GAS DOMESTICO	15	45		454.28	
0480	BONIFICACION GASOLINA Y LUBRICANTES	15	45		1,527.23	
0696	AJUSTE REGULARIZ. I.S.P.T.	15	0		2,949.81	

FICHA: ROSAS MONROY EDUARDO
NOMBRE DEL TRABAJADOR
CLAVE Y NOMBRE DEL CENTRO DE TRABAJO: 800 OFICINAS CENTRALES (MEXICO, D.F.)
DEPARTAMENTO: 10300 — NUMERO DE RECIBO: 000009 — EXPEDIDO: 21 09 2004
LIQUIDADO HASTA: 2a-09-2004 — PERIODO DEL: 16 09 2004 — AL: 30 09 2004
CONDUCTO DE PAGO: H.S.B.C. (BITAL)

TOTALES: 91,647.14
GRAVABLE: 91,647.14 — NETO A PAGAR: 50,431.33

QUINCENA (9)
FIRMA DEL TRABAJADOR
ORIGINAL: PETROLEOS MEXICANOS
RECIBI DE PETROLEOS MEXICANOS LA LIQUIDACION DE SALARIOS, PRESTACIONES Y OTROS ALCANCES QUE CONSIGNA EL PRESENTE Y CORRESPONDE A LAS FECHAS DETALLADAS EN EL MISMO

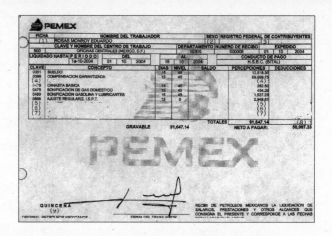

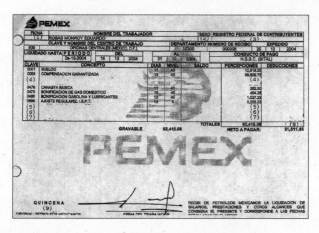

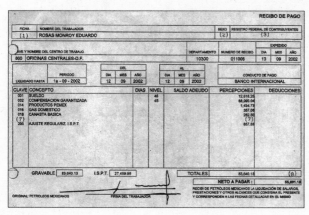

139

la misma moneda. Así, tocó el hombro de Ramírez Corzo, animándolo a proseguir con su relato.

Tras reacomodarse en su silla para tomar aplomo, el director de PEP reveló que por esos días la subsidiaria debía adjudicar un contrato por 154 millones de dólares para la contratación de un barco grúa que daría servicio a las plataformas petroleras en la sonda de Campeche. En la licitación participaban siete empresas, entre ellas Oceanografía, propiedad de Amado Yánez Osuna, y Servicios Marítimos de Campeche, del empresario tamaulipeco Ramiro Garza Cantú. Sólo que la propuesta de la primera no resultaba competitiva desde el punto de vista técnico y económico y, no obstante que no cumplía los requisitos suficientes, se mantenía con vida en el proceso merced a las presiones que ejercía el director general del corporativo:

—Durante más de tres meses Raúl me ha dicho que por orden de la señora Marta el contrato se le debe entregar a esa naviera —agregó el funcionario.

—¿Se lo dice él personalmente?

—Me llama por teléfono hasta tres veces al día para pedírmelo.

—¿Y usted va a ceder?

—Estamos checándolo con el Órgano Interno de Control, pero nos traen presionados. Pasado mañana se debe discutir el resultado de la licitación y Raúl dice que hay que dárselo a Oceanografía, que la misma presión que tengo yo la tiene él por parte de la señora, quien le habla a cada rato. Está desesperado. De plano me dijo que ese contrato se lo tengo que entregar a Oceanografía por orden de Los Pinos.

—¿El presidente Vicente Fox sabe de esto?

—No lo sé, ignoro si Vicente y Marta hablen de esto. Raúl dice que ella es la que habla, la que dice, la que ordena…

Ramírez Corzo sabía que la licitación número 18575108/068/ 04, de la que dos días después se haría público el fallo, la había ganado Servicios Marítimos de Campeche (SMC), del Grupo Río San Juan, ya que su oferta económica era la más baja. Según el director de PEP, Muñoz Leos y Marta Sahagún estaban al tanto de esto y de que, además de no cumplir con las especificaciones técnicas, Oceanografía cotizaba un precio superior en 6% al del resto de las navieras que participaron en la licitación. No obstante, por órdenes de Marta Sahagún, le otorgarían el contrato por 168 millones de dólares, 14 millones más de lo que tenía presupuestado la subsidiaria, reveló durante la reunión en el Club de Industriales el director general de PEP, Luis Ramírez Corzo.

Durante las cerca de dos horas que duró el encuentro, Ramírez Corzo no probó siquiera el plato con fruta ni el jugo de naranja que ordenó. Hasta el último minuto se mostró nervioso, a pesar de las constantes palabras de solidaridad de Julio Camelo y de los repetidos sorbos de café que no lograron humedecerle los resecos labios, pues cada minuto se tornaban más blancos.

Por aquel entonces todavía no eran públicos los negocios de los hijos de Marta Sahagún pues estaban bajo el manto de complicidad de la Presidencia de la República. Sin embargo, el tráfico de influencias en la paraestatal por parte de los hermanos Manuel y Jorge Bribiesca y de su tío Guillermo Sahagún era conocido ya en el seno del Consejo de Administración de Pemex, entre cuyos integrantes se encontraba el secretario de Hacienda, Francisco Gil Díaz, principal opositor de la primera dama en el gabinete de Vicente Fox, secreto a voces entre la clase política. Y fue Gil Díaz, de acuerdo con la versión de Luis Ramírez Corzo, quien intentó "ponerles un alto a los hijos de la señora", previo consenso con algunos de los secretarios de Estado integrantes del consejo.

—Le ha dicho a Manuel y Jorge Bribiesca que saquen las manos de Pemex, se lo ha repetido a la señora, incluso dividió al gabinete, porque tres secretarios lo apoyan.

HORAS DE TENSIÓN

Concluida la reunión, Ramírez Corzo se puso de pie y, como quien acaba de liberarse de un gran peso, lanzó un suspiro de alivio y se ajustó el saco. Luego de ignorar infinidad de llamadas que entraban a su celular, al fin accedió a responder el teléfono, no sin antes agradecernos la atención que prestamos a su relato.

—Debo apoyar a este hombre —comentó Julio Camelo, también satisfecho por el resultado del encuentro, en lo que el director de PEP dejaba sus huellas presurosas en la mullida alfombra, de camino a la oficina para cumplir la apretada agenda de cada día.

Horas después, al mediodía, el titular de la Contraloría Interna en PEP, Jorge Javier Ramos Negrete, me confirmaba el pesado ambiente que se respiraba en las instalaciones de la paraestatal.

—Las cosas están muy tensas —susurró en el teléfono.

—¿Por lo del contrato?

—Por eso y porque hace menos de una hora se suicidó aquí un funcionario —agregó el contador público oriundo de Chihuahua y amigo personal de Francisco Barrio.

—¿En la torre ejecutiva?

—Exacto.

—¿Quién era?

—Carlos Márquez. Trabajaba con Octavio Aguilar y se aventó del piso 44. A todos nos tienen encerrados.

—¿Estaba solo?

—Ayer hubo reunión de consejo, se discutieron varios contratos. Tenía muchas presiones. La ventana de su oficina da a la calle. Dicen que se aventó, solo se aventó.

El informe oficial de la muerte de Carlos Fernando Márquez Padilla, hombre de confianza de Octavio Aguilar Valenzuela, director corporativo de Administración de Pemex y hermano del entonces vocero presidencial, Rubén Aguilar, ocurrió tras arrojarse del piso 12 y no del 44, donde tenía su oficina. Sin embargo, al interior de la empresa se aseguraba que había caído desde su despacho y, como un escalofrío, la confusión y el miedo reinaban en la torre, producto de la incertidumbre acerca de si se había tratado de un suicidio o si Márquez Padilla —con menos de dos años de laborar en la paraestatal y esposo de María Amparo Casar, coordinadora de asesores del entonces secretario de Gobernación Santiago Creel Miranda— fue víctima de un crimen.

La agencia número 9 del Ministerio Público, adscrito a la Delegación Miguel Hidalgo, tuvo bajo su responsabilidad la investigación que dos meses después fue cerrada arguyendo que se trató de "un accidente de trabajo". Por su parte, el Centro de Información Policial de la Secretaría de Seguridad Pública concluyó que, de acuerdo con testigos, el funcionario se lanzó al vacío, sin que se conocieran los motivos.

Esa misma noche, Ramos Negrete me confirmó que la licitación había sido ganada por SMC, aunque la información todavía no era oficial.

REVUELO EN LOS PINOS

El domingo 24 de octubre de 2004, en un reportaje publicado a ocho columnas en el periódico *Excélsior,* pusimos al descubierto el tráfico de influencias de Marta Sahagún para favorecer a empresas privadas a cuyo servicio cabildeaban sus hijos en la obtención de contratos petroleros. En el caso concreto de la licitación mencionada, se detallaron las presiones de la primera dama con objeto de beneficiar a la empresa Oceanografía.

Mediante recomendaciones personales, llamadas telefónicas y presiones a funcionarios petroleros, durante las últimas semanas el director general de Petróleos Mexicanos, Raúl Muñoz Leos, y su secretario particular Eduardo Rosas, realizaron gestiones para que la Dirección General de Pemex Exploración y Producción (PEP) asignara un contrato por más de 150 millones de dólares a Oceanografía, S. A. de C. V., empresa [...] recomendada por el hermano y el hijo de Martha Sahagún: Guillermo Sahagún y Jorge Bribiesca Sahagún.

Más allá de un favor para la primera dama, explicaron funcionarios que tienen alta responsabilidad en el sector energético gubernamental, se trataba del último recurso de Muñoz Leos para permanecer en su cargo, luego del escándalo que desató por la firma —el pasado 26 de junio— de un convenio con el líder petrolero Carlos Romero Deschamps, en donde Muñoz Leos se compromete a entregar casi 8 mil millones de pesos durante los próximos dos años por concepto de prestaciones para el sindicato.

Los días que precedieron a la firma del convenio sindical fueron también el inicio de las presiones que, directamente y a través de su secretario particular Eduardo Rosas Monroy, ejerció el director general de Pemex entre los encargados de calificar las propuestas de cada una de las empresas que aspiraban a obtener el jugoso contrato de 154 millones de dólares para el alquiler de un barco grúa para trabajos de construcción en el complejo petrolero en la zona de Campeche.

El tan disputado contrato promovido por Muñoz Leos y su secretario Eduardo Rosas para la empresa Oceanografía es el número DOCSM/080/04 y corresponde al alquiler de un barco grúa para el servicio de plataformas, el mismo que Pemex Exploración y Producción (PEP) otorgó y luego rescindió a Construcciones Marítimas Mexicanas (CMM), filial del Grupo Protexa, por incumplimiento total de esta empresa al no presentar el barco, lo que provocó que fuera inhabilitada por un año para trabajar con Petróleos Mexicanos...

Esa misma mañana, el entonces director general de *Excélsior,* José Manuel Nava, nos comunicó vía telefónica que había recibido una llamada de Marta Sahagún, reclamándole la publicación arriba citada.

—Me reclamó que hubiéramos divulgado la información. Le contesté que tenemos evidencias sólidas. No tenemos duda alguna, ¿verdad? —preguntó.

—En lo absoluto, las fuentes son confiables —respondimos.

Momentos después llamó Luis Ramírez Corzo para decirnos que había enviado una carta aclaratoria a *Excélsior* por órdenes de Raúl Muñoz Leos.

—Me acusa de estar detrás de la publicación —explicó—, pero la cuidé muy bien para no afectarlos.

Le advertimos que responderíamos a la misiva en el mismo espacio.

La carta de Ramírez Corzo decía:

En relación a la nota [...] aparecida el día de hoy en la primera plana del importante diario que es *Excélsior,* firmada por Ana Lilia Pérez y Miguel Badillo, me permito precisar lo siguiente:

La Dirección General del organismo subsidiario Pemex Exploración y Producción ha manejado todo lo relativo al contrato referido por sus reporteros, con apego a la normatividad vigente y absoluta transparencia, tal como se hace con cada uno de los más de mil contratos que Pemex concursa al año en donde participan distintas empresas.

A fin de garantizar la transparencia de todo el proceso, para este tipo de contratos se forman grupos multidisciplinarios que se encargan de su verificación y seguimiento de principio a fin, independientemente de las funciones que realicen al respecto las instancias directamente responsables. Hay que destacar en este punto, que estos procesos para la asignación de contratos corresponden exclusivamente a los organismos subsidiarios de Petróleos Mexicanos.

En todo proceso, las distintas empresas participantes han hecho uso de sus derechos para promover las bondades de cada una de sus propuestas. En ese sentido, sus argumentos son analizados con toda atención por los organismos subsidiarios de Pemex siempre buscando el mejor interés de la empresa y las condiciones que garanticen el mejor interés de la empresa y las condiciones que garanticen el otorgamiento del contrato a la oferta que cumpla con lo establecido por la normatividad vigente.

La respuesta de los reporteros fue la siguiente:

La información que publicamos ayer en la primera plana de *Excélsior,* sobre las presiones para desviar contratos petroleros, fue investigada a profundidad entre funcionarios de Petróleos Mexicanos y de las secretarías de la Función Pública y de Energía, así como entre las empresas privadas involucradas; sin embargo, por estar relacionados familiares de la señora Marta Sahagún en hechos de supuesta corrupción, las fuentes pidieron omitir sus nombres por temor a represalias de Los Pinos. Antes de publicar la información, se solicitaron entrevistas con Raúl Muñoz Leos y Fernando Elizondo, así como el contralor general de Pemex para que explicaran estos hechos de corrupción en la paraestatal, pero hasta ahora no hay respuesta a pesar de haberles informado el motivo de la petición de las entrevistas.

Al hacer pública en el periódico *Excélsior* la injerencia de la familia del presidente Vicente Fox en Pemex, los titulares de la Dirección General de PEP, del OIC y de la SFP resistieron las presiones de Raúl Muñoz Leos y de su secretario Eduardo Rosas Monroy para favorecer a Oceanografía, por lo que el fallo del contrato DOCSM/080/04 se asignó a SMC.

EL CAMINO DEL INFIERNO

De cara a las "recomendaciones" para otorgarle el contrato a Oceanografía, el secretario de la Función Pública, Eduardo Romero Ramos, terminaba enredándose en la falta de claridad de sus propios argumentos:

—Estamos ante una complicada y difícil decisión, pero siempre dentro del rumbo claro que tenemos y actuando con la mejor buena fe. Yo sé que de buenas intenciones está empedrado el camino del infierno. Pero hay que meterle tiempo y legalidad a cada decisión.

—¿Hubo muchas presiones?

—Para llegar a un fallo, en primer lugar, atraemos al área

central las grandes inconformidades. El siguiente paso consiste en asignarle el asunto a un proyectista, a través de la Dirección de Inconformidades, que además designa a un abogado del diablo con objeto de debatir el proyecto de resolución. Los asuntos más complicados van primero a consulta con el jurídico y luego pasan al proyectista, quien lo turna a un segundo abogado y éste al director general de Inconformidades, que a su vez lo regresa al jurídico. Mucha gente de diferentes secciones está involucrada y nunca una sola persona tiene la resolución.

En SMC, el vocero de la empresa, Mohamed Rashid, relató que, en efecto, "hubo mucha presión" en torno al proceso de licitación que, por otro lado, representaba una de las mayores transacciones en muchos años para la compañía del Grupo Río San Juan, pues "en la mayoría de estos contratos Pemex le ha dado preferencia a las empresas extranjeras".

La publicación del reportaje fue una de las últimas decisiones de José Manuel Nava como director de *Excélsior,* poco después fue despedido. En noviembre de 2006, a unos días de que los Fox hicieran la entrega-recepción con los nuevos inquilinos de Los Pinos, José Manuel Nava fue encontrado asesinado de seis puñaladas en su departamento en el número 201 de la calle Varsovia, en la colonia Juárez del Distrito Federal.

La revelación de Ramírez Corzo era apenas el delgado hilo de la gran madeja de corrupción en Pemex, tejida por la familia presidencial con secretarios de Estado, políticos, servidores públicos y ex funcionarios petroleros en el papel de compinches o en el mejor de los casos, de mudos testigos.

Colusión y complicidad

Las labores de gestoría que hacían en Pemex miembros de las familias Bribiesca y Sahagún eran un secreto bien guardado por los funcionarios petroleros sujetos a presiones y amenazas desde Los Pinos. Es cierto que entre algunos contratistas afectados por las irregularidades cometidas en los procesos de licitación corrían rumores acerca de la injerencia de la primera dama en la asignación de contratos. Sólo que nadie quería correr el riesgo de enfrentarse a un veto durante los años que restaban del sexenio pidiendo que se investigara la veracidad de tal especie.

A partir de que PEP negó el contrato en cuestión a Oceanografía, al interior de la paraestatal cobró fuerza la versión de que Muñoz Leos sería destituido y se empezaron a barajar los nombres de sus probables sustitutos. Encabezaban la lista Juan José Suárez Coppel, hombre de confianza del secretario de Hacienda, Francisco Gil Díaz, quien lo había impuesto como titular de la Dirección Corporativa de Finanzas de la empresa, y Marcos Ramírez Silva, director general de PGPB, el funcionario con mayor antigüedad entre los directores generales, con casi tres décadas de trabajar en la empresa.

A Luis Ramírez Corzo nadie le concedía la menor oportunidad, sin embargo, como Marta Sahagún pretendía imponer al director de Refinación (Juan Bueno Torio), recibió el espaldarazo de Gil Díaz con el argumento de que para acallar los escándalos de corrupción ventilados en la prensa vinculando a los hijastros de Vicente Fox y a su esposa Marta en el delito de tráfico de influencias en Pemex, había que nombrar a Ramírez Corzo al frente de la paraestatal.

Días después, el diario *Reforma* publicó una filtración salida del corporativo, dando cuenta de que entre los meses de abril de

149

2003 y 2004, la esposa del ex director de Pemex, Hilda Ledesma Mayoral, se había sometido a cirugías estéticas con un costo de 142 000 pesos a cargo del erario, pues las operaciones fueron costeadas por Pemex. La denuncia periodística de que el director pagaba con dinero público los caprichos de su mujer, quien compartía con su "amiga" Marta Sahagún la afición por la ropa de diseñador, las joyas caras y los consultorios de renombrados cirujanos plásticos, fue utilizada desde Los Pinos para destituir a Muñoz Leos y fincar procesos administrativos y penales en su contra.

Y así como la primera dama le pagó con traición sus favores a Hilda Ledesma, también Ramírez Corzo empleó la misma moneda con Raúl Muñoz: 43 meses atrás, éste lo convirtió de contratista en director de la subsidiaria más importante. Se conocieron cuando ambos eran proveedores de la petrolera: Muñoz dirigía en México la trasnacional DuPont y el segundo representaba a Turbinas Solar —subsidiaria de Caterpillar que vende a Pemex generadores y maquinaria—. En abril de 2001, cuando Muñoz Leos lo nombró director de PEP, enfrentaba una denuncia por supuesto fraude contra PGPB, subsidiaria dirigida por Marcos Ramírez Silva y responsable de asignarle contratos por más de 48 millones de dólares a Turbinas Solar.

De acuerdo con el expediente abierto en la SFP, auditores y contralores detectaron el incumplimiento de los contratos e indicios de un millonario desvío de recursos públicos —con el consecuente daño patrimonial para la paraestatal— cometido supuestamente por Ramírez Corzo y Ramírez Silva. En forma inexplicable, en 2003 la SFP sepultó la indagatoria y determinó que no existió daño alguno, pese a la opinión de los contralores que, al sostener su denuncia, fueron despedidos.

Ya como director general de PEP Ramírez Corzo permitió la comisión de incontables irregularidades en el manejo de recursos en el complejo petrolero de Cantarell, en beneficio de funcionarios y empresas —la mayoría de ellas instaladas en Ciudad del Carmen y Tabasco— que de la noche a la mañana se convirtieron en verdaderos emporios, entre ellas el Grupo Saint Martín o Coyma de Tabasco, esta última creada por la familia de un funcionario a su cargo: Ramón Orlando Ahumada Velásquez, quien salió de PEP cuando el OIC detectó que hacía uso de documentos apócrifos para justificar sus viáticos en comisiones a Cantarell (expedientes CI-R-PEP-057/2004, CI-R-PEP-058/2004 y 68/2003). No obstante, Ahumada recibió una liquidación de Pemex por 1 705 000 pesos, y la compañía, en la que su esposa aparece como socia mayoritaria —según el acta constitutiva 13347— fue favorecida con contratos por más de 130 millones de pesos.

Otra de las empresas beneficiadas fue Modulcar, fundada por Ramírez Corzo, a su vez socio mayoritario. En un abierto conflicto de intereses, como director de PEP, Ramírez arrendó a Modulcar a través de la empresa Desarrollos Inmobiliarios Cantarell, un edificio localizado en Ciudad del Carmen —hasta la fecha ahí se localizan las oficinas de Pemex Exploración— por la onerosa cantidad de 1 700 000 pesos mensuales.

Ni los indicios de corrupción o las denuncias que se acumulaban en su contra en la SFP fueron suficientes para que Muñoz Leos lo destituyera y, a contracorriente, lo sostuvo en su puesto.

El 9 de noviembre de 2004, Vicente Fox anunció a Ramírez Corzo como director general de Pemex y, menos de 24 horas después, los legisladores de oposición en San Lázaro rechazaban la designación, habida cuenta de las reiteradas acusaciones en su contra. Sin embargo, en una muestra más del desdén con que el presidente trataba al Poder Legislativo, no hubo marcha atrás.

Ya en 2005 el diputado Jesús González Schmal, resuelto defensor del extrañamiento contra Fox, encabezó la Comisión Especial en el Congreso para investigar a Marta Sahagún y a sus hijos, los hermanos Bribiesca, por el tráfico de influencias en beneficio de empresas privadas. En agosto de 2006, a unas semanas de que concluyera la LIX Legislatura, la esposa del primer mandatario no aguantó la presión e hizo acusaciones públicas en contra del diputado:

> Es un mentiroso y un cobarde. No satisfecho con afectar la honra e imagen de mis hijos, ahora dirige sus sucias palabras hacia mi persona. Señor González Schmal: su fuero tiene un límite. Espero que confirme sus dichos cuando el fuero se le acabe, porque junto con mis hijos, seguiré defendiendo el buen nombre de mi familia.

Marta Sahagún reculaba, pero meses atrás su primogénito Manuel había reconocido que sí realizó gestiones no sólo para la empresa Oceanografía, sino para el controvertido Grupo Miguel.

LAS CONFESIONES DE MANUEL

Manuel Bribiesca despachaba en una suite del Hotel Camino Real. Allí se sentía como en casa, tal vez por la cercanía de su familia con el dueño de la cadena hotelera, Olegario Vázquez Raña, quien empleó a su hermanastra Ana Cristina Fox, la hija mayor del presidente, como su jefa de relaciones públicas y cuyos negocios, pese a que en el año 2000 tenían abultados adeudos en el Fondo Bancario de Protección al Ahorro (Fobaproa), fueron de los pocos que crecieron en la administración foxista.

En respuesta a la publicación que hicimos de sus gestiones para la compañía Oceanografía en Pemex, bajo resguardo de una veintena de miembros del Estado Mayor Presidencial, el primer encuentro con Bribiesca tuvo lugar en diciembre de 2004.

No sólo confirmó sus gestorías, sino que reveló los pormenores de las relaciones personales y de poder gracias a las cuales él, Jorge Bribiesca y Guillermo Sahagún traficaron influencias en negociaciones que, según Manuel, no fueron irregulares. Así, reconoció que su hermano y su tío gestionaron ante Muñoz Leos para que se le otorgara el citado contrato a Oceanografía.

Pero también, en un segundo encuentro realizado en el mismo escenario un mes después, en enero de 2005, aceptó haberle solicitado al entonces secretario de Seguridad Pública, Ramón Martín Huerta, ayuda para el empresario Alfredo Miguel, protagonista de diversos y millonarios fraudes contra Pemex, quien enfrentó durante casi todo ese sexenio la persecución de Francisco Gil Díaz y aún se halla prófugo de la justicia por cargos de evasión fiscal.

En la primera reunión, Manuel Bribiesca Sahagún le confesó a Miguel Badillo:

—Sí, mi hermano Jorge y mi tío Guillermo llamaron a Pemex para que le dieran un contrato a Oceanografía. Pero mediante concurso, siempre con apego a la legalidad. Esa empresa se dedicaba a trabajos petroleros y tanto mi hermano como mi tío conocen bien a los dueños. No tiene nada de malo que solicitaran se les tomara en cuenta para ese contrato.

En resumidas cuentas, justificó que este tipo de negocios los hacían porque ya no gozaban de la partida secreta: el 10% del presupuesto federal del que echaron mano los presidentes hasta Carlos

Salinas de Gortari, quien, por cierto, según versiones de Luis Téllez, uno de sus secretarios más cercanos, "se robó la mitad" de dicha prebenda.

"Necesitamos ganarnos la vida y no porque mi mamá viva con el presidente vamos a dejar de trabajar", comentó Manuel Bribiesca. ¡Y vaya que ganaban! De acuerdo con su versión, la operación del barco en cuestión le costaría a Oceanografía 60 millones de dólares, así que el resto, 100 millones de dólares, eran ganancias puras y de este monto su hermano Jorge y su tío Guillermo obtendrían el 10 por ciento.

La naviera

El viejo edificio ubicado en el número 300 de la Avenida de los Insurgentes en el Distrito Federal, es tristemente célebre porque en su interior, en 1995, fue asesinado a mansalva el magistrado Abraham Polo Uscanga. Quien lo conoce, no imaginaría que uno de sus derruidos y oscuros departamentos alberga el domicilio fiscal de la naviera Oceanografía, empresa protegida por la familia del ex presidente Fox y los más cercanos de Felipe Calderón, en cuyos sexenios Pemex le ha entregado contratos por más de 26 000 millones de pesos, según información de la paraestatal.

Para llegar al domicilio hay que ascender por estrechas y mal iluminadas escaleras hasta el piso 14. Al final de uno de los pasillos, entre consultorios, despachos, fondas de comida cubana y departamentos deshabitados u ocupados por familias clasemedieras, está el número 1406. La puerta frontal, que siempre está cerrada, avisa por medio de un letrero impreso en una hoja bond que la empresa atiende en la Calle 26 A, Avenida López Mateos, Puerto Indus-

PEMEX
EXPLORACIÓN Y PRODUCCIÓN ®

Resumen

CONTRATOS FORMALIZADOS CON LA EMPRESA OCEANOGRAFÍA, S.A. DE C.V. DEL 2000 A LA FECHA

AÑO DE FORMALIZACIÓN	NÚMERO DE CONTRATOS	MONTO EN MONEDA NACIONAL	MONTO EN DÓLARES	MONTO HOMOLOGADO A PESOS M.N.
2000	1	$ 22,276,029.20	$ 3,841,127.73	$ 64,528,434.23
2001	11	$ 291,417,784.61	$ 70,014,349.98	$ 1,061,575,634.39
2002	16	$ 1,024,527,016.80	$ 129,033,498.08	$ 2,443,995,495.68
2003	8	$ 744,180,863.17	$ 13,541,894.83	$ 893,141,706.30
2004	3	$ 206,090,617.76	$ 67,213,076.91	$ 945,434,463.77
2005	5	$ 1,065,625,105.52	$ 185,960,653.39	$ 3,111,192,292.81
2006	10	$ 353,402,091.00	$ 342,094,420.00	$ 4,116,440,711.00
2007	8	$ 3,080,544,631.01	$ 361,184,104.73	$ 7,053,569,783.04
2008	9	$ 1,708,969,349.00	$ 349,243,901.00	$ 5,550,652,260.00
SUMA:	71	$ 8,497,133,488.07	$ 1,522,127,026.65	$ 25,240,530,781.22

NOTAS

1.- En el año 2007, se está considerando un contrato adjudicado a la Compañía Geofísica Marina de Exploración, S.A. de C.v., en propuesta conjunta con Oceanografía S.A. de C.V.

2.- Se consideró para efectos de homologación $11.00 / USD como tipo de cambio

www.pep.pemex.com

2

155

trial Pesquero, Laguna Azul, en Ciudad del Carmen. En forma estratégica, Oceanografía se estableció físicamente en las inmediaciones de la Sonda de Campeche, en donde se extrae 60% de la producción nacional de crudo y la cual genera 70% de los ingresos petroleros. En la actualidad también cuenta con oficinas en Coatzacoalcos, Veracruz —en el número 1012 de la calle Salvador Díaz Mirón, colonia María de la Piedad—, y en Paraíso, Tabasco —Prolongación Santos Degollado 1127, colonia Limoncito—.

El buceo es la pasión de Amado Yáñez Correa —*el Viejo,* nombrado así por sus trabajadores y los funcionarios de Pemex para diferenciarlo de su hijo Amado Yáñez Osuna—. Gracias a esa pasión encontró un nicho de mercado en la década de 1970, los años del auge petrolero. Mientras buceaba, de manera independiente hacía las mediciones oceanográficas para Pemex en el recién descubierto Complejo Cantarell.

El 10 de diciembre de 1979, ante el notario número 89 del Distrito Federal, la familia Yáñez —Amado Yáñez Correa, sus hijos Amado y Carlos Daniel Yáñez Osuna, así como Samuel Yánez Chaparro y Alberto Duarte Martínez— creó la sociedad anónima Consultores y Contratistas en Oceanografía. El 19 de marzo de 1985, por acuerdo de la asamblea extraordinaria de accionistas, éstos abreviaron la razón social de la empresa —Oceanografía, simplemente—, la cual, según su acta constitutiva, ofrece servicios de ingeniería marítima, geofísica, geotécnica, buceo, posicionamiento, alquiler de barcos y obra pública.

A partir de 1980 Oceanografía quedó registrada como prestadora de servicios para Pemex, con el número de proveedor 1172. Entonces, además de las mediciones oceanográficas, los Yáñez incursionaron en los trabajos de ingeniería subacuática. Eran tiempos en que la contratación de empresas privadas —práctica cono-

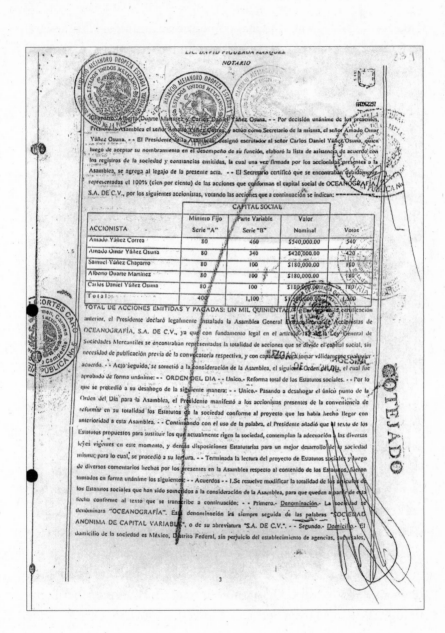

Chaparro, Alberto Duarte Martínez y Carlos Daniel Yáñez Osuna. - - Por decisión unánime de los presentes, Presidió la Asamblea el señor Amado Yáñez Correa, y actuó como Secretario de la misma, el señor Amado Omar Yáñez Osuna. - - El Presidente de la Asamblea, designó escrutador al señor Carlos Daniel Yáñez Osuna, quien luego de aceptar su nombramiento en el desempeño de su función, elaboró la lista de asistencia de acuerdo con los registros de la sociedad y constancias emitidas, la cual una vez firmada por los accionistas presentes a la Asamblea, se agrega al legajo de la presente acta. - - El Secretario certificó que se encontraban debidamente representadas el 100% (cien por ciento) de las acciones que conforman el capital social de OCEANOGRAFÍA, S.A. DE C.V., por los siguientes accionistas, votando las acciones que a continuación se indican: - - - - - - - - - - - -

ACCIONISTA	CAPITAL SOCIAL			
	Mínimo Fijo	Parte Variable	Valor	
	Serie "A"	Serie "B"	Nominal	Votos
Amado Yáñez Correa	80	460	$540,000.00	540
Amado Omar Yáñez Osuna	80	340	$420,000.00	420
Samuel Yáñez Chaparro	80	100	$180,000.00	180
Alberto Duarte Martínez	80	100	$180,000.00	180
Carlos Daniel Yáñez Osuna	80	100	$180,000.00	180
Total:	400	1,100	$1,500,000.00	1,500

TOTAL DE ACCIONES EMITIDAS Y PAGADAS: UN MIL QUINIENTAS. - - En vista de la certificación anterior, el Presidente declaró legalmente instalada la Asamblea General Extraordinaria de Accionistas de OCEANOGRAFÍA, S.A. DE C.V., ya que con fundamento legal en el artículo 188 de la Ley General de Sociedades Mercantiles se encontraban representadas la totalidad de acciones que se divide el capital social, sin necesidad de publicación previa de la convocatoria respectiva, y con capacidad para tomar válidamente cualquier acuerdo. - - Acto seguido, se sometió a la consideración de la Asamblea, el siguiente Orden del Día, el cual fue aprobado de forma unánime: - - ORDEN DEL DIA - - Unico.- Reforma total de los Estatutos sociales. - - Por lo que se procedió a su desahogo de la siguiente manera: - - Unico.- Pasando a desahogar el único punto de la Orden del Día para la Asamblea, el Presidente manifestó a los accionistas presentes de la conveniencia de reformar en su totalidad los Estatutos de la sociedad conforme al proyecto que les había hecho llegar con anterioridad a esta Asamblea. - - Continuando con el uso de la palabra, el Presidente añadió que el texto de los Estatutos propuestos para sustituir los que actualmente rigen la sociedad, contemplan la adecuación a las diversas leyes vigentes en este momento, y demás disposiciones Estatutarias para un mejor desarrollo de la sociedad misma; para lo cual, se procedió a su lectura. - - Terminada la lectura del proyecto de Estatutos sociales, y luego de diversos comentarios hechos por los presentes en la Asamblea respecto al contenido de los Estatutos, fueron tomados en forma unánime los siguientes: - - Acuerdos - - I. Se resuelve modificar la totalidad de los artículos de los Estatutos sociales que han sido sometidos a la consideración de la Asamblea, para que queden a partir de esta fecha conforme al texto que se transcribe a continuación: - - Primero.- Denominación.- La sociedad se denominará "OCEANOGRAFÍA". Esta denominación irá siempre seguida de las palabras "SOCIEDAD ANÓNIMA DE CAPITAL VARIABLE", o de su abreviatura "S.A. DE C.V.". - - Segundo.- Domicilio.- El domicilio de la sociedad es México, Distrito Federal, sin perjuicio del establecimiento de agencias, sucursales,

3

cida como *outsourcing*— apenas comenzaba. Entonces la paraestatal mantenía un control estricto de las compañías externas, al grado de que para diferenciarlos físicamente y como norma de seguridad, se les obligó a utilizar uniformes azules, de allí el mote de *Los Pitufos*. Entre los primeros *Pitufos* se encontraba el personal de Oceanografía, compuesto apenas por algunas cuadrillas de apoyo.

Un ex socio de la naviera y ahora investigador del Centro de Investigación y Docencia Económicas (CIDE) que acepta la entrevista con la condición de mantener en el anonimato su nombre, señala que desde aquellos días los Yáñez recurrían al soborno con objeto de obtener contratos.

EL COYOTAJE

A raíz de que la flota petrolera fue desmantelada en la administración de Carlos Salinas de Gortari, con Francisco Rojas al frente de Pemex, no hubo mejor negocio —ni lo hay, hasta ahora— que el de rentarle a la paraestatal embarcaciones destinadas a trabajos en plataformas, traslado de personal, apoyo logístico o transporte de crudo y sus derivados dentro y fuera del país.

Aunque no contaban con el capital económico necesario, los Yáñez buscaron la forma de entrar en el negocio, convirtiéndose en los primeros *coyotes* del sector marítimo en la Sonda de Campeche. Cada vez que recibían un contrato de Pemex, les subarrendaban embarcaciones o se asociaban con navieras extranjeras.

De esa manera nació su sociedad con las compañías estadounidenses Otto Candies, Diamond Services, Vulcan Marine Technology, Wesco Marine Services, Dowell Schlumberger y H. Vide Marine Towing, corporativos que los aceptaron como intermediarios porque la Constitución, la ley orgánica de Pemex y la de navegación y marina mercante prohíben a empresas extranjeras su participación en estos sectores.

Hasta la fecha, en contravención al mandato constitucional, Oceanografía simula que los barcos que renta a Pemex son de su propiedad. Los funcionarios de la petrolera, a su vez, fingen ignorar que en realidad pertenecen a navieras extranjeras. Un antiguo trabajador del área contable de Oceanografía explica que aunque acumularon millonarios ingresos durante los pasados 10 años, los Yáñez decidieron continuar como intermediarios porque así manejan sólo embarcaciones con contratos asegurados. Además, casi todas las embarcaciones que rentan —abastecedores, chalanes, remolcadores, lanchas rápidas o de pasaje y barcos grúa— estuvieron antes en servicio en otros países y la mayoría ya cumplió su vida útil.

En la actualidad tienen 34 embarcaciones al servicio de Pemex en la Sonda de Campeche. De ellas, son propiedad de empresas extranjeras las siguientes:

- *Caballo Percherón* (construida en 1972), *Juanita Candies* (1999), *Rita Candies* (1999), *Ashley Candies* (1999), *Caballo Pinto* (2000), *Caballo de Mar* (2001), *Caballo de Trabajo* (2002) y *Verónica* (2002), las cuales le pertenecen a la estadounidense Otto Candies.
- Candies Mexican Investments es propietaria de *Caballo Blanco* (1981), *Caballo Lipizano* (1997), *Caballo Appaloosa* (1998), *Caballo Palomino* (1999), *Fernanda* (2001), *Ana Paula* (2002), *Caballo de Troya* (2002), *Milissa Candies* (2003) y *Caballo Andaluz* (2003).
- Diamond Services, también de Estados Unidos, es propietaria de *Discovery* (1973), *Lisa Ann* (1996), *Mr. Stephen* (1997), *Paula Kay* (1997), *Kristin Gracie* (1999), *Miss Gracie* (2001) y *Mary Grace* (2004).

- De Wesco Marine Services son *Caballo Fuerte* (1985) y *Caballo Grande* (1986).
- A Vulcan Marine Technology le pertenece *Caesar* (2002).

Las embarcaciones propiedad de Oceanografía fueron adquiridas en su mayoría como chatarra en el extranjero:

- La más vieja es *Osa Campeche* (1968). Luego adquirieron *Olímpico* (1973) y *Caballo Bucéfalo* (1980).
- El barco *Kelsey,* construido en 1976, fue adquirido en 2003, dos años después de que había rebasado su vida útil. Antes se llamó *Kiichpan,* tenía bandera de Estados Unidos y operaba en Miami, Florida.
- El *DLB 801,* construido en 1978, opera con bandera de conveniencia (Panamá). Era propiedad de la empresa B+V Industrietechnik Gмвн y, cuando fue construido, se llamó *ETPM601.* Un año después se le cambió el nombre a *DBL601.* Fue adquirido por los Yáñez en 2006, cuando había superado su vida útil, por lo que según las normas marítimas no debe seguir navegando. Ellos lo bautizaron con el nombre actual.
- *Caballo Rojo,* construido en 1979, antes se llamó *Yumil Kannab.* Operaba en el puerto de Nueva Orleans hasta 2003, cuando Oceanografía lo trajo a México.
- *Caballo Azteca,* construido en 1987, opera con registro a nombre de Transportes Navieros y Terrestres (TNT), otra empresa de los Yáñez.

Recientemente adquirieron el *Don Amado,* un barco de posicionamiento dinámico apadrinado en enero de 2009 por el entonces gobernador de Campeche, Jorge Carlos Hurtado Valdez, el presidente municipal, José Ignacio Seara Sierra, y diversos funcionarios de Pemex.

Finanzas oscuras

Desde sus primeros años como contratista, la naviera se hizo de un negro historial en Pemex. A ello hay que sumar conflictos de los Yáñez con proveedores, socios y abogados defensores, mismos que casi siempre han llegado a los tribunales.

De aquellos tiempos, uno de sus empleados del área financiera explica:

—El negocio era entre los Yáñez y los supervisores de Pemex. Como les asignaban contratos abiertos, nadie los supervisaba. Ellos decían que sus barcos hacían movimientos de logística en plataformas y cobraban por cada maniobra. Cuando nadie te supervisa o el supervisor está en tu nómina el negocio es redondo.

"En ocasiones los barcos no salían. Yo pedía a los supervisores que me dieran la orden de logística a fin de saber qué movimientos se harían. Pero no me entregaban nada y Oceanografía facturaba desplazamiento de grúa o traslado de personal cuando en realidad no se había hecho nada. Los supervisores lo aprobaban y Pemex pagaba.

"No obstante los cobros millonarios, la empresa vivía endeudada. Sus operaciones eran como para que estuviera entre las más exitosas del sector marítimo. Nunca fue así porque con tal de no pagar impuestos llevaba doble contabilidad y el dinero se enviaba a bancos en el extranjero. Por eso nunca se domiciliaron fiscalmente en otra parte, ante Hacienda se quedaron con la dirección del departamento de Insurgentes; quizá tenían la idea de que entre tanta empresa que hay en el Distrito Federal sería más difícil que los auditaran."

—¿Por qué dejaron físicamente esta oficina?

—En una ocasión el administrador de Aduanas del Distrito Federal quiso auditarlos. Puesto que la contabilidad se manejaba doble, para ellos representaba un gran riesgo cualquier auditoría. Cuando no se entendieron con la gente del Sistema de Administración Tributaria (SAT), los Yáñez prefirieron no regresar a ese despacho y se instalaron en Ciudad del Carmen, donde ahora está la oficina principal de la compañía. Sin embargo, nunca se dieron de alta en el SAT en Campeche. Ningún contratista de Pemex está registrado allá, hacerlo significa tener a los auditores locales encima.

Para 1999, Oceanografía arrastraba un adeudo al fisco por 21 millones de pesos, por lo que procedían los embargos, pero los Yáñez negociaron con el personal de Hacienda y ellos les recomendaron domiciliarse también en otro estado.

—Con la delegación del SAT en Veracruz acordaron que lo idóneo sería instalarse en Coatzacoalcos —agrega el entrevistado—. Como allí están registradas empresas más grandes, entonces éstas y no Oceanografía serían las auditadas. De ese modo ellos justificaban que estaban haciendo su chamba, pero sin tocar a los Yáñez.

Ese mismo año, los Yáñez abrieron una casa de cambio en Ciudad del Carmen y, entonces, sus negocios se tornaron todavía más sospechosos.

—Nadie iba ahí. No obstante, la casa movía mucho dinero. Descubrí que les servía para sacar al extranjero el dinero que recibían de Pemex y de sus socios.

DEL VETO A LA OPULENCIA

La protección que la familia política del presidente Vicente Fox le dio a Oceanografía, según Ramírez Corzo, coincide con el repunte que tuvo la compañía, pues al final del sexenio de Ernesto Zedillo estaba prácticamente vetada por sus incumplimientos.

Su informalidad se tradujo en penalizaciones y en la rescisión de varios contratos por las afectaciones económicas que sufrió la paraestatal, y a pesar de que los Yáñez presentaron inconformidades e impugnaciones ante la Secretaría de la Contraloría —hoy Secretaría de la Función Pública—, integradas en los expedientes 1223/1997, 032/98, 058/98, 326/99, 082/00, todas fueron declaradas improcedentes.

En la víspera del cambio de régimen, numerosos empresarios del sector petrolero buscaron la protección de políticos de Acción Nacional. En realidad, no tuvieron que esforzarse demasiado en su empeño. Por ejemplo, la relación de los Yáñez con los Bribiesca se dio a través de Francisco León García, empresario oriundo de Dinamita, Durango, y avecindado en Coahuila, activo promotor de la agrupación Amigos de Fox y también contratista de Pemex.

Francisco León era uno de esos personajes con carisma, dicharachero, desenfadado y con enorme poder de convencimiento, características que aprovecharon algunos políticos de todos los partidos, quienes lo utilizaron como "acarreador" profesional en mítines y campañas. Treintañero, con poder económico y muchos amigos en la función pública, a *Pancho* León —como se le conocía en toda la Comarca Lagunera—, o el *Chino,* sobrenombre con el que le llamaban en Pemex por tener los ojos rasgados, le gustaba lucir su dinero: poseía tres Hummer, en las que viajaba en caravana entre Durango y Coahuila. Amante de las joyas de oro, del sombrero y cinturón piteados, las botas vaqueras y el pasito duranguense. La fiesta y el derroche era la afición que compartía con su socio Manuel Bribiesca, a quien convidó a su negocio de venta de bentonita.

Lo seducía la política. Alguna vez quiso ser diputado, pero su gracia era el *acarreo*. Por toda la Comarca Lagunera, el empresario marmolero *placeaba* con talante a políticos de cualquier partido. Además de su envidiable poder de convocatoria tenía el tino para hacer del proselitismo eventos bullangueros, amenizados con las bandas de moda; contrataba particularmente a La Arrolladora Banda Limón, su favorita.

Muchos en la Comarca recuerdan aquel cierre de campaña de la Coalición por el Bien de Todos (en junio de 2006), cuando *Pancho* León, candidato del PRD al Senado de la República por Durango, desgarró el templete al son de La Arrolladora que interpretaba "Árboles de la barranca", la canción que le llegaba al alma. Cuando las trompetas entonaron las primeras notas, *Pancho* León afinó la garganta:

"¡Árboles de la barranca!, ¿porque no han enverdecido? Es que no los han regado con agua del río florido... ¡Me puse a amar a una mujer con la ilusión de amar...!"

La suela de sus botas de avestruz —a juego con el cinturón— rasgaba el templete. Aplaudido por la comunidad gomezpalatina, se meneaba al ritmo de La Arrolladora, cantaba, reía. Enfundado en una camisa blanca, ajustados jeans vaqueros y sombrero piteado, *el Chino* despertaba suspiros. Era joven, sus negocios iban en boga. Tenía derecho de picaporte en Los Pinos y, si todo marchaba bien, pronto sería senador. Ocho meses después el socio de Manuel Bribiesca simplemente desapareció.

En 2008, Francisco León López, padre de León García, confió al periodista Ricardo Ravelo que los hermanos Bribiesca fueron quienes se acercaron a su hijo "para hacer negocios en Pemex".

En diversas indagatorias que la Subprocuraduría de Investigación Especializada en Delincuencia Organizada (SIEDO) hizo públicas, recogidas por periódicos nacionales y locales —tras la desaparición del empresario—, a Francisco León García se le vincula con Sergio Villarreal, *el Grande,* uno de los líderes del Cártel de Juárez, quien supuestamente le habría financiado parte de su campaña.

En la entrevista publicada por el semanario *Proceso,* León López comentó a Ravelo que tras denunciar ante la PGR la desaparición de su hijo, y luego de que no viera avances en las indagatorias, acudió al despacho de José Luis Nassar Daw para que le ayudara a buscar a su hijo. El abogado se negó.

Y aquí los pasos de *Pancho* León nos regresan a Oceanografía: José Luis Nassar Daw era uno de los abogados de la naviera en sus juicios contra Pemex. Pero volvamos a los días en que los Bribiesca trabajaban como sus gestores.

Ocurrió que a inicios del sexenio de Vicente Fox, tras el relevo en la dirección general de la compañía petrolera, el grupo de Rogelio Montemayor Seguy, director de la paraestatal en el sexenio de Ernesto Zedillo, inhabilitado por el *Pemexgate,* conservó en sus manos los hilos del poder: Antonio Juan Marcos Issa, su coordinador de asesores, se mantuvo en el cargo durante las gestiones de Raúl Muñoz y Ramírez Corzo; lo mismo que Rosendo Villarreal, también originario de Saltillo. Con su empresa Arrendadora Ocean Mexicana (AOM) Juan Marcos se asociaría luego con Oceanografía.

La naviera fue favorecida con numerosos contratos a lo largo del sexenio foxista, incluyendo varios por adjudicación directa para el monitoreo y control de obras en áreas de PEP, lo cual provocó inconformidad entre otras prestadoras de servicios, pues esperaban que por el monto involucrado en apego a la ley se licitaran esos trabajos.[1]

---

[1] La relación de estos contratos puede consultarse en el Apéndice II.

COORDINACIÓN GENERAL DE PUERTOS Y
MARINA MERCANTE
DIRECCIÓN GENERAL DE MARINA MERCANTE
DIRECCIÓN GENERAL ADJUNTA
DIRECCIÓN DE SUPERVISION
SUBDIRECCIÓN DE NAVEGACIÓN
DEPARTAMENTO DE SEGURIDAD Y TRÁFICO
MARÍTIMO
OFICINA DE NAVEGACIÓN

SECRETARIA DE COMUNICACIONES
Y
TRANSPORTES

"2008, año de la Educación Física y el Deporte"

7.2.419. 063/2008

SR. ANTONIO JUAN MARCOS ISSA
REPRESENTANTE LEGAL DE   0 J1207
OCEAN MEXICANA, S.A. DE C.V.
PASEO DE LA REFORMA NÚM. 115, PISO 11
COLONIA LOMAS DE CHAPULTEPEC
C.P. 11000, MÉXICO, D.F.

PERMISO que otorga la Secretaría de Comunicaciones y Transportes a través de la Dirección General de Marina Mercante, en lo sucesivo **"La Secretaría"**, a la empresa naviera mexicana **OCEAN MEXICANA, S.A. DE C.V.**, a quien en lo sucesivo se le denominará **"La Permisionaria"**, para operar y explotar en navegación de cabotaje en vías generales de comunicación por agua la embarcación de bandera extranjera **"BOA ROVER"**, con fundamento en los artículos 36 fracciones XVI y XIX de la Ley Orgánica de la Administración Pública Federal, 1, 3, 11, 12, 13 y 17 de la Ley Federal de Procedimiento Administrativo, 1, 2, 3, 4, 6, 7 fracción I, 8 fracción VI, 36, 38 y 40, así como Cuarto transitorio de la Ley de Navegación y Comercio Marítimos, 74, 76, 79 y demás relativos del Reglamento de la Ley de Navegación, 2 fracción XXII, 6, 10 y 28 fracciones I y XII del Reglamento Interior de la Secretaría de Comunicaciones y Transportes, conforme a los antecedentes y bajo las condiciones siguientes:

ANTECEDENTES

I.- El **SR. GABRIEL ABRAHAM MONTERO LIMÓN**, representante legal de la empresa OCEAN MEXICANA, S.A. DE C.V., como acreditó mediante poder notarial No. 51056, presentó solicitud a través de la Ventanilla Única de esta Dependencia el día **13 y cumplimentada el 22 de febrero de 2008**, para que a su representada se le otorgue permiso a fin de poder operar y explotar en navegación de cabotaje al servicio exclusivo de **OCEANOGRAFÍA, S.A. DE C.V. Y PEMEX EXPLORACIÓN Y PRODUCCIÓN**, el buque **abastecedor con posicionamiento dinámico** denominado **"BOA ROVER"**, con bandera de las islas Cayman, y que contará con <u>UN TRIPULANTE MEXICANO</u>, entre los puertos nacionales de Tampico, Tamps., Altamira, Tamps., Tuxpan, Ver., Veracruz, Ver., Coatzacoalcos, Ver., Dos Bocas, Tab., Frontera, Tab., Cd. del Carmen (Sonda de Campeche), Camp., Playa del Carmen, Q. Roo, Puerto Juárez, Q. Roo, Puerto Morelos, Q. Roo y Progreso, Yuc., señalando al efecto como su domicilio legal el ubicado en Paseo de la Reforma número 115, piso 11, Colonia Lomas del Chapultepec, México, D.F., C.P. 11000.

II.- Con motivo de tal solicitud y de acuerdo a lo establecido por los artículos 40 de la Ley de Navegación y Comercio Marítimos y 79 del Reglamento de la Ley de Navegación, se requirió a la

Recibí original 13/03/2008

Gabriel Abraham Montero Limón

166

Por las mismas fechas en que Muñoz Leos fue removido del cargo, en noviembre de 2004, fuentes de la contraloría interna en Pemex revelaron que Oceanografía estaba vetada y no podría ser beneficiada con nuevos contratos. Sin embargo, en forma escandalosa siguieron las adjudicaciones.

Amén de los convenios relativos al arrendamiento de embarcaciones y la dotación de servicios en plataformas, como transporte de personal y materiales en la Sonda de Campeche, se le contrató para la realización de planos y el diseño de maquetas electrónicas, la inspección y monitoreo de protección catódica, el reforzamiento de sistemas de protección o la rehabilitación de señalamientos. Además, para la perforación, inspección y mantenimiento de monoboyas; la inspección, mantenimiento y protección anticorrosiva en plataformas; la conservación e inspección de líneas submarinas; el mantenimiento de ductos; la procura y construcción de gasoductos; el hospedaje y alimentación en plataformas. Por si no bastara, Sergio Guaso, director ejecutivo del Proyecto de Diseño de Modelos de CSM, la benefició con algunos de esos polémicos contratos para "embarcaciones de nueva construcción".

Los operadores de los Yáñez

RK Consultores fue creado en 1997. Sus oficinas se ubican en el número 325 de la calle Campos Elíseos, en Polanco. El despacho ofrece el servicio de "asesoría de negocios con el gobierno". En particular, representa a contratistas de Pemex y quien lo encabeza, Roberto Keoseyan Arakelian, es reconocido en las oficinas corporativas de la petrolera como uno de los *brokers* más efectivos al servicio de las grandes compañías. Durante varios años entre sus clientes se encontraban los Yáñez, según la escritura pública 443 fechada en el año 1999, documento en el cual Keoseyan aparece como apoderado legal de Oceanografía.

Roberto Keoseyan Arakelian se desempeñó como jefe de la Unidad de Suministros y Fletamiento de Pemex Refinación hasta 1994 cuando, unas semanas después de la liberación de Alfredo Harp Helú, fue detenido en el Aeropuerto de la Ciudad de México con 55 000 dólares que la Procuraduría General de la República (PGR) había marcado a fin de ubicar el destino del pago del rescate del acaudalado hombre de negocios secuestrado meses atrás.

Keoseyan libró la prisión, aunque también se comprobó que como funcionario de Refinación recibió un soborno de 26 000 dólares que le fue entregado por Juan José Bortoni Garza, apoderado de la empresa Industria Naval del Pacífico. Oficialmente no regresó a Pemex, pero a través de RK Consultores mantuvo la relación con la paraestatal, ahora como intermediario entre empresarios navieros y directivos de las subsidiarias Refinación y PEP, las cuales concentran el mayor número de contratos de embarcaciones.

El de Keoseyan es sólo uno de tantos despachos a los que han recurrido los Yáñez con objeto de seguir recibiendo contratos pese a sus graves irregularidades. Entre 2001 y 2006, por ejemplo, fueron defendidos por los panistas Diego Fernández de Cevallos y Antonio Lozano Gracia, así como por José Luis Nassar Daw. Pero también contaron con los servicios de los abogados del jurídico de Pemex cuando éste era dirigido por César Nava. Invariablemente la mayoría de sus abogados terminaron demandándolos por incumplimiento de pagos.

La intervención de Nava

En los albores del sexenio foxista, Oceanografía no tenía solvencia económica, motivo por el cual, de acuerdo con la ley, ni siquiera podría participar en los procesos de licitación. Lo anterior consta en documentos enviados a funcionarios de PEP y de la OAG, en el periodo al mando de César Nava. En ellos, Amado Yáñez Osuna se declaró insolvente para cumplir los contratos vigentes. En lugar de rescindirlos, Pemex le otorgó más, por lo que los funcionarios involucrados incurrieron en violaciones a las leyes de arrendamientos y obra pública y de responsabilidades de los servidores públicos.

Abogados que trabajaron con Nava confirman que éste, en contra de los intereses de Pemex, les ordenó presentar en forma tardía los procesos de rescisión de los contratos, así como la contestación a las demandas de Oceanografía.

El intermediario de Ramírez Corzo

Funcionarios de todos niveles incurrieron en supuestas irregularidades para favorecer a dicha compañía, uno de ellos fue Carlos Rasso Zamora, subdirector de Perforación y Mantenimiento de Pozos, primo de los hermanos Saint Martín, otros contratistas con un oscuro desempeño.

La liga entre Rasso Zamora y Ramírez Corzo se remontaba a los años noventa, cuando Rasso le otorgó contratos para Solar Turbines y Modulcar, impugnados también por la contraloría.

Un funcionario compañero de Rasso detalla que desde su oficina en el octavo piso del edificio Pirámide, en Villahermosa, en marzo de 2002, Rasso perfiló para Oceanografía las bases de la licitación 18575088-005-02, para el alquiler de embarcaciones destinadas a apoyar "las diversas actividades de perforación, mantenimiento y terminación de pozos en la División Marina". El presupuesto, por más de 100 millones de pesos, saldría de Proyectos de Infraestructura Diferidos en el Registro del Gasto (Pidiregas)[2] Cantarell y de recursos propios de PEP.

El 12 de abril de 2002 se falló a favor de Oceanografía, a la cual se le arrendarían los barcos *Paula Kay* por 59 millones de pesos y *Kristin Grace* por 63 millones. Ambos, propiedad de la Diamond. La licitación, en la que participaron ocho empresas, fue hecha a la medida de Oceanografía. Incluso, un mes antes de que se conociera el fallo ya había correspondencia interna de funcionarios de PEP dirigida a los representantes de la naviera, urgiéndolos a presentar la carta compromiso para avalar sus "fuentes de financiamiento".

Los incumplimientos

La Gerencia de Perforación y Mantenimiento de Pozos guarda un grueso legajo de certificados "fuera de contrato" del *Paula Kay* y el *Kristin Grace*. Por principio de cuentas, ninguno entró en operaciones el 1° de junio, como estipulaba el acuerdo: el primero lo hizo el 27 de junio de 2002 y el segundo el 3 de junio. Además, los barcos eran sacados de servicio con frecuencia por las deficientes condiciones.

Las bitácoras firmadas por el supervisor de PEP, Jorge Peláez Ramos, y Hermilo Escobedo Obrador, representante de Oceano-

[2] Proyecto de Infraestructura Diferidos en el Registro del Gasto.

PEMEX

EXPLORACION Y PRODUCCION
GERENCIA DE INSPECCION Y MANTENIMIENTO DE LOGÍSTICA
SUBGERENCIA DE TRANSPORTE DE MATERIALES
LOGÍSTICA

CERTIFICADO DE FUERA DE CONTRATO

OFF HIRE CERTIFICATE _____ /2003

CIA. OCEANOGRAFÍA S.A. DE C.V.
ARMADOR DE L/PASAJE "PAULA KAY"
CONTRATO 411002818

EL PRESENTE DOCUMENTO SE GENERA CON LA FINALIDAD DE CERTIFICAR QUE EL BUQUE MOTOR PARA TRANSPORTE DE MATERIALES Y PASAJEROS DENOMINADO PAULA KAY DE BANDERA DE LOS ESTADOS UNIDOS MEXICANOS, CON PUERTO DE REGISTRO EN CD. DEL CARMEN, CAMPECHE Y CON NUMERO DE MATRICULA: 0401123825-9, DEL PORTE DE 340 UNIDADES DE ARQUEO BRUTO Y 102 UNIDADES DE ARQUEO NETO, DE LA EMPRESA ARMADORA OCEANOGRAFÍA S.A. DE C.V. QUEDO FUERA SERVICIO DEL CONTRATO 411002818 SIENDO LAS 11:30 HORAS TIEMPO LOCAL DEL DÍA 21 DE JULIO DE 2003.

POR:

- AIRE ACONDICIONADO FUERA DE SERVICIO
- MAQUINA PROPULSORA NO. 4 FUERA DE SERVICIO

Oceanografía, S.A.de C.V.
3 1 JUL 2003
GCIA. DE ADMON.
DE CONTRATOS

POR PEMEX EXPLORACIÓN Y PRODUCCIÓN

POR OCEANOGRAFÍA S.A. DE C.V.

ING. GERARDO ULISES MARTINEZ CRUZ
SUPERVISOR DEL CONTRATO

ING. HERMILO ESCOBEDO OBRADOR
REPRESENTANTE LEGAL

171

grafía, certifican que los barcos tenían graves problemas de seguridad y que en plena sonda se averiaban.

El *Paula Kay* sufrió varios accidentes. En uno de ellos, en 2003, dañó los arrecifes de Tuxpan, Veracruz, aunque fue hasta abril de 2005 que la Procuraduría Federal de Protección al Ambiente (Profepa) le impuso una multa por estos hechos.

Por otro lado, la naviera presentó documentos apócrifos que amparaban supuestos pagos portuarios de los barcos e incluso falsificó firmas de funcionarios de la SCT adscritos a los puertos.

Las bitácoras en que se detallan las fallas de las embarcaciones fueron enviadas por los supervisores de PEP a sus directivos a fin de que se rescindieran los contratos. Sin embargo, Ramírez Corzo y Rasso Zamora no les prestaron atención durante 16 meses, hasta que las deficiencias de las naves llegaron a tal punto que no pudieron seguir protegiendo a la empresa: PEP rescindió el contrato 411002818 —del *Paula Kay*— el 28 de noviembre de 2003 y el 411002819 —del *Kristin Grace*— el 30 de diciembre de 2003. La medida derivó en un juicio mercantil que Oceanografía presentó en contra de la paraestatal, la cual debió pagar costosos peritajes.

En primera instancia, el 9 de diciembre de 2003, Yáñez Osuna remitió un oficio al subdirector de la Unidad de Perforación de Mantenimiento de Pozos de PEP, Pedro Javier Caudillo Márquez, en el cual se inconformó con la rescisión del contrato del *Kristin Grace*. Argumentaba que las condiciones del barco fueron provocadas por el atraso en los pagos de parte de la paraestatal.

El *Kristin Grace* estuvo frecuentemente fuera de servicio entre el 1° de junio de 2002 y el 12 de octubre de 2003, por lo que acumuló un atraso cuantificado en siete millones de pesos. Encima, el 30 de enero de 2004 Amado Yáñez Osuna demandó a la subsidiaria y a Afianzadora Insurgentes para evitar que se hiciera efectiva la fianza, que ascendía a 10% del monto del contrato. La querella quedó radicada en el Juzgado Octavo de Distrito en Materia Administrativa en el Distrito Federal (expediente 1/2004), aunque la juez la rechazó por estar mal planteada y pasó al Juzgado Primero.

En la demanda que Yáñez Osuna presentó por la rescisión de los contratos 411002818 y 411002819, Carlos Demetrio Olivas Cruz, del despacho RK Consultores, arguyó que Oceanografía tenía "graves problemas de flujo de efectivo y carencias de liquidez", para justificar los atrasos de la empresa en los servicios.

Por lo demás, el argumento más fuerte de Olivas Cruz contra los abogados de Pemex fue que éstos iniciaron el procedimiento de rescisión del contrato cuando ya se había agotado el tiempo legal. Ex colaboradores de César Nava en la OAG confirman que la defensa contra Oceanografía fue trazada de modo que la petrolera perdiera el caso a largo plazo y, mientras tanto, la naviera pudiera obtener más contratos.

Y es que lo que más preocupaba a los Yáñez no eran los 100 millones de pesos de los convenios en cuestión sino que, al acumularse dos rescisiones, la SFP estaba obligada a inhabilitarlos. De hecho, Silvia Cerón Fernández, la juez Primero de Distrito en Materia Administrativa, estableció que en cumplimiento a la ley de adquisiciones, Pemex estaba obligada a "no celebrar más contratos con Oceanografía" por un plazo mínimo de dos años desde el momento en que PEP inició la rescisión del segundo acuerdo, el 30 de diciembre de 2003.

Por otro lado, el proceso evidenció la irregular conducta de Luis Ramírez Corzo y Carlos Morales Gil, su subdirector en PEP, pues la ley les prohibía aceptar la participación de la empresa dados los antecedentes de insolvencia económica manifestados por Yáñez Osuna y su apoderado legal.

En diciembre de 2004, PEP le rescindió el contrato número 418233885, relativo al alquiler del barco *Seba'an* por un monto de 6.5 millones de dólares, gracias a la presión de los contralores, quienes documentaron en él un cúmulo de irregularidades.

Sin embargo, al tiempo que los contralores perfilaban la inhabilitación, Ramírez Corzo la benefició con incrementos a los montos pactados mediante convenios modificatorios:

• El 4 de febrero de 2004 autorizó un incremento de 140 000 dólares al contrato 412601801.
• El 24 de marzo, un aumento de 127 000 dólares al número 412601801.
• El 17 de junio, un millón de dólares más al 418812800.
• El 18 de junio adicionó ocho millones de pesos al 412003808.
• El 26 de julio, 2 300 000 pesos adicionales al 412002869.

El blindaje

En diciembre de 2003, abogados de la OAG habían elaborado una evaluación de las violaciones jurídicas a los contratos por parte de Oceanografía en la que cuantificaban las pérdidas económicas ocasionadas por dicha empresa en la Sonda de Campeche. Sin embargo, no pudieron concluir su trabajo porque Nava consiguió que Pemex clasificara como "confidenciales" las pruebas documentales y oficios internos entre abogados y funcionarios de la paraestatal, ordenando su reserva por 10 años.

Por su parte, García Reza ordenó a sus abogados el "cierre administrativo" de la documentación relacionada con la rescisión de los contratos de la naviera. El 13 de diciembre de 2004 PEP remitió al abogado Iván Enrique Hernández el expediente reservado, "así como los documentos donde se consignó el inicio del procedimiento de rescisión y el escrito de pruebas y alegatos presentados por la actora", además de las copias certificadas de los fallos de las licitaciones asignadas a Oceanografía.

"No omito manifestarle que el área operativa se quedará sin documentación soporte", refirió al hacerlo José Daniel Ballote López, entonces jefe de la Unidad de Control de Gestión de Servicios Marinos de PEP. Meses después, a siete de los abogados que participaron en la defensa contra Oceanografía se les pidió su "retiro voluntario".

A su vez, los abogados de la naviera demandaron a PEP por la rescisión de los contratos de sus embarcaciones *Paula Kay, Kristin Grace* y *Seba'an*.

En mayo de 2005, en un documento (oficio OAG/GJC/JPLS/439 /2005), signado por Guillermo Pérez de León Saldaña, gerente jurídico de lo Contencioso de la OAG, se le informó a Jaime López Zermeño, apoderado de Oceanografía, que la paraestatal estaba imposibilitada para recibir propuestas de licitaciones de la naviera, pues los contratos 411002819 y 418233885 habían sido rescindidos. Pero antes de que concluyera ese año PEP dejó sin efecto la rescisión del contrato 411002819.

LAS CHICANADAS DE LOZANO GRACIA

Los abogados de Pemex definen como "una chicanada" el trabajo del bufete del ex procurador Antonio Lozano Gracia (que comparte con el ex senador Diego Fernández de Cevallos) al interponer amparos para evitar la inhabilitación de Oceanografía. Los mayores ingresos de la naviera durante el sexenio foxista corresponden al periodo en el cual, de haberse aplicado la ley, la empresa debió estar inhabilitada.

Los abogados y ex abogados de la paraestatal que tuvieron participación en el litigio de Oceanografía confirman que recibieron la "instrucción" de Nava de iniciar fuera de tiempo la rescisión de los contratos para facilitarles su parte a los abogados de Lozano Gracia. Además, subrayan la responsabilidad de Luis Ramírez Corzo al otorgarle a la empresa contratos en ese periodo:

—Por las rescisiones acumuladas, PEP debió abstenerse de recibir propuestas de Oceanografía. Al otorgarle contratos, Ramírez violó el ordenamiento durante sus procesos de contratación entre diciembre de 2003 y diciembre de 2005.

Los ex colaboradores de Nava aseguran que desde el punto de vista jurídico los contratos que se le otorgaron entre diciembre de 2003 y diciembre de 2005 debieron declararse nulos, pues fueron formalizados contraviniendo la ley y le correspondía a García Reza, en su calidad de abogado de Pemex, promover su nulidad ante los tribunales federales.

En 2005, en respuesta a diversas solicitudes que envié a Pemex vía el Instituto Federal de Acceso a la Información Pública (IFAI), se me notificó que Luis Ramírez Corzo ratificó la clasificación de los archivos relacionados con Oceanografía por un periodo de 10 años. En otras palabras, por segunda ocasión blindó los expedientes para ocultar su propia implicación.

Tras la publicación del artículo "Hijos de Marta operan como gestores" en la edición de agosto de 2005 de *Contralínea,* la comisión del Congreso que investigaba a los hermanos Bribiesca[3] atrajo el caso de Oceanografía como una línea más de indagación en el probable tráfico de influencias de la familia política del presidente.

A invitación expresa de la comisión y ante sus integrantes, diputados federales de todos los partidos, el 23 de agosto de 2005 relaté las indagatorias periodísticas respecto a la bonanza de la naviera por sus vínculos con los hijos y el hermano de Marta Sahagún. Los legisladores citaron a comparecer a Luis Ramírez Corzo, para entonces convertido ya en director general de Pemex, y acordaron que la ASF auditara los contratos de la naviera.

En diciembre de ese año Ramírez Corzo acudió al Congreso acompañado de todos sus directores corporativos, los de las subsidiarias y 15 asesores. Ahí juró que nunca tuvo relación alguna con los hermanos Bribiesca ni con Oceanografía. Detrás de su deslinde oficial estaban 18 contratos que en los últimos 13 meses adjudicó a los Yáñez. En términos monetarios sumaban mucho más de lo que recibieron con Muñoz Leos, pero sobre todo eran de carácter transexenal, lo que les garantizó su permanencia como contratistas en el siguiente gobierno.

Contratos transexenales

Los contratos que durante 2005 obtuvo Oceanografía ascendieron a más de 3 600 millones de pesos, vigentes hasta el 2010. La

[3] Su nombre completo y misión era: Comisión de investigación encargada de revisar la legalidad de los contratos de obra pública, concesiones, contratos de suministro de bienes de consumo o de compraventa de bienes inmuebles de titularidad pública, otorgados por organismos descentralizados o empresas de participación estatal mayoritaria a la empresa Construcciones Prácticas, S.A. de C.V. y cualesquiera otras que tuvieran relación con la misma.

mitad de ellos se le entregaron sin licitación pública de por medio y, para colmo, durante los meses en que el Legislativo indagaba el tráfico de influencias de los hermanos Bribiesca. Ello pese a que Ramírez Corzo, quien meses atrás se quejaba con amargura del tráfico de influencias de la familia del presidente a favor de la naviera, ya era el director general de la paraestatal.

El abogado García Reza justificó ante la Cámara de Diputados: "no pudimos impedir entregarle" siete contratos por un total de 651 388 000 pesos, con vigencia del 22 de abril de 2005 al 21 de abril de 2010, correspondientes a "servicios" en la Región Marina Suroeste (RMSO).[4] Pero no fueron los únicos. Hubo cuatro más:

- El contrato número 418235840 para "inspección, mantenimiento y protección anticorrosivo, con apoyo de barcos taller e instalaciones de exportación de petróleo en las terminales marítimas de Dos Bocas, Tabasco, Cayo Arcas Campeche y/o Golfo de México", por 377.5 millones de pesos y un plazo de ejecución del 1° de julio de 2005 al 31 de diciembre de 2007.
- El número 4124258280, por un periodo de ocho meses, correspondiente a servicios de "construcción de gasoducto y plataforma de enlace litoral al complejo Pol-A". Este contrato le significó a la naviera la mayor ganancia registrada en 2005, 1 412 millones de pesos, y su ejecución derivó en un grave fraude de la naviera contra PEP y Bancomext.[5]

---

[4] Se trata de los contratos 4182338602 y 4182338612, por 129 203 812 pesos cada uno, y los número 4182338662, 4182338672, 4182338682, 4182338692 y 4182338702, cada uno por 76 596 135 pesos. Todos fueron autorizados por Jorge Andrés Pérez Fernández, administrador de Activos de Producción en la citada región.

[5] Véase el apartado "El fraude a Bancomext".

- El 418815856, por 23 millones de pesos y vigente del 5 de mayo al 2 de abril de 2006, para "reacondicionamiento de cruces y rehabilitación del sistema de protección catódica de líneas submarinas de la RMSO".
- El 418235843, por 965 millones de pesos y con vigencia del 9 de septiembre de 2005 al 28 de mayo de 2008, otorgado por adjudicación directa para "rehabilitación y mantenimiento de plataformas marinas con apoyo de una embarcación con posicionamiento dinámico".

CONFABULADOS

Después de escuchar los argumentos de los funcionarios de Pemex, las reacciones entre los legisladores que investigaban a los Bribiesca fueron similares. Marta Lucía Mícher Camarena, del PRD, responsabilizó a Ramírez Corzo, García Reza y Morales Gil de "confabularse con los hijos de Marta Sahagún y los dueños de Oceanografía" en contra del patrimonio de la paraestatal.

Jesús González Schmal, abogado de profesión, encontró premeditación en la forma en que los abogados de Pemex perdieron el juicio de amparo promovido por Oceanografía para combatir la rescisión de contratos y la consecuente inhabilitación por parte de la SFP. Y agregó:

—Es bien sabido cómo se arreglan las cosas para que se pierdan los amparos.

Por su parte, Rosa María Avilés señaló:

—Los funcionarios de Pemex se convirtieron en juez y parte al justificar a la naviera.

Al cobijo de Los Pinos, Oceanografía obtenía jugosas ganancias por la renta diaria de equipo a Pemex en las plataformas marinas.

En la Región Suroeste, por cada día de alquiler de la lancha *Juanita* la empresa cobró 125 581 pesos entre el 8 de mayo de 2003 y el 31 de diciembre de 2006. El costo total del contrato (número 411003805) ascendió a 206 842 371 pesos. Por el alquiler de la lancha *Ashley Candie* recibió 126 000 pesos diarios (contrato 411003806) durante tres años.

En la Región Noreste, en tanto, PEP pagó a Oceanografía entre el 8 de mayo y el 31 de diciembre de 2006, una renta diaria de 122 580 pesos por el alquiler de la embarcación *Milissa Candies*. El monto de este contrato (411003807) se fijó en 202 805 580 pesos.

Los legisladores pretendían fincar responsabilidad a los funcionarios de Pemex que continuaban favoreciendo a Oceanografía, pero la bancada de Acción Nacional frenó las indagatorias.

Mientras tanto, entre junio y agosto de 2006 PEP le otorgó otros cinco contratos millonarios, vigentes hasta el primer año de gobierno de Felipe Calderón:

- El número 4208468050, para la construcción de cuatro ductos. Alcanzó un monto de 82 millones de pesos y estaba en vigor entre el 22 de mayo de 2006 y el 7 de mayo de 2007.
- El 4208468052, para otros cuatro ductos durante el mismo periodo, pero por 61 millones de dólares.
- El 4208368090, para la construcción de cinco ductos del 23 de junio de 2006 al 29 de marzo de 2007 con un costo de 162 millones de pesos.
- Los contratos 4208368110 y 4208368112, para la construcción de tres ductos marinos, el primero por 112 millones de pesos y el segundo por 112 millones de dólares. El plazo de ejecución iba de septiembre de 2006 a abril de 2007.

Por lo demás, el arribo de Jesús Reyes Heroles a la dirección de Pemex no significó para Oceanografía cambio alguno. Recién llegado les entregó por la vía *fast-track* 10 contratos[6] para el servicio de transporte de fluidos, fletamento de lancha rápida para transporte y "construcción de obras complementarias". Todos vigentes de enero de 2007 a 2010, por 176 millones de dólares.

LA SOSPECHOSA HISTORIA DEL *SEBA'AN*

Entre los primeros contratos asignados por Reyes Heroles se encuentra el del alquiler del barco *Seba'an,* en cuyo incendio —en noviembre de 2007— murió un trabajador y el cual, al ser remolcado por la lancha *Fernanda,* también de Oceanografía, se hundió en forma sospechosa.

La historia de esta embarcación representa otro de los oscuros negocios de la naviera. El *Seba'an* fue por primera vez arrendado a Pemex el 1° de enero de 2002 para el transporte de personal a la Sonda de Campeche (adjudicación 54FNN01701). Sus deficientes condiciones no correspondían al costoso arrendamiento: 160 000 pesos diarios.

En un oficio fechado el 6 de diciembre de 2004, dirigido al representante legal de la naviera, Jaime López Zermeño, el subdirector de PEP, Héctor Leyva Torres, le recriminó los problemas que enfrentaba Cantarell como consecuencia de las pésimas condiciones del *Seba'an.* Según Leyva, la nave presentó problemas desde el cuarto día de arrendamiento, luego los Yáñez la saca-

---

[6] Números 4282169022, 4282169042, 4282169072, 4282169312, 4282169352, 4282169372, 4282178532, 4282378030, 4282378032.

ron de la Sonda y la llevaron a Nueva Orleans sin notificar a la paraestatal.

Aunque se rescindió el contrato, posteriormente García Reza levantó la suspensión. Más tarde, el 3 de febrero de 2005, Oceanografía demandó a Pemex "por daños y perjuicios" con el argumento de que le surtió diésel contaminado. En julio de 2007 un juez sentenció a Pemex a indemnizar a la compañía con 31 millones de pesos.

Lo cierto es que durante 15 meses el *Seba'an* permaneció varado en el muelle Laguna Azul, junto a las oficinas de Oceanografía, porque el motor no servía y cada vez que lo trataban de echar a andar se descubrían nuevas anomalías que incluso provocaron un conato de incendio. Según registros de la Federación Internacional de los Trabajadores del Transporte (ITF), tenía una antigüedad de 35 años. Es decir, había superado por mucho las normas de seguridad y el reglamento de navegación, que autoriza una antigüedad máxima de 22 años.

Enrique Pacheco Georges, secretario general de la Asociación Sindical de Oficiales de Máquinas de la Marina Mercante Nacional (ASOMMMN), explica que los operarios de la naviera le hicieron llegar reportes de que el *Seba'an* no estaba en condiciones de navegar, pero los Yáñez se empeñaban en meterlo a Cantarell y, a pesar de su estado, la administración de Reyes Heroles les renovó el contrato.

El 11 de octubre de 2007 hizo su primer viaje. Empleados de Oceanografía narran que hacia el mediodía registró un conato de fuego, lo que no impidió que se le diera despacho de salida del puerto a las plataformas con objeto de transportar a los trabajadores en el cambio de turno. La información oficial es que, además de ocho tripulantes de Oceanografía, había abordo 168 empleados de las empresas Cotemar y Marítima Mexicana.

A las 19:14 se registró un incendio en el cuarto de máquinas. Sobrevivientes del accidente relataron al Frente Unido de Marinos Mercantes (FUMMAC) que la embarcación no contaba con extintores y sólo había mangueras inservibles. Como el fuego no podía ser controlado y sólo aparecieron 40 chalecos salvavidas, la mayoría de los tripulantes y pasajeros entraron en pánico y se arrojaron al mar sin protección, en medio de la noche.

Trabajadores de la torre de control de la sonda, por su parte, relatan que al momento del incendio, en lugar de notificar el accidente, los directivos de Oceanografía enviaron su remolcador *Fernanda*.

—El *Seba'an* estaba en llamas y el *Fernanda* lo arrastraba. De repente se quedó detenido en el mar, antes de llegar a puerto, y el *Seba'an* se hundió —recuerda uno de los empleados. Otro de ellos agrega que desde la torre se le indicó a Oceanografía que no siguiera arrastrando la embarcación.

—Para todos era evidente que la estaban arrastrando mal, no querían que llegara.

De entre los pasajeros que se arrojaron al mar esa noche hubo uno que murió: Gualberto Márquez Jiménez, un joven soldador originario de Paraíso, Tabasco, empleado de Cotemar.

La negligencia en este caso involucra también a la SCT, que a través del Fideicomiso de Formación y Capacitación para el Personal de la Marina Mercante Nacional (Fidena) es responsable de verificar las condiciones de cada embarcación que se renta a Pemex. Aunado a que la Capitanía de Puerto autorizó la salida de la lancha sin revisar su estado. Todo se basó en un *despacho abierto* expedido a favor de Oceanografía, me confió el capitán de puerto, Víctor García Enríquez, funcionario que a raíz del accidente fue puesto bajo investigación penal por homicidio culposo.

Las organizaciones de marinos aseguran que el hundimiento del *Seba'an* "fue provocado para evitar los peritajes correspondientes". Explica Enrique Pacheco:

—Sin un peritaje no procedería ningún dictamen en contra de Oceanografía y conservaría su contrato con Pemex, pues no existirían pruebas para inculparla por falta de mantenimiento a la nave o transgresión de las normas de seguridad industrial.

Bajo fiscalización

La ASF auditó algunos contratos de Oceanografía. Apenas revisó una pequeña muestra[7] y comprobó diversas irregularidades. Por ejemplo, en clara violación a las leyes de obra pública y de responsabilidades de los servidores públicos, que la mayoría se otorgaron por adjudicación directa no obstante que la empresa carecía de capacidad técnica y económica.

En el contrato adjudicado el 25 de enero de 2005 para la inspección y mantenimiento en anticorrosivo en la terminal marítima Dos Bocas, Tabasco (418235840), por 1 269 000 dólares y 13 millones de pesos, la ASF detectó que PEP pagó a la empresa el finiquito antes de que concluyera los trabajos.

Lo mismo ocurrió con la adjudicación hecha el 16 de agosto de 2005 para "realizar el estabilizado y rehabilitación del sistema de protección catódica de líneas submarinas" de la Región Suroeste (418815856). La contratación, que ascendió a 70 millones de pesos y 16 millones de dólares, se hizo en el periodo durante

---

[7] Contratos 412003810, 412602804, 418815856, 418235812, 418235840, 418235843, 411003807, 411003805 y 411003806.

el cual el Congreso indagaba el tráfico de influencias de los Bribiesca a favor de Oceanografía.

En otros dos casos (418235812 y 418235843), la adjudicación fue ilegal puesto que la naviera no presentó a tiempo sus estimaciones de costos. Además, el segundo contrato por 676 millones de pesos y 26 millones de dólares, se adjudicó de forma directa pese a que debía ser licitado, contraviniendo la ley de obra pública.

En otro caso (418815856), la ASF comprobó que la naviera incumplió por 16 días el plazo de ejecución y sin embargo PEP no aplicó sanción alguna por pérdidas estimadas en 50 000 pesos y 23 000 dólares.

LA INTERVENCIÓN DE LA SFP

A mediados de 2007, auditores de la SFP y de la ASF revisaron otros contratos adjudicados entre 2001 y 2006, lo que puso bajo escrutinio a funcionarios y ex directivos de la paraestatal. Los órganos de fiscalización detectaron elementos suficientes que ameritaban la inhabilitación de varios de los involucrados.

Los funcionarios a quienes la SFP investigó por el caso Oceanografía fueron: los ex directores generales Raúl Muñoz Leos y Luis Ramírez Corzo; el director general de PEP, Carlos Morales Gil; el subdirector de la Región Marina Noreste, Javier Hinojosa Puebla; el ex administrador de Activos de la Región Marina Suroeste, Jorge Andrés Pérez Fernández; el ex subdirector de Coordinación de Servicios Marítimos, Héctor Leyva Torres; el gerente de Mantenimiento Integral, José Guadalupe de la Garza Saldívar; el ex abogado general de Pemex, César Nava Vázquez, y su sucesor, Néstor García Reza. A ninguno de ellos se le imputó responsabilidad alguna.

El *Caballo de Trabajo*

Por lo que toca al órgano de fiscalización entonces al mando de González de Aragón, en julio de 2007 fiscalizó el contrato (418235843) correspondiente al alquiler del barco *Caballo de Trabajo,* el mismo que Pemex le otorgó por intervención de Mouriño, Nava y el propio Calderón.

Los resultados se integraron en la Revisión de la Cuenta Pública 2006, que la ASF dio a conocer en febrero de 2008. Entre otras cosas, los auditores comprobaron que los funcionarios de la paraestatal incurrieron en violaciones a la LAASSP, a la LOPSRM, a la Ley de Presupuesto, y hasta a tratados internacionales firmados por el Estado mexicano para favorecer a la naviera. Es más, que en el curso de la licitación modificaron las bases para que encuadraran con las características del barco de Oceanografía, lo cual es contrario a la ley.

La ASF pidió la intervención de la contraloría. El dictamen señala que en el ámbito de sus atribuciones, el OIC "realice las investigaciones pertinentes y, en su caso, inicie el procedimiento administrativo para el fincamiento de las posibles responsabilidades administrativas sancionatorias que se deriven de los actos y omisiones de los servidores públicos que en su gestión modificaron las bases de licitación pública referentes a las características técnicas de velocidad de la embarcación y fecha de inicio de los trabajos de la empresa Oceanografía".

Durante los años que estuvo alquilado a Pemex, bajo el contrato 418235843, el *Caballo de Trabajo* tuvo incumplimiento en los servicios, deficiencia de obra y falla en la grúa. La falta de una nave que lo sustituyera provocó pérdidas incuantificables en la producción de crudo.

Adjudicación viciada

Los antecedentes de este caso se inician en 2003, año en que la Subdirección de la Coordinación de Servicios Marinos (SCSM) de PEP convocó a la licitación pública internacional 18575035-025-03 para "rehabilitación y mantenimiento de plataformas marinas con apoyo de una embarcación con posicionamiento dinámico". El 6 de febrero de 2004 se declaró desierta y luego de ser renumerada (18575108-030-04) y publicada el 8 de julio de 2004, participaron 12 empresas, entre ellas Oceanografía.[8]

La SFP confirmó que la licitación estuvo viciada porque PEP cuantificó de forma errónea las propuestas económicas, en contravención a la LOPSRM. Aunado a lo anterior, el subdirector Leyva y el gerente de Mantenimiento, José de la Garza, le permitieron a Oceanografía participar en el proceso no obstante que estaba en proceso de ser inhabilitada. El 15 de octubre de 2004, en Ciudad del Carmen, la licitación volvió a declararse desierta, y al siguiente día inició el proceso de adjudicación directa DOCSM-095-04.

En el oficio GMI-SIMICA-938-2004 del 16 de octubre, la Gerencia de Mantenimiento justificó la adjudicación por la urgencia de hallar una empresa "que cuente con capacidad de respuesta inmediata, así como los recursos técnicos y financieros" para llevar a cabo la obra. Aunque inexplicablemente prorrogaron en tres ocasiones la adjudicación: programada para el 29 de noviembre de 2004, se postergó al 17 de diciembre, al 6 de enero de 2005

---

[8] Las otras compañías fueron Cotemar, Condux, Naviera Armamex, Instalaciones Electromecánicas Civiles y Eléctricas, Berry Contracting Construcciones y Trituraciones, Constructura y Arrendadora México, Servicios Marítimos de Campeche, Constructora Subacuática Diavaz, Construcciones Integrales del Carmen y Consultoría y Servicios Petroleros.

y, por último hasta abril, una vez que Oceanografía obtuvo los amparos que la libraron de la inhabilitación.

Así se le rentó el *Caballo de Trabajo,* el barco más grande que arrenda a Pemex. Fue construido en 2002 en los astilleros de Róterdam, Holanda. La nave costó a su propietaria, la naviera Otto Candies, 25 millones de dólares. De modo que el primer contrato de Pemex bastó para cubrir casi cuatro veces su precio. La paraestatal pudo comprar cuatro barcos iguales al *Caballo de Trabajo.*

EL FRAUDE A BANCOMEXT

Ubicado en el corazón de la Sonda de Campeche, el Complejo Marino de Producción Pol-A es uno de los más importantes del país por sus altos niveles en la extracción de crudo y gas, pero también fue escenario de uno de los mayores fraudes de Oceanografía encubierto por funcionarios de Pemex.

Comenzaba el año 2005 cuando, luego del relevo en la dirección general de la compañía, Carlos Morales Gil fue ratificado por el Consejo de Administración al frente de Exploración y Producción. A la par, la Subdirección de Ingeniería y Desarrollo de Obras Estratégicas (SIDOE) de la subsidiaria, que concentra toda la obra de Cantarell, preparaba un contrato por 1 500 millones de pesos para construir un gasoducto de la plataforma de enlace litoral al Complejo Pol-A.

Se trataba de uno de los proyectos más ambiciosos de PEP, tanto por la importancia de la obra como por lo cuantioso de los recursos. Sólo que la empresa consentida del sexenio y sus gestores estaban bajo investigación del Congreso, así que para obtener el contrato Oceanografía se asoció con las empresas Corporación de Servicios Marítimos y Terrestres (Cosemarte) y Allseas Marine Contractors.

De acuerdo con las actas de la licitación (18575106-046-04), la que participó en el concurso fue Cosemarte, representada por Pablo Carvajal León. Sin embargo, registró como su domicilio el de Oceanografía.

El 12 de abril, la SIDOE falló a favor de Cosemarte. En mayo, la SIDOE firmaba con Oceanografía el contrato 4124258280, del que se derivó el convenio PEP-O-IE-504/05. La adjudicación fue operada por su titular Federico Martínez Salas, otro funcionario bajo escrutinio de la SFP.

Mención aparte merece el caso de Martínez Salas, quien llegó a PEP proveniente de la empresa ICA. Como subdirector de PEP, Martínez le entregó a su hijo Federico Alberto Martínez Armenta, accionista mayoritario de la compañía Tradeco, contratos por más de 1 000 millones de pesos en un abierto conflicto de intereses. Además, hubo graves incumplimientos y cobros de obra que Martínez Armenta nunca realizó. En enero de 2007 Martínez Salas salió de la paraestatal para participar en el diseño del Programa Nacional de Infraestructura (PNI) del gobierno de Felipe Calderón, proyecto sexenal del cual Tradeco ha obtenido contratos.

Respecto al contrato que Martínez Salas le entregó a Oceanografía, una vez formalizado se le permitió ceder sus derechos de pago a favor del Bancomext, ya que dicho banco le autorizó un crédito por factoraje. En otras palabras, cada factura que la paraestatal le expidiera por los trabajos realizados, la naviera endosaría a Bancomext.

Dirigido por Héctor Reyes Retana, en el periodo comprendido entre el 1° de enero de 2004 y el 31 de agosto de 2005,

N·O·T·A·R·I·A
221

Lic. Francisco Talavera Autrique
NOTARIO

10:29:28
Subnúmero: 0
Año: 2005
Asociado:
COMERCIO A
Documentos:
Pago: 55899

----------ESCRITURA ONCE MIL CIENTO SETENTA----------

----------LIBRO TRESCIENTOS SETENTA----------

---------- México, Distrito Federal, trece de julio de dos mil cinco----------

---------- LICENCIADO FRANCISCO TALAVERA AUTRIQUE, Notario Doscientos Veintiuno del Distrito Federal, hago constar la PROTOCOLIZACIÓN DEL ACTA DE ASAMBLEA GENERAL ORDINARIA DE ACCIONISTAS DE "TRADECO INFRAESTRUCTURA", SOCIEDAD ANÓNIMA DE CAPITAL VARIABLE, a la que comparece su Delegado Especial el señor SERGIO TOSCANO DEL OLMO, de acuerdo con el siguiente:----------

----------ANTECEDENTE----------

---------- ÚNICO.- El compareciente de acuerdo con lo que establece el artículo ciento noventa y cuatro de la Ley General de Sociedades Mercantiles, me exhibe en cuatro fojas escritas solo por el anverso debidamente firmadas, el acta de asamblea general ordinaria de accionistas de "TRADECO INFRAESTRUCTURA", SOCIEDAD ANÓNIMA DE CAPITAL VARIABLE, la cual agrego al apéndice de esta escritura con la letra "A" y copio en lo conducente como sigue:----------

----------"TRADECO INFRAESTRUCTURA, S.A. DE C.V."----------

----------ASAMBLEA GENERAL ORDINARIA DE ACCIONISTAS.----------

----------28 DE JUNIO DE 2005----------

----------En la Ciudad de México, Distrito Federal, siendo las nueve horas del día veintiocho de junio de dos mil cinco se reunieron en el domicilio social de TRADECO INFRAESTRUCTURA, S.A. DE C.V., los accionistas cuyos nombres, representaciones y participaciones en el capital social aparecen en la lista de asistencia que posteriormente se transcribe.----------

----------Presidió la Asamblea el señor Federico Alberto Martínez Urmeneta, en su carácter de Presidente del Consejo de Administración, actuando como Secretario el señor Sergio Toscano del Olmo. Acto seguido el Presidente designó como Escrutador de la Asamblea al señor Luis Arturo Navarro Hernández, quién aceptó el nombramiento y en el desempeño de su cargo, formuló la lista de asistencia, que se agrega al expediente que con motivo de la presente Asamblea se ha formado, en la que se demuestra que se encontraban presentes al momento de la votación todos los accionistas de la sociedad que a continuación se expresan:----------

----------LISTA DE ASISTENCIA----------

ACCIONISTA	ACCIONES SERIE "A"	ACCIONES SERIE "B"	VALOR TOTAL
Grupo Tradeco S.A de C.V.	4'999,944	85'000,000	$89'999,944.00
Federico Alberto Martínez Urmeneta	56		$56.00
TOTAL	5'000,000	85'000,000	$90'000,000.00

----------Estando representada la totalidad de las acciones en que se divide el capital social, el Presidente declaró la Asamblea legalmente instalada, aún sin que se hubiere publicado la convocatoria correspondiente, de conformidad con lo dispuesto por los estatutos sociales y el Artículo 188 de la Ley General de Sociedades Mercantiles.----------

190

Bancomext autorizó créditos de primer piso a 15 empresas por un monto de 414 millones de pesos y 56 millones de dólares "para impulsar su crecimiento en los mercados globales". A Oceanografía se le aprobaron 30 millones de pesos y 25 millones de dólares, lo que significa que recibió casi 25% del monto en préstamos de la banca de desarrollo.

El trámite inició el 28 de julio de 2004 en la oficina de Bancomext en Mérida, Yucatán, sede de la representación Sur-Sureste, a cargo de Griselda Chiang Sam García, también ejecutivo de cuenta de la naviera.

En sólo una semana el Comité Interno —integrado por los funcionarios Héctor Reyes Retana, Carlos Elías Rincón, Sergio Fade Kuri, Abel Jacinto Intriago, Salvador Rojas Aburto, Pablo Segura Garduño, Julio César Méndez Rubio y Alfredo Gutiérrez Carrillo— le aprobó la línea de crédito 2872 con 10 millones de dólares, con la cesión de derechos de cobro con notificación y direccionamiento de pago de los contratos de Pemex a favor de Bancomext como garantía. Para disponer de los recursos, Oceanografía debía presentar la factura por cada servicio prestado a Pemex con el sello de recibido de la paraestatal.

En junio de 2005, el Consejo Directivo de Bancomext autorizó una ampliación al crédito en cuenta corriente por otros 20 millones de dólares —según acuerdo CIC/157/05—, con lo cual el monto se incrementó a 30 millones de dólares. También se eximió a la compañía de su obligación de capitalizar 102 073 000 pesos, según las cláusulas tipificadas en la autorización inicial.

Lo anterior se acordó durante una sesión ordinaria del Comité Ejecutivo del banco en la Sala de las Naciones del Centro de Negocios World Trade Center, en la que participaron Alonso Pascual García Tamés, subsecretario de Hacienda y Crédito

Público; Felipe Alberto Izaguirre Navarro, director general de Banca de Desarrollo, y Francisco Javier Cárdenas Rioseco, director de Intermediarios Financieros de Fomento del Banco de México; además de Fernando Ramón Marty Ordóñez, coordinador de asesores del secretario de Energía; Alonso de Gortari Rabiela, encargado de la Dirección de Promoción Económica y Cooperación Internacional de la Secretaría de Relaciones Exteriores, y Héctor Reyes Retana.

Con el nuevo tope crediticio, el 10 de junio Oceanografía emitió la factura 14899 por 13 957 435 pesos y la factura 14898 por 1 282 051.28 dólares. Sin embargo, fue hasta el 30 de junio que la OAG de Pemex autorizó que la contratista trasladara a Bancomext sus derechos de cobro de este contrato. Es decir, aunque uno de los argumentos de PEP para adjudicar el contrato a la naviera fue su "solvencia económica", en el expediente crediticio la compañía argumenta su necesidad de financiamiento.

El mismo día en que se le autorizó trasladar sus derechos de cobro, la naviera emitió la factura 14907 por 24 millones de pesos y la factura 14908 por dos millones de dólares; todas correspondientes al contrato 418235843. Posteriormente presentó a Bancomext las cuatro facturas para la disposición de recursos. Tenían un supuesto sello de recibido en la ventanilla única de Ciudad del Carmen de PEP Región Marina Suroeste, el mismo día de su expedición.

El 5 de julio, mediante cuatro oficios dirigidos a Alfredo Arruti Bustos, director ejecutivo de Banca Empresarial Sur-Sureste, Amado Yáñez solicitó a Bancomext los siguientes recursos: 19 390 000 pesos amparado en la factura 14907 por 21 544 000 pesos; 10 916 000 pesos a cuenta de la factura 14899 por 12 millones de pesos; 1 114 000 dólares al amparo de la factura 14898, y

1 793 000 dólares al amparo de la factura 14908. El dinero debía abonarse a la cuenta de la naviera en BBVA Bancomer en Ciudad del Carmen. Ese mismo día, Eloísa Valverde Díaz, funcionaria del área de finanzas, le autorizó el dinero, el cual le fue depositado al día siguiente en la cuenta referida.

En agosto de 2005, el OIC en Bancomext detectó irregularidades en la factura 15172 expedida por Oceanografía y presentada al banco para la disposición de 22 900 000 dólares a cuenta del contrato 4124258280, número SAP PEP-O-IE-504/05, de la Procuración y Construcción del Gasoducto de 36 pulgadas de diámetro por 56 km, de la plataforma de enlace litoral al Complejo Pol-A. Los auditores descubrieron que las cuatro facturas que cobró Oceanografía a cuenta del contrato 418235843 supuestamente eran apócrifas.

El día 22 del mismo mes los auditores Raúl Muñúzuri Becerra y María Teresa Gómez Soberanes remitieron al subdirector de PEP, Héctor Leyva, el oficio GAB-178/05 para certificar la autenticidad de las cuatro facturas. El 19 de septiembre, en el oficio SCSM-GAF-795-60-2005, el funcionario confirmó que la paraestatal nunca recibió tales documentos.

En las oficinas corporativas de PEP también confirmaron a los auditores que los documentos eran apócrifos. Por su parte, el residente de obra encargado de supervisar la construcción del gasoducto dijo que los trabajos facturados ni siquiera se habían iniciado.

En consecuencia, la contraloría en Bancomext inició una investigación. Durante la indagatoria, el coordinador de Recursos Financieros de PEP, Pedro Martínez Alonso, confirmó que las obras aludidas en las facturas aún no se realizaban y por tanto tampoco existían "estimaciones o facturas en proceso de autorización".

DIAZ MIRON No. 1012-ALTOS COL. MARIA DE LA PIEDAD TEL: 212-4730 TEL./FAX: 212-3755
COATZACOALCOS, VER.
REG. FED. CTES. OCE-791214-330 REG. PEMEX 1172 REG. CAM. NAL. DE LA IND. DE LA CONST. 4855 REG. S.P.P. 17556

VENDIDO A:	PEMEX EXPLORACION Y PRODUCCION	**No. 15172**
	AV. MARINA NACIONAL N° 329 COL. HUASTECA	
DOMICILIO:	MEXICO D.F. CODIGO POSTAL 11311	
	PEP-920716-TXA	16 08 2005
CIUDAD.	R.F.C.	

IMPORTE ESTIMADO — $26,518,267.27

TRABAJOS EFECTUADOS SEGÚN LA ESTIMACION 01(UNO) DEL MES DE JULIO DEL 2005 DE ACUERDO AL CONTRATO PEP-O-IE-504/05 DE LA OBRA "PROCURA Y CONSTRUCCIÓN DEL GASODUCTO DE 36" DE DIAN. X 56 KM DE LA PLATAFORMA DE ENLACE LITORAL AL COMPLEJO POL-A"

CONTRATO SAP: 4124248582
N° DE CONTRATO: PEP-O-IE-504/05
VIGENCIA DEL CONTRATO: DEL 12/05/05 AL 26/01/06
N° DE ESTIMACION: 01 (UNO)
PERIODO DE ESTIMACION: DEL 01 AL 31 DE JULIO DEL 2005

AVANCE DE OBRA:
AVANCE FISICO: AVANCE FINANCIERO:
REAL: 20.52%   REAL: 19.48%

CENTRO GESTOR   26838150
CENTRO BENEFICIO   26830000
POSICION FINANCIERA   317300100
ELEMENTO PEP   P352D00V114D6280C
CENTRO DE COSTOS   26838150
FONDO   8V114D0C62
CUENTA MAYOR   62076191
No. DE PROYECTO   7R114D44

(-) 0.5% SECODAM $132.591.34

CD. DEL CARMEN CAMPECHE A 16 DE AGOSTO DEL 2005.

SON: TREINTA MILLONES TRESCIENTOS SESENTA Y TRES MIL CUATROCIENTOS DIECISEIS DOLARES 02/100 U.S.D.

	$26,385,675.93
	$3,927,740.09
	$30,363,416.02

PAGO EN UNA SOLA EXHIBICION

PEMEX
EXPLORACION Y PRODUCCION

C.P. Raúl Muñuzuri Becerra.
Gerente de Auditoría B.
Organo Interno de Control en
Banco Nacional de Comercio Exterior, S.N.C.

Atención: C.P. Ma. Teresa Gómez Soberanes.
Subgerente de Auditoría B1.

Asunto: Información del contrato PEP-O-IE-504/05 empresa OCEANOGRAFIA, S. A. DE C. V.

Con la finalidad de atender el requerimiento de información hecho mediante su comunicación número GAB-182/05 de fecha 29 de agosto del 2005, recibido en esta Subdirección el día 2 de septiembre del presente, referente a la operación realizada por la empresa citada en el asunto con la factura 15172 de fecha 16-ago-05 por un monto de $30,363,416.02 dólares; informo a ustedes que después de revisar la información financiera correspondiente al contrato PEP-O-IE-504/05 celebrado por PEP-SIDOE con la empresa OCEANOGRAFIA, S. A. DE C. V., se encontró que al corte del 6 de septiembre de 2005 no se ha realizado ningún pago con cargo a este contrato, ni existen estimaciones o facturas en proceso de autorización.

Sin mas por el momento, le envío un cordial saludo.

Atentamente,

LAE. Pedro Martínez Alonso.
Coordinador de Recursos Financieros.

C.c.p.- Ing. Sergio Aceves Borbolla.- Subdirector de Ingeniería y Desarrollo de Obras Estratégicas.
Ing. Roberto James Beaty Pacheco.- E.D. de la Unidad de Administración y Finanzas, SIDOE.

LLC/LHA

SUBDIRECCIÓN DE INGENIERÍA Y DESARROLLO DE OBRAS ESTRATÉGICAS / Av. Paseo Tabasco 1203 C.P. 86050, Villahermosa, Tab. Edificio Torre Empresarial Piso 16 /
Teléfonos: 01 (993) 310-62-62 Ext. 881-23417 -23416

PETROLEOS MEXICANOS

195

El 14 de octubre, mediante el oficio 827/2005, el director de lo Contencioso y Corporativo de Bancomext, José Antonio Monte Arriola, les confirmó a los funcionarios Néstor García Reza y Héctor Leyva Torres que los documentos con los cuales la naviera obtuvo los millonarios recursos de ese banco eran apócrifos.

El jurídico de lo Contencioso de la OAG presentó denuncias penales contra Oceanografía, una en Villahermosa —expediente A.P. 06/2005— y otra ante la PGR en el Distrito Federal —expediente AP/PGR/DDF/SPE-XXII/788/06-03, mesa XXII de la Subprocuraduría de Procedimientos Especiales— ante la agente del Ministerio Público Clara Lilia Abitia García.

A los Yáñez aún no se les fincan responsabilidades por el uso de documentos apócrifos, delito tipificado en el Código Penal. Lo más escandaloso es que PEP no rescindió el contrato.

Al respecto, Roberto Muñoz Leos (hermano de Raúl Muñoz), ex titular del OIC en Bancomext, confirma que él mismo pudo comprobar que los documentos utilizados por la naviera eran apócrifos e implicaban delitos penales.

Amén del fraude, la obra debió estar lista en enero de 2006, según el contrato original. Un año después aún seguía en construcción. Por ley, la morosidad en las obras era suficiente para rescindir el contrato o, en su defecto, penalizar a la empresa con 10% del monto pactado. No fue así.

Entre 2005 y 2007 la paraestatal le pagó por esta obra 136 millones de dólares y 102 millones de pesos. La primera de las 40 facturas que amparan tal cantidad fue expedida el 25 de noviembre de 2005 y la última el 13 de julio de 2007, es decir, los atrasos fueron de más de 18 meses.

Banco Nacional de Comercio Exterior, S.N.C.

Dirección. Ejecutiva Jurídica
Dirección Jurídica de Contencioso y Corporativo
Gerencia de Contencioso
Referencia:827/2005
México, D.F., a 14 de octubre de 2005

Ing. Héctor Leyva Torres
Subdirector de Exploración y Producción
Calle 70 s/n, Entre aviación y Avenida Concordia
Colonia Petrolera, Edif. Kikab, Planta Baja
Cd. del Carmen, Campeche C.P.

ASUNTO: IRREGULARIDADES AL CONTRATO PEP-O-IE-504/05 CON LA EMPRESA OCEANOGRAFÍA, S. A DE C.V.

Por este conducto hacemos de su conocimiento las irregularidades que el Órgano Interno de Control nos da ha conocer con relación a la factura número 15172, que la empresa denominada Oceanografía, S.A. de C.V. presenta a esta Institución para disponer de recursos de acuerdo a lo siguiente:

El día 22 de agosto de 2005, la empresa Oceanografía, S.A. de C.V., acreditada de esta Institución, realizó una disposición de recursos por la cantidad de $22,900,000.00 millones de dólares, presentando como documentos para disponer entre otros, copia simple de la factura Nº 15172 (se adjunta copia) de fecha 16 de agosto de 2005, emitida por parte de Oceanografía, S.A. de C.V. a favor de PEMEX, con un importe de $30,363,416.02 millones de dólares, misma que presenta el sello de recibido de fecha 16 de agosto de 2005, por parte de PEMEX Región Sur, la mencionada factura amparaba los trabajos realizados a la paraestatal derivado del contrato PEP-O-IE-504/05, de la obra Procuración y Construcción del Gasoducto de 36, de diámetro X 56 Km, de la plataforma de enlace Litoral al Complejo Pol-A.

Derivado de lo anterior, se realizó una investigación realizada por el Órgano Interno de Control, de la cual se desprende la contestación que el LAE Pedro Martínez Alonso, Coordinador de Recursos Financieros, informó al Órgano Interno de Control de esta Institución; en el sentido de que una vez llevada a cabo la revisión de la información financiera correspondiente al contrato PEP-O-IE-504/05, celebrado por PEP-SIDOE, con la empresa Oceanografía, S.A de C.V., y al corte del 6 de septiembre de 2005, no se había realizado ningún pago con cargo a este contrato, ni existían estimaciones o facturas en proceso de autorización

Derivado de lo anterior, consideramos conveniente hacerlo de su conocimiento, para los efectos que juzgue pertinentes.

Quedamos de usted, para atender cualquier comentario sobre el particular

Atentamente

Lic. José Antonio Monte Arriola
Director de Contencioso y Corporativo

Lic. Amira Majay Negrete
Gerente de Contencioso

CPP LAE Pedro Martínez Alonso / Coordinador de recursos Financieros
C.P. Flaviano Rodríguez Marcial /Gerente de Administración y Finanzas
Lic. José Néstor García Reza / Jurídico Central

PETROLEOS MEXIC...

... Obras Estratégicas de Pemex Exp...
Paseo Tabasco No. 1203. piso 16.
C.P. 86030.

Dr. Tomas Limón Hernánd...
Comercialización de Pemex Ex...
Ruiz Cortines No. 1203. Edificio ...
C.P. 86030. Villahermosa. Tabasco ...

Me refiero a mi diverso OAG/GJC/GPLS/504/2005, del 17 de ju... relación al escrito presentado ante diversas Subdirecciones del C... empresa Oceanografía, S.A. de C.V., se acompañó copia del con... éste, en el que se indicó a la citada empresa la imposibilidad leg... permitirle participar en los procesos licitatorios que enmarca la... Servicios al Sector Público, en virtud de que independientemente ... al contrato 411002818 a esa empresa, le habían sido rescindi... 418233885.

Sobre el particular, me permito informarle que el día 10 de noviem... a mi cargo, la sentencia del 9 del mismo mes y año, dictada por el... y Administrativa, en los autos del toca No. 565/2004, que en cum... septiembre del año en curso, por el Cuarto Tribunal Colegiado en ... cautelar consistente en que a la compañía Oceanografía, S. A. de ... artículo 50 fracción III, de la Ley de Adquisiciones, Arrendamie... motivo de la rescisión administrativa del contrato número 411... definitiva al juicio radicado ante el Juzgado Tercero de Distrito en ... expediente 6/2004.

En este orden de ideas, toda vez que a la citada empresa los Tribunales Federales le han concedido la medida cautelar por ella solicitada, consistente en que no le sea aplicado lo dispuesto por el artículo referido en párrafo que precede, a Oceanografía, S.A. de C.V., *no se le puede negar participar en los procedimientos licitatorios que se lleven a cabo al tenor de lo establecido por la Ley en cita*, lo que me permito informar a Usted, a efecto de proteger los intereses de Pemex Exploración y Producción.

Es preciso indicar, que de existir rescisión administrativa adicional a los contratos 411002818, 411002819 y 418233885, de nueva cuenta se actualizará lo establecido por el artículo 50 fracción III, de la Ley de Adquisiciones, Arrendamientos y Servicios al Sector Público, toda vez que en relación a ésta última no se tiene conocimiento de que se hubiese promovido acción alguna que tenga como finalidad suspender sus efectos.

Sin otro particular, hago propicia la ocasión para enviarle un cordial saludo.

Atentamente

Lic. Guillermo Pérez de León Saldaña.
Gerente Jurídico de lo Contencioso.

c.c.p.- Lic. José Néstor García Reza.- Abogado General de Petroleos Mexicanos - Presente.
/GD/IEH/prh

197

Conflictos internacionales

Mientras que en México la naviera ha gozado de la protección de altos funcionarios durante las administraciones de Fox y Calderón, en el extranjero se han registrado procesos judiciales en su contra por incumplimientos para con algunas de las compañías que le han subarrendado embarcaciones. Por ejemplo, Fairmount Heavy Transport, con sede en Róterdam, Holanda, luego de hacer negocios con Yáñez Osuna, se vio obligada a entablar un juicio mercantil internacional.

En 2005 Oceanografía contrató a la holandesa para que su barcaza semisumergible *Fairmount Fjord* remolcara la embarcación *Jascon V* desde el puerto de Mumbai, India, para operar en la Sonda de Campeche. El costo del servicio, 2.6 millones de dólares, incluía depositarla en el puerto de Ciudad del Carmen.

Según una minuta de la Fairmount a sus accionistas, Yáñez pagó un depósito inicial pero durante el traslado de la embarcación, antes de atravesar el Canal de Suez, "fue evidente que Oceanografía ya no tenía intención alguna de cumplir con los términos del contrato". El reporte firmado por el directivo Frederik Steenbuch agrega que Oceanografía se negó a pagar los gastos acordados y dejó varada la barcaza —la segunda más grande en su tipo en el mundo— que, "para mitigar costos, tuvo que ser resguardada en un puerto protegido en el Mediterráneo".

El 27 de diciembre de 2006 Fairmount Heavy Transport demandó a Oceanografía en tribunales de Londres por tres millones de dólares. De ellos, 2.6 millones correspondían a la liquidación del contrato de servicios de la barcaza semisumergible y 700 000 dólares a intereses y gastos generados por el atraso del pago. El juicio fue trasladado a Nueva York, donde un juez federal ordenó el embargo de las cuentas de Oceanografía en el Laredo National Bank.

El 29 de diciembre el Bank of New York congeló 3.5 millones de dólares que salieron de Bancomer y que serían trasladados a la cuenta del Laredo National Bank, y unos días después ocurrió lo mismo con otra transferencia por 200000 dólares. Aquel 29 de diciembre, BBVA Bancomer le había autorizado a Yáñez Osuna un crédito por 21.1 millones de dólares.

El 16 de enero de 2007 Oceanografía se inconformó contra los embargos y contrademandó a la Fairmount. Pero el 27 de marzo Amado Yáñez ofreció a la Fairmount pagarle 950000 dólares a cambio de que el juez liberara su cuenta en Estados Unidos. Aunque dicha cantidad no cubría siquiera el costo del juicio, la holandesa prefirió cerrar el asunto.

Philip Adkins, representante de la empresa, explica:

—El negocio con Oceanografía era de aquellos que una empresa como la nuestra no debe perseguir. Fairmount debe centrarse en un grupo selecto de clientes de alto nivel que buscan el mayor profesionalismo para atender sus necesidades de transporte en altamar.

El 24 de enero de 2007 la empresa noruega DSND Subsea también demandó a Yáñez. Ésta le alquiló las embarcaciones *Botnica* y *Fennica,*[9] que entre 2001 y 2003 prestaron servicios en la Sonda de Campeche. Según DSND, los Yáñez le adeudaban tres millones de dólares que, al momento de entablarse la demanda, fueron estimados en 5.3 millones por los intereses generados. Ante un tribunal de Nueva York, DSND tramitó el embargo de la cuenta bancaria de Amado Yáñez Osuna.

[9] A bordo del Fennica, el 10 de diciembre de 2001, perdió la vida el trabajador Juan Carlos Quijas.

Los Yáñez acostumbran capitalizarse con créditos en distintos países. En 2005, ejecutivos de instituciones bancarias de Miami me explicaron sus reservas a propósito de préstamos que Amado Yáñez Osuna buscaba con afán en Estados Unidos. Dudaban que fuera sujeto de crédito aun cuando documentó la propiedad de lujosas residencias en Acapulco y Ciudad del Carmen, una veintena de autos, un yate y otros bienes inmuebles en Estados Unidos. Uno de ellos preguntó:

—¿Hay algún riesgo de que Pemex les quite los contratos y los bienes que obtuvieron por sus relaciones con la familia del presidente Fox?

IMPUNIDAD LABORAL

Su historial de corrupción y fraudes afecta no sólo el patrimonio de Pemex, sino también el de miles de trabajadores que laboran en la Sonda de Campeche, donde la naviera controla casi 10% de la mano de obra.

Bajo el manto protector de Pemex o del sindicato petrolero, y ante la negligencia de las administraciones en turno de las secretarías del Trabajo y de Comunicaciones y Transportes, Oceanografía viola leyes laborales, de navegación y comercio marítimo, acuerdos internacionales y los derechos humanos de sus 2 300 trabajadores, según pudieron constatar legisladores federales y organizaciones del sector marítimo que se trasladaron a la zona para investigar a la naviera.

La ITF consigna que Oceanografía es una de las contratistas con mayor incidencia en violaciones a las leyes nacionales e internacionales en materia laboral, "honor" que comparte con otras empresas mexicanas —Protexa y Diavaz— y con la noruega Tide Water. Tienen en común que se trata de compañías que brindan servicios de transportación o mantenimiento en las plataformas petroleras, los llamados trabajos *offshore* o costa afuera. Y también que, según la ITF, crean figuras mercantiles para evadir impuestos, reducen al mínimo su inversión laboral, utilizan sindicatos de protección y, en general, ejercen *dumping* social.

El Frente Unido de Marinos Mercantes (FUMMAC) ha documentado las siguientes irregularidades laborales por parte de Oceanografía: no hay contrato colectivo de trabajo y a los trabajadores no se les entrega una copia individual conteniendo los términos de su contratación, obligándolos además a firmar renuncias anticipadas y a afiliarse a sindicatos blancos. Tampoco cuentan con las prestaciones de ley y la empresa incumple con las normas de seguridad contempladas en convenios internacionales.

El capitán Víctor Martínez, presidente del FUMMAC, denuncia que además las jornadas laborales son excesivas, las condiciones insalubres, los alimentos exiguos. Abunda:

—Les dan "cama caliente", lo que significa que dos o más hombres se turnan para dormir en la misma cama y el servicio es de 28 días de trabajo por 14 de descanso, no obstante que la Ley Federal de Trabajo especifica que deben ser 14 de trabajo por 14 de descanso.

El FUMMAC también tiene documentadas violaciones a las leyes de seguridad social o a la del Infonavit. Por ejemplo, que el grueso de la tripulación de los barcos que Oceanografía renta a Pemex no está inscrita en el Instituto Mexicano del Seguro Social (IMSS) y que quienes sí lo están son registrados con el salario mínimo, cuando en realidad el que reciben es mayor, y ello afecta las finanzas del instituto, pero sobre todo la pensión de los trabajadores que en caso de incapacidad temporal, definitiva o muerte, sólo reciben —ellos o sus familiares— menos de 50 pesos diarios del IMSS.

En cuanto a los trabajadores que no están inscritos en el IMSS, la naviera no paga las indemnizaciones correspondientes si sufren invalidez o muerte por accidente laboral, así como tampoco hace las aportaciones correspondientes al fondo de ahorro para el retiro ni al Infonavit. Por si no bastara, durante el último trimestre del año o cuando éste se acerca, la empresa realiza despidos masivos injustificados con tal de no pagar aguinaldos, vacaciones y otras prestaciones.

LAS COMPLICIDADES

El 15 de octubre de 2007, una comisión de congresistas visitó la sonda para conocer las condiciones laborales de los trabajadores *offshore*. Su sorpresa fue mayúscula al descubrir que los abusos contra los trabajadores por parte de Oceanografía ocurren con la complicidad de funcionarios de la paraestatal, al permitirle operar al margen de la ley.

La comisión estuvo integrada por el senador Sebastián Calderón Centeno y los diputados Marco Antonio Peyrot y Cuauhtémoc Velasco Oliva. A ellos se unieron los representantes del FUMMAC, los inspectores en México de la ITF así como miembros de la Unión Nacional de Marineros de Veracruz, del Sindicato Nacional de Alijadores y Marinos y de la Unión de Marineros de Manzanillo, Colima.

—Queremos visitar un barco de Oceanografía —explicó Marco Antonio Peyrot, secretario de la Comisión de Marina de la Cámara de Diputados.

—Andan a la baja —respondió sarcástico el director general adjunto de la Coordinación General de Puertos y Marina Mercante (CGPMM) de la SCT, Francisco Rivero, en alusión al incendio y extraño hundimiento del *Seba'an*.

Cuando la comitiva llegó al Puerto Industrial Pesquero (PIP) Laguna Azul con objeto de visitar los barcos de Oceanografía e inspeccionar sus condiciones laborales y de seguridad, los funcionarios de Pemex impidieron el acceso. El capitán de Puerto, Víctor García Enríquez, informó al grupo que, aunque se trata de una zona federal, no podían ingresar sin la autorización de las compañías privadas.

Y es que éstas, durante el sexenio foxista, se apoderaron del lugar colocando rejas y guardias de seguridad que, a costa del erario, custodian la entrada. La mitad de las instalaciones las ocupan Oceanografía y su filial Transportes Navieros y Terrestres. El resto alberga a AOM —socia de Oceanografía—, Protexa, Tide Water, Perforadora Mexicana, Diavaz y Suministros Industriales Carrizales, la empresa del ex senador y ex diputado panista Jorge Nordhausen.

—Puras fichitas —susurró en tono despectivo Francisco Rivero.

El capitán de Puerto explicó a la comitiva que para ingresar al lugar debían seguir "al de la camioneta", que era "la autoridad de Pemex" y a quien luego se le pudo identificar como Javier Vizcarra Moreno, coordinador de Control Marino y Posicionamiento de Embarcaciones de PEP. Durante más de media hora el amigo personal de Amado Yáñez y "padrino" de algunos barcos de Oceanografía obligó al grupo a escoltar su exclusiva camioneta Harley de un extremo a otro del PIP sin razón alguna.

—¿Qué pretende? —preguntó molesto el diputado Peyrot—. Parece que no quiere que entremos.

Contrariado, Vizcarra se subía y bajaba de la lujosa camioneta dando portazos, y realizaba incontables llamadas por su teléfono celular. A unos metros, Peyrot agregó:

—Este señor está haciendo tiempo, debió avisarle ya a alguien de la empresa. ¡Mejor vamos a pasar!

Enseguida caminó en dirección al funcionario y lo increpó:

—¿Qué?, ¿no lo dejan pasar?

—Allí vienen ya. Dicen que fueron por la llave, que así no se puede.

—De que se puede, se puede —respondió el diputado.

—A lo mejor usted pasa, pero yo no.

—¿Cómo es posible que la autoridad no pueda entrar? Esto es propiedad federal.

—Son concesiones.

—Sí, pero es propiedad federal. La entidad marítima tiene la facultad de entrar aunque sea una concesión. Y si no están de acuerdo, se les quita la concesión. ¿Nos van a dejar entrar?

—Lo que pasa es que el amigo que va a atendernos no ha llegado todavía, en tres minutos viene —explicó Vizcarra antes de responder a una llamada en el celular—: De acuerdo, de acuerdo —dijo en un susurro.

—Oiga, quiero ver el barco de Oceanografía.

—Éste es el acceso. Hay dos, éste y por donde estábamos.

—Pues parece que no quisiera dejarnos entrar.

Minutos después, el propio Vizcarra abrió la reja. Cuando los legisladores llegaron al barco *Caballo Lipizano,* aparecieron directivos de Oceanografía y algunos guardaespaldas vestidos de civil. Encabezaba al grupo Hermilo Escobedo Obrador, director comercial y mano derecha de los Yáñez.

Caballo Lipizano

El registro de la clasificadora mundial Lloyds indica que, hasta 2004, el *Caballo Lipizano* se llamó *Seabulk Katie* y tenía bandera de la República de las Islas Marshall. Su base era el puerto Majuro, en Oceanía. Armado en Singapur en 1998, fue propiedad de la empresa Seabulk Offshore, con sede en Emiratos Árabes Unidos. El 18 de marzo de 2005 fue traído a México vía el puerto de Dos Bocas y llevado a Ciudad del Carmen, donde los Yáñez le pusieron el nombre actual y lo arrendaron a Pemex.

Registrado por la Organización Marítima Internacional (OMI) con el número OMI 9169079, este remolcador es una de las embarcaciones "más modernas" que arrienda Oceanografía. Su deterioro ha provocado graves accidentes en el corazón de la producción petrolera.

Bajo el sol inclemente de la Isla del Carmen, la *palomilla* del *Lipizano,* una veintena de hombres enfundados en overoles de gabardina color naranja, miraron desconcertados a los visitantes. Ninguno usaba casco, guantes, botas o gafas, equipo obligado por las normas de seguridad pero que en las áreas controladas por las contratistas son letra muerta.

La pujante imagen de la naviera esconde una realidad lamentable de explotación y agravios. Enrique Lozano, inspector de la ITF, explica que muchos trabajadores frecuentemente reportan abusos, pero se someten por necesidad.

—Aquí todo está en orden, señores diputados —presumió Escobedo.

—Venimos del Congreso de la Unión. En forma recurrente hemos escuchado que aquí no se aplica la Ley Federal del Trabajo. Queremos observar cuáles son las condiciones en las que labora el personal y corroborar si existen anomalías —respondió Peyrot, marino de profesión y experto en normas y seguridad marítima.

De entrada, el capitán del barco confirmó que la tripulación trabajaba 28 días y descansaba 14, el doble de la jornada que marca la ley.

—¿Nos puede enseñar su contrato individual y su alta en el IMSS?—le preguntó el diputado.

—No. No los tengo ahorita.

—¿El contrato colectivo?

—No, no lo tengo.

—¿Y usted qué grado tiene? —se dirigió a otro trabajador.

—Primer oficial.

—¿Tiene su hoja de alta al IMSS?

—La tengo, pero no sé si la traiga.

—¿Y su contrato?

—No lo tengo.

El diputado preguntaba y los trabajadores dudaban, mientras los guardaespaldas de la empresa flanqueaban las esquinas de la embarcación. Peyrot interrogó a un jovencito, originario de Comalcalco, con dos años como marinero al servicio de Oceanografía. No estaba inscrito al IMSS y aunque aseguró tener contrato, cuando regresó de su camarote con el documento, resultó que se trataba de una hoja en blanco, sin sello alguno, con el membrete de Transportes Navieros y Terrestres (TNT).

Fausto Arellano, inspector de la CGPMM, le insistió al capitán del barco en el contrato colectivo de trabajo de la embarcación, recordándole que la Ley del Trabajo y las normas marítimas internacionales hacen obligatoria su existencia. El oficial asintió nervioso y respondió que él sí lo firmó pero que la empresa no le dio copia. Ningún tripulante contaba tampoco con su contrato individual ni había rol de tripulación.

—Usted debería tener a bordo ese contrato, capitán —lo reprendió Peyrot—. Es la norma.

—¿Y cómo está la palomilla? —intervino de nuevo Fausto Arellano.

—Todos estamos igual —se escuchó una voz anónima.

—Capitán, muéstrenos sus altas en el Seguro Social —volvió a pedirle el diputado. Los ojos del oficial se pasearon con desesperación de un rostro a otro de los representantes de Oceanografía en señal de auxilio. El diputado Cuauhtémoc Velasco rompió el tenso silencio:

—¿Tiene usted o no su contrato y su copia de registro en el Seguro Social?

—No, no los tengo.

—Y usted —se dirigió a un marinero—, ¿tiene sus documentos?, ¿me puede mostrar un recibo de pago?

—Me dijeron que éste es mi contrato —respondió al tiempo que entregaba al diputado un pase de abordar.

—¿Sabes cuáles son tus obligaciones?

—Sí.

—¿Las tienes por escrito?

—No.

Otro marinero exhibió un papel con el membrete de TNT y la cifra que corresponde a su sueldo mensual. Según él, era su contrato.

—¿Y cómo sabes cuáles son tus obligaciones? —le preguntó Peyrot—. Estás cobrando un salario por responsabilidades que te comprometiste a cumplir con tu firma pero no sabes cuáles son, no las tienes por escrito.

—No, no.

—¿Capitán, tiene algún reglamento?

—No, no lo tenemos.

—Aquí todo es ilegal —afirmó Honorio Galván, inspector de la ITF. El diputado Peyrot lo secundó. Se dirigió a Escobedo:

—Así es, ingeniero. Escuchamos múltiples quejas de los trabajadores en el sentido de que cuando ocurre un accidente están desprotegidos y no saben a quién reclamarle. La mayoría de su tripulación manifiesta que no tiene sus contratos.

—Todo nuestro personal está afiliado al Seguro Social, pero en los accidentes que se han llegado a registrar los mandamos a las clínicas particulares de la ciudad —respondió Escobedo.

—En todos estos años Oceanografía ha trabajado al margen de la ley —lo refutó Galván—. Desde hace años las organizaciones representantes de los trabajadores marítimos le hemos pedido a la empresa un contrato colectivo para la gente a bordo. ¿Cuál es el miedo de la compañía para establecer un contrato que proteja las garantías individuales de los trabajadores?

—¡Si hubiera miedo no estaría yo aquí dando la cara! —exclamó Escobedo Obrador— ¡Todos nuestros trabajadores tienen contrato!

—Pues ya pregunté y nadie tiene —intervino Peyrot—. Ni siquiera el capitán.

—Eso lo regularizamos en cualquier momento —se justificó Escobedo.

Venciendo el miedo a perder el empleo o a ser incluidos en las listas negras que estila la naviera, poco a poco las voces de la tripulación comenzaron a escucharse. Un marinero se acercó al diputado Velasco y le mostró el recibo de su último pago.

—¿Cuándo cobraste esto? —le preguntó el legislador.

—Hace dos días.

—Le dije que sí pagamos —terció Hermilo Escobedo. Sólo que el recibo expedido por TNT correspondía al mes de julio.

—Pues esto confirma que les pagan con mucho retraso—respondió el legislador—; mire, es de hace cuatro meses…

La revisión continuó. Nadie usaba el más elemental equipo de seguridad, incluyendo al capitán que, en lugar de botas, calzaba unos viejos zapatos de vestir y no traía casco ni guantes.

—¡Usted debería poner el ejemplo! —lo reprendió Peyrot—. ¿Dónde están sus botas?

Turbado, el capitán explicó que con ellas se resbala, aunque por norma de seguridad en los barcos e instalaciones petroleras deben calzar suela antiderrapante. La ley señala que el empleado no puede laborar si no cumple con las normas de seguridad, de lo contrario, la falta es imputable al patrón.

Las profundas arrugas que surcaban el rostro de don Jorge revelaban que era el veterano de la palomilla. Un robusto emigrante que un día persiguió la quimera del oro negro pero, tres décadas después, se resignó a un salario mínimo, los alimentos del día, una cama compartida y la insalubre barraca en La Manigua —la zona más precaria de Ciudad del Carmen— los días que desembarca. Vestía un overol raído, con el cierre de la bragueta inservible y las mangas deshilachadas, por las que asomaban los brazos cobrizos y unas manazas callosas, tatuadas con profundas cicatrices.

—¿Éste es su uniforme? —le preguntó Peyrot.

—El más nuevo —bromeó, pero la pícara sonrisa desapareció de su rostro cuando, iracundo, el capitán intervino:

—Dile, Jorge. Dile que tienes el uniforme que la empresa nos proporciona, pero que te da flojera ir por él.

—¿Y tiene casco? —prosiguió el interrogatorio el legislador ante la mirada de sorpresa del viejo que, agachando la cabeza, asintió—. ¿Entonces por qué no lo trae puesto? Imagínese que se le cae una válvula en la cabeza, ¿ya estaría de Dios?

—Esta gente hasta las botas vende —dijo con desprecio Escobedo.

—No me diga, ingeniero, que los trabajadores prefieren traer estos harapos —comentó Cuauhtémoc Velasco.

—Ya ve cómo son.

—La tripulación requiere del equipo de seguridad —insistió Peyrot—. El uso del overol lo obliga la ley y las normas de Pemex son estrictas.

—¡Ven acá, Jorge! —le ordenó el capitán al viejo—. ¿No es cierto que con tu pase de abordar puedes ir a la compañía por un overol nuevo?

El viejo guardó silencio, con la cabeza agachada. El capitán le apretó el hombro, al tiempo que preguntaba:

—¿Y no es cierto que no vas porque te da flojera? ¿Verdad que allí te dan tus uniformes?

—Dile al diputado que no les damos botas porque luego las venden —apuntó Escobedo, pero don Jorge permaneció con la cabeza gacha y la mirada oculta debajo de la visera de su gorra de beisbol.

Cuando los legisladores descendieron de la embarcación, ninguno de los trabajadores pronunciaba ya palabra, seguros de que sus nombres circularían en las listas negras que las navieras comparten en forma clandestina a fin de que ninguna contrate a quienes se atreven a reclamar sus derechos. Tras atravesar la franja de la zona federal o los dominios de Oceanografía, el inspector de la ITF declaró:

—Mañana muchos de ellos ya no tendrán trabajo. Es una vergüenza la actitud del funcionario de Pemex que trató de retrasar nuestra llegada a la embarcación para alertar a los empresarios. Ellos deberían ser neutrales y no darle contratos a gente que incurra en situaciones laborales contrarias a la ley.

—¿Qué evaluación hace la ITF del desempeño de Oceanografía?

—Se comprobó la ilegal protección que le da Pemex. En el ámbito marítimo puede entenderse que alguna empresa tenga un barco con problemas, pero Oceanografía tiene problemas con todos sus barcos.

Una semana después de la visita de los legisladores a la Sonda de Campeche, el senador Manlio Fabio Beltrones denunciaba en tribuna la corrupción de la naviera.

Entonces le pregunté a Jesús Reyes Heroles si investigaría las irregularidades de la contratista. "Ya me ocupo de ello", aseguró. Nada más alejado de la realidad: en su imberbe gestión Oceanografía se había embolsado más de 8 000 millones de pesos en nuevos contratos.

LOS COYOTES DEL MAR

Para evadir las denuncias en contra de Oceanografía, los Yáñez crearon TNT, que funge como reclutadora de personal. De este modo, si un trabajador se querella o si la tripulación se amotina por la falta de pago, puesto que TNT es el patrón y sus oficinas están en tierra, deben esperar a desembarcar. En todos los estados en donde Oceanografía tiene oficinas, las hay también de TNT, siempre una vecina de la otra. A ellas acuden a diario decenas de jóvenes de todo el país en busca de trabajo.

La necesidad económica de los aspirantes a marineros rebasa la mala fama de la empresa. Un domingo muy de mañana, cuando no habían transcurrido ni tres días del accidente del *Seba'an,* una veintena de muchachos esperaban que el coyote del mar los enganchara. Con sus pequeñas mochilas a la espalda, pernoctaban en la banqueta, esperanzados en que la naviera les materializara el espejismo del oro negro.

Cuando las denuncias en contra de TNT comenzaron a abarrotar los juzgados, los Yáñez crearon Asesoría Técnica Administrativa, una supuesta cooperativa cuya misión consiste en hacerle creer a cada trabajador reclutado que es "socio" de la empresa, y como tal no tiene derecho a presentar demanda alguna en su contra. Para colmo, en complicidad con Carlos Romero Deschamps, la naviera utiliza al STPRM como sindicato blanco o de protección.

La Junta Federal de Conciliación y Arbitraje de Ciudad del Carmen recibe un promedio de 20 demandas diarias, 75% de las cuales involucran a contratistas de Pemex, 20% a la paraestatal y el otro 5% a otras empresas. No pasa una semana sin que se abra un expediente en contra de las empresas de los Yáñez, pero los trabajadores suelen abandonar sus procesos, decepcionados por la dilación.

Filibusteros modernos

En los albores del siglo XX, en la Rusia zarista, los marineros del acorazado *Príncipe Potemkin de Táuride* son sometidos a inhumanas condiciones de trabajo, obligados a comer alimentos descompuestos y aguantar sin chistar el maltrato. Por ello se sublevan, dando origen a la revolución que cambiaría la historia de un pueblo. Un siglo después, la tripulación de los barcos de Oceanografía no enfrenta condiciones mejores, aunque sus amotinamientos tienen destinos más infaustos.

Historias propias de filibusteros acaecen en los barcos que los Yáñez *chartean* a Pemex. Una de ellas es la del *Bold Endurance* (Audaz Resistencia). A su efigie debe su nombre, el bergantín fue construido para la armada rusa en 1978 en los astilleros Hollming Ltd., de Finlandia. Entonces se llamó *Stakhanovets Petrash*. El Ejército Rojo lo operó hasta 1997, poco antes de la desintegración del bloque socialista, cuando fue adquirido por la Dove Navegación Ltd. y rebautizado como *Fastov*. Vendido por segunda ocasión en 1999 a la naviera canadiense Secunda Marine Services, una de las 17 subsidiarias de Secunda Global International, consorcio con sede en Nueva Escocia.

En astilleros de Corea del Sur, la Hyundai Heavy Industries lo transformó de buque de carga pesada, a posicionamiento dinámico con capacidad de alojamiento para 60 personas, y lo llamó *Bold Endurance*. Durante cinco años a partir de su remodelación (en febrero de 2000) fue *subcharteado* a la KDD Submarine Systems, compañía dedicada al cableado submarino, para operar en el lejano Oriente. Luego lo cubrieron de nieve los días de invierno en el Puerto Victoria (al sur de Vancouver), desde donde fue llevado al Golfo de México para trabajar en la industria petrolera.

Hay ciertas características que lo hacen un barco perfecto para esa industria: su tamaño (139 metros de eslora) y capacidad de peso muerto (5 000 toneladas), la dimensión de su bodega (1 000 metros) y su plataforma de apoyo a la construcción. Además de que almacena combustible para 150 días. Puede operar en aguas de 2 000 metros de profundidad y en zonas remotas, por eso es hoy día, cuando el *boom* de la industria del gas y petróleo a nivel mundial es la exploración y explotación en aguas profundas, uno de los barcos más codiciados.

En marzo de 2009, este bergantín protagonizó un conflicto con roces diplomáticos entre México y Canadá, por los señalamientos que Amado Yáñez hizo a través del apoderado legal de la empresa Oceanografía, Juan Carlos Ortiz Covarrubias, contra el capitán de la embarcación, el canadiense Darin McNeill y la Secunda Marine, al acusarlos de "actos de terrorismo" y otras graves imputaciones por sacar el barco de Cantarell donde el *Bold Endurance* trabajaba bajo un contrato entre Pemex y Oceanografía.

Para rentarle a la paraestatal el barco de Secunda, que en México operó con la bandera de conveniencia de Barbados —bajo el contrato 420877804—, Yáñez obtuvo de la SCT el permiso especial de navegación número 7.2.419.160/2007. Secunda le condicionó a Yáñez la renta del barco a mantener a McNeill, el capitán del consorcio.

Por los trabajos con el *Bold Endurance,* PEP pagaba a Oceanografía un millón de pesos diarios. Supuestamente Yáñez dejó de pagarle a la dueña del barco, así que Secunda ordenó a McNeill virar y llevarse el navío al puerto de Galvestone, donde opera su filial McDermott.

La abrupta salida del *Bold Endurance* se registró la noche del 27 de marzo, quedando birlada la vigilancia de la Marina Armada de México en esa zona considerada de seguridad nacional.

Tres horas antes de la medianoche, el *Rita Candies* y el *Bold Endurance,* que daban mantenimiento a varias plataformas, levaron anclas y, sin explicación alguna, fueron sacados de la sonda. En un parte interno, por demás elocuente, desde la torre de control, el área de Control Marino registró los hechos sin precedente:

27 de marzo, 21:00 horas. Se escucha por canal 16 vhf [canal utilizado para comunicaciones de socorro, urgencia y seguridad], en la Sonda de Campeche, el llamado de Control Marino Pemex a las embarcaciones abastecedor *Rita Candies* y barco de posicionamiento dinámico de buceo *Bold Endurance*. Ambas embarcaciones en contrato con la paraestatal Pemex y propiedad de Oceanografía.

Posteriormente se cambiaron al canal 10 de vhf trabajo de Control Marino donde se escucha el diálogo que se tiene en esos momentos:

Control Marino: *Rita Candies* ¿dónde se encuentra localizado y hacia dónde se dirige?, ¿cuáles son sus intenciones?

Rita Candies: Nos dirigimos hacia cercanías de eco uno, Control [al oeste de la Sonda de Campeche hacia Coatzacoalcos], estamos procediendo a manera de presión a la compañía, porque tenemos tres meses que no nos pagan los salarios.

Control Marino: Barco *Bold Endurance* ¿dónde se encuentra localizado y hacia dónde se dirige?, ¿cuáles son sus intenciones?

Bold Endurance: Nos dirigimos igual, Control, a cercanías de eco uno, también estamos en lo mismo, presionando a la compañía para que pague nuestros salarios, ya que tenemos más de tres meses sin recibir un centavo.

Control Marino: Les informo a las dos embarcaciones que están incurriendo en una falta muy grave, se están metiendo en problemas, ya que se van a enviar dos barcos de la Armada de México para custodiarlos, ya que debieran estar en el área de trabajo asignada por Pemex.

Rita Candies: Sí, Control, pero a la compañía Oceanografía se le advirtió que si no procedían a pagarnos el día de hoy viernes 27 de marzo haríamos un paro de brazos caídos y por seguridad nos dirigimos a esta localización, por seguridad de las mismas embarcaciones. La empresa ya tiene conocimiento y aun así no nos ha resuelto absolutamente nada.

En el canal 16 de vhf se escuchan varias voces convocando a todos a bordo de las embarcaciones de Oceanografía a dirigirse hacia eco uno, en apoyo a los compañeros del *Rita Candies* y *Bold Endurance,* [se escucha] "Compañeros, ahora es cuando, vámonos,

vámonos todos hacia eco uno, o a Ciudad del Carmen, éste es el momento que debemos de aprovechar para que Oceanografía nos pague, que nos paguen los salarios atrasados hasta por tres meses, ya es mucho abuso, ya es el colmo. Vámonos, vámonos compañeros, no sean rajones, con esto los vamos a obligar a regularizar todos los abusos". Era obvio que todos estábamos escuchando el diálogo en el canal 10 vhf de Control Marino con las dos embarcaciones *Rita Candies* y *Bold Endurance*.

Control Marino: *Don Amado,* barco *Don Amado* éste es Control Marino, repórtese, canal 10.

Barco *Don Amado:* Adelante, éste es el barco *Don Amado*.

Control Marino: *Don Amado,* ¿cuáles son sus intenciones?, ¿hacia dónde se dirige?

Don Amado: Nos dirigimos hacia el *Bold Endurance,* Control, vamos a acoderarnos para recibir unos materiales que requerimos para continuar los trabajos.

Control Marino: Negativo, *Don Amado,* negativo, aléjese del *Bold Endurance* y páseme al radio al representante de Pemex. [Se escucha otra voz] Adelante, Control Marino, aquí el representante de Pemex.

Control Marino: Le informo que se retire de las cercanías del *Bold Endurance* y regrese a su lugar de trabajo, son las instrucciones de Control Marino.

Control Marino: *Bold Endurance,* va a ir un barco de la Armada de México para desembarcar al personal, van a desalojar la embarcación.

Bold Endurance: Negativo, Control, esto es un problema laboral y la gente no va a desembarcar.

Control Marino: *Bold Endurance* y *Rita Candies* manténgase a la escucha en canal 16 y canal 10 del vhf. Posteriormente les estaremos llamando.

Hasta el día de hoy 28 de marzo, siendo las 16 horas no se ha vuelto a escuchar absolutamente nada por los canales de vhf a pesar de que hemos estado al pendiente de los acontecimientos.

28 de marzo, 18:45 horas. Se escucha en canal 10 vhf a Control Marino darle instrucciones al *Bold Endurance* y al *Rita Candies* [que] se mantengan a más de una milla de cualquier plataforma, que naveguen fuera del área de plataformas. Se escucha a las dos embarcaciones decirle a Control Marino que están en espera de instrucciones para ir a un puerto de refugio, que su agencia le indicará de un momento a otro qué puerto será. Van navegando a la altura de Ixtoc-A, rumbo a Dos Bocas o Coatzacoalcos.

El reporte interno de PEP es apenas la primera parte de esta turbia historia.

28 de marzo, 20:00 horas. El inspector Lozano recibe en su celular un mensaje de la tripulación del *Rita Candies:* "estamos rodeados por los barcos de la Marina".

29 de marzo, 21:00 horas. La ITF, organismo con atribuciones para intervenir en todo tipo de conflicto en embarcaciones en sus 147 países miembros, incluido México, no ha podido establecer contacto con la tripulación de dicho navío. En cambio recibe una carta de un tripulante del *Bold Endurance* escrita en inglés, donde se narran los hechos que supuestamente ocurrieron en esos dos últimos días.

La misiva revela que cuando el barco ya había salido de la región fue alcanzado por ocho hombres armados que viajaban en una lancha rápida. Los hombres, que se dijeron enviados por

Amado Yáñez, encerraron al capitán en una celda del mismo barco, pero éste desde un teléfono celular llamó a los directivos de Secunda. Los navieros canadienses se comunicaron con las autoridades diplomáticas de su país. Según la misiva, al barco llegó "un alto funcionario de Gobernación", quien manifestó a los supuestos enviados de Yáñez que estaban a punto de detonar un conflicto diplomático internacional. Ellos se disculparon y "acusaron a Amado de ser el organizador".

El capitán fue liberado y partió hacia aguas de Estados Unidos con toda su tripulación. Algunas versiones recogidas entre trabajadores de Oceanografía indican que los 55 tripulantes del *Bold Endurance* regresaron a México vía aérea. El Ministerio de Relaciones Exteriores y Comercio Internacional de Canadá confirma que el 27 de marzo recibió una llamada de emergencia que involucraba al carguero canadiense "que navega con bandera de Barbados".

Seguridad nacional en duda

Por la naturaleza de sus actividades, la Sonda de Campeche es una zona blindada por las fuerzas armadas. Según el secretario de Marina, almirante Francisco Saynez Mendoza, en noviembre de 2008, luego de los ataques del Ejército Popular Revolucionario (EPR) a los ductos de Pemex, la Semar instaló cinco radares "de última generación" para cuidar la zona. En una extensa área no circularía avión o barco sin ser detectado y cualquier "comportamiento sospechoso" desataría una reacción preventiva.

Alguno de los cinco radares THX Thales Raytheon Systems, de fabricación inglesa y ensamblados en Estados Unidos, que vigilan el área debió registrar el caos que precedió a la salida del

Bold Endurance y más aún, que según difundió Oceanografía, le pidió a la Semar que interviniera el buque. El hecho es que éste fue sacado del país. Ante las acusaciones de terrorismo, la canadiense pidió la intervención de sus autoridades del Ministerio del Exterior. La Embajada de Canadá en México me confirmó que el asunto se revisaba directamente en Ottawa.

Lo cierto es que lo que le facilitó a Secunda recuperar su barco fue la ola de amotinamientos contra los Yáñez en protesta por las condiciones laborales.

El hambre de cada día

Agobiados por la necesidad de mitigar el hambre y la de sus familias, en 2008 la *palomilla* creó un frente común para reclamar su salario. El 19 de noviembre, 800 marineros hicieron un primer paro. Mientras el *Caballo Azteca* y la barcaza *DLB 801* eran reparados en astilleros de Veracruz, su tripulación inició la manifestación. A ellos se sumó la del *Caballo de Trabajo* desde Cantarell.

"Ya estamos hartos de poner cara de limosneros con el prestamista para que nos facilite dinero para enviarles a nuestras familias, cuando se supone que estamos trabajando en una empresa que goza de liderazgo en el ramo petrolero. La realidad es que esta empresa y sus directivos gustan de abusar y maltratar a sus trabajadores, pues saben que necesitamos el trabajo, pero en esta ocasión ya se pasaron...", dijo el marino Joaquín García entrevistado por el reportero Arturo Trejo, del periódico *Tabasco Hoy*.

Feneció diciembre sin sueldo ni aguinaldo, arrancaron el año con una huelga que, 85 kilómetros mar adentro, pasó desapercibida. Javier, un trabajador asignado como maquinista a la barcaza *DLB 801,* detalla que en enero los cocineros se declararon en huelga porque el hijo de uno de ellos agonizaba en un hospital de Tabasco y él no había cobrado su salario para regresar a tierra. "El compañero lloraba y aunque la huelga nos afectaba a todos porque nos dejaron sin comer, nos solidarizamos, nos cooperamos y conseguimos que regresara a su tierra siquiera para ver morir a su hijo."

La situación se generalizó en otros barcos. El 25 de marzo la tripulación del *Caballo Azteca* envió una carta a Yáñez Osuna reclamándole el salario de los últimos cuatro meses. Como sus palabras no tuvieron respuesta, apoyaron la salida de los barcos.

En abril de 2009, McDermott Gulf Operating Company y Secunda Marine presentaron una demanda en contra de Oceanografía y Amado Yáñez, ante la Corte de Distrito de Alabama, caso 1:2009cv00206, por disputa contractual.

IMPUNIDAD

Si hay un arquetipo de la corrupción que impera en el sistema mexicano y que se hereda sexenio tras sexenio, es el de la naviera Oceanografía. Sus gestores, los hijos de Marta Sahagún, viven en un autoexilio en el departamento que Manuel adquirió en las exclusivas Four Leaf Towers, en Houston. Francisco León está oficialmente desaparecido. En junio de 2009 el sinaloense Javier Vizcarra, identificado en Pemex como operador de los Yáñez, fue ejecutado de un balazo en la cabeza frente a su domicilio en el exclusivo fraccionamiento San Manuel, en Ciudad del Carmen.

Y mientras, los navieros ven crecer sus negocios. En el sexenio de Calderón operan también otras firmas con las cuales obtienen lucrativos contratos de diversas áreas de gobierno: Geofísica

Marina de Exploración (Geomarex) y Proyectos Alternativos, S. A. de C.V. Entre 2005 y 2009 recibieron contratos de Pemex y de SCT por 120 millones de pesos.

El 23 de enero de 2001 los hermanos Amado y Carlos Yáñez Osuna crearon la Inmobiliaria Cayo, con un capital social de 50 000 pesos. Amado fue designado presidente del Consejo de Administración y Daniel Rassvetaieff Guerrero, apoderado. Este último es también apoderado de AOM, filial del consorcio naviero Blue Marine, cuyos accionistas son el ex asesor directivo de Pemex, Antonio Juan Marcos Issa; su yerno, Juan Reynoso Durand, y el hermano de éste, Alfredo Reynoso Durand.

Por su parte, Carlos Yáñez es accionista de AOM y esta firma, asociada con Oceanografía en numerosas contrataciones irregulares con Pemex, que se detallarán más adelante.

Inmobiliaria Cayo se formalizó ante el notario público 19 de Tlalnepantla, Estado de México, con residencia en Huixquilucan, Alejandro Antonio Pérez Teuffer Fournier. Quedó inscrita en el Registro Público de Comercio del Distrito Federal el 5 de abril en el folio mercantil 274259.

El 18 de noviembre de 2002 los accionistas cambiaron la razón social por Geomarex, y modificaron sus estatutos para convertirla en "una sociedad que tendrá por objeto la compraventa, arrendamiento, subarrendamiento, operación, administración y exploración por cualquier medio de embarcaciones, en especial en Pemex". En 2005 ingresaron como accionistas Cristina Rassvetaieff Guerrero y Alberto Duarte López.

Ni Geomarex ni Proyectos Alternativos cuentan con personal y equipo propios para ejecutar los contratos de Pemex y de la SCT; utilizan recursos materiales y humanos de Oceanografía, según se desprende de sus expedientes internos. Su dirección fiscal es el

49595 - 9 -

del artículo ciento noventa y cuatro de la Ley General de Sociedades Mercantiles, ya que la sociedad no cuenta por el momento con el libro de actas correspondiente, siendo dicha acta del tenor literal siguiente: -

"- - - - - - ARRENDADORA OCEAN MEXICANA, S.A. DE C.V. - - - - -
- - - - - - - ASAMBLEA GENERAL ORDINARIA DE ACCIONISTAS - -
- - - - - - - - - -12 DE AGOSTO DE 2004 - - - - - - - - - - -
- - -En la Ciudad de México, Distrito Federal, domicilio social de ARRENDADORA OCEAN MEXICANA, S.A. DE C.V., siendo las doce horas del día doce de agosto de dos mil cuatro, se reunieron en la calle de Paseo de Tamarindos número 400, Edificio A, piso 15, el señor Juan Carlos Borboa Mendoza, en representación de Blue Marine Technology, S.A. de C.V., y los señores Antonio Juan Marcos Issa, Juan Reynoso Durand y Alfredo Reynoso Durand, quienes son accionistas de ARRENDADORA OCEAN MEXICANA, S.A. DE C.V., con el objeto de celebrar una Asamblea General Ordinaria de Accionistas de dicha sociedad. Asimismo, estuvo presente el señor Miguel Angel Rodríguez Díaz, en su calidad de Comisario Propietario de la sociedad. -
- - -De conformidad con lo previsto en la Cláusula Décima Séptima de los Estatutos Sociales, asumió la Presidencia de la Asamblea el señor Antonio Juan Marcos Issa, en tanto que como Secretario actuó el señor Juan Reynoso Durand, quienes ocupan dichos cargos en el Consejo de Administración de la sociedad. Asimismo, el Presidente nombró al señor Alfredo Reynoso Durand como Escrutador de la Asamblea. -
- - -A continuación, el Escrutador procedió a levantar la lista de asistencia y a revisar las inscripciones asentadas en el Libro de Registro de Acciones Nominativas de la sociedad y certificó que en la Asamblea se encontraba representada la totalidad de las acciones representativas del capital social de ARRENDADORA OCEAN MEXICANA, S.A. DE C.V., en los siguientes términos: - -
ACCIONISTA- - - - - - - - - - ACCIONES- - - - -VALOR
- -NOMINAL
Blue Marine Technology, - - - - - - - - - - - - - - - - - -
S.A. de C.V.- - - - - - - - - - -49,996 - - - -$49,996.00 -
representada por -
Juan Carlos Borboa Mendoza. - - - - - - - - - - - - - - - - -
Antonio Juan Marcos Issa. - - - 2 - - - - -$2.00 - -
Antonio Juan Marcos Issa. - - - 2 - - - - -$2.00 - -

49595 - 10 -

- - - - - - - - - - - - - - - -1- - - - - -$1.00 - -
. . . . .OTAL:- - 50,000- - - - -$50,000.00 - -
. . . . . rtificación anterior y con fundamento en
. . . . . ículo 188 de la Ley General de Sociedades
. . . . . ula Décima Quinta de los Estatutos Sociales
. . . . . ICANA, S.A. DE C.V., el Presidente declaró
. . . . . Asamblea, sin necesidad de la convocatoria
. . . . . encontrarse representada la totalidad
. . . . . ativas del capital social de ARRENDADORA
. . . . . C.V. - - - - - - - - - - - - - - - - - - -
. . . . . etario procedió a dar lectura al siguiente:
. . . . . ORDEN DEL DIA - - - - - - - - - - - - -
. . . . . bres - - - - - - - - - - - - - - - - - - -
. . . . . ados de la Asamblea. - - - - - - - - - - -
. . . . . del Acta de la Asamblea. - - - - - - - - -
. . . . . aron los asuntos incluidos en el Orden
. . . . . iscutir y escuchar las explicaciones y
. . . . . torno a cada uno de dichos asuntos, por
. . . . . olvieron adoptar los siguientes: - - - -
. . . . . ACUERDOS - - - - - - - - - - - - - - -
. . . . . DE PODERES. - - - - - - - - - - - - -
. . . . . an, en este acto, los siguientes poderes
. . . . . los señores Juan Reynoso Flores, Juan Carlos Borboa Mendoza
y Alberto López Castañón para que los ejerzan conjunta o separadamente
y sin limitación alguna, en nombre y representación de ARRENDADORA
OCEAN MEXICANA, S.A. DE C.V.: - - - - - - - - - - - - - - - - -
I.- Poder general para pleitos y cobranzas, con todas las facultades
generales y aún con las especiales que de acuerdo con la ley
requieran poder o cláusula especial, en los términos del párrafo
primero del artículo dos mil quinientos cincuenta y cuatro del
Código Civil para el Distrito Federal, y sus correlativos en
los Estados de la República Mexicana, por lo que al efecto gozarán,
entre otras, de las siguientes: - - - - - - - - - - - - - - - -
A.- Para intentar y desistirse de toda clase de procedimientos,
inclusive amparo. -
B.- Para transigir. -
C.- Para comprometer en árbitros. - - - - - - - - - - - - - -
D.- Para absolver y articular posiciones. - - - - - - - - - -
E.- Para recusar. -
F.- Para hacer cesión de bienes. - - - - - - - - - - - - - - -

RELACIONES EXTERIORES.- OCT 30 2002.- DIRECCION GENERAL DE ASUNTOS JURIDICOS."--

c.- Que el día dieciocho de noviembre del dos mil dos, se celebró una Asamblea General Extraordinaria de Accionistas de "Inmobiliaria Cayo", Sociedad Anónima de Capital Variable, habiéndose levantado el acta respectiva a fojas de la uno anverso a la dos reverso, del Libro de Actas de Asambleas que me exhibe el compareciente, y que a la letra dice: "INMOBILIARIA CAYO, S.A. DE C.V.- ASAMBLEA GENERAL EXTRAORDINARIA DE ACCIONISTAS.- 18 DE NOVIEMBRE DE 2002.- En la Ciudad de México, Distrito Federal, domicilio social de INMOBILIARIA CAYO, S.A. DE C.V. y siendo las 10:00 horas del día 18 de noviembre del 2002, se reunieron los siguientes accionistas con el fin de celebrar una ASAMBLEA GENERAL EXTRAORDINARIA DE ACCIONISTAS los señores Amado Omar Yánez Osuna y Carlos Daniel Yánez Osuna.- Presidió la Asamblea el señor Amado Omar Yánez Osuna, en su carácter de Presidente del Consejo de Administración de la sociedad y fungió como Secretario, el Licenciado Daniel Rassvetaieff Guerrero, por decisión unánime de los presentes.- Por decisión unánime de los presentes, fue designado como Escrutador de la presente Asamblea el Arquitecto Carlos Daniel Yánez Osuna, quien certificó que se encontraban representadas en la Asamblea, la totalidad de las acciones en que se divide el Capital Social de INMOBILIARIA CAYO, S.A. DE C.V., según se desprende de la Lista de Asistencia firmada por todos los accionistas, misma que se agrega al legajo de la presente Acta, y mediante la cual se hace constar que votaron las acciones que a continuación se expresan:------------------------------

CAPITAL SOCIAL

ACCIONISTAS	Mínimo Fijo Serie "A"	VALOR
Amado Omar Yánez Osuna R.F.C. YAOA-65015-3X8	25	$25,000.00
Carlos Daniel Yánez Osuna	25	$25,000.00

... A. Cándano Alvarez del Castillo

...edor Público No. 45

...io Federal

| | 50 | $50,000.00 |

...ONES EMITIDAS: 50.- Estando representada la ...que se divide el capital social de INMOBILIARIA ...damente en lo previsto por el artículo 188 de la Ley ...antiles, el Presidente declaró legalmente instalada la ...stitución previa de la convocatoria respectiva y con ...ente cualquier acuerdo.- Acto seguido, el Presidente ...ectura al Orden del Día propuesto para la ocasión, ...rma unánime por los presentes y que a continuación ...IA.- I.- Modificación de la Denominación Social, y en ...Primero de los Estatutos Sociales.- II.- Modificación ...caso, reforma al Artículo Tercero de los Estatutos ...apital Social en la parte Variable por la cantidad de ...LONES DE PESOS 00/100 M.N.).- IV.- Asuntos ...la preinserto fue desahogado en los siguientes términos.- I.- En desahogo del primer punto del orden del día, el Presidente manifestó a los accionistas de la conveniencia de modificar la denominación social actual de "INMOBILIARIA CAYO, S.A. DE C.V." por la denominación social "GEOFÍSICA MARINA DE EXPLORACIÓN, S.A. DE C.V.".- Por último, el Presidente comentó que en caso de aprobarse la anterior propuesta, resultaba necesario reformar el artículo primero de los Estatutos Sociales, obteniendo desde luego, de la Secretaría de Relaciones Exteriores el permiso correspondiente para llevar a cabo el cambio de la denominación social, en los términos antes propuestos.- Luego de diversos comentarios hechos por los representantes de los socios, fueron tomados en forma unánime los siguientes:- ACUERDOS.- PRIMERO.- Se modifica la denominación social de "INMOBILIARIA CAYO, S.A. DE C.V." para que a partir de esta fecha la sociedad se denomine "GEOFÍSICA MARINA DE EXPLORACIÓN, S.A. DE C.V.".- SEGUNDO.- Se reforma el Artículo

223

despacho 1406 de la avenida Insurgentes 300. Un trabajador del consorcio muy cercano a Amado Yáñez, dice que Geomarex "es usada como caja chica para el pago de sobornos". En sus estados financieros consigna que la principal fuente de sus egresos son "asesorías profesionales". Ante el SAT se le reporta con pérdidas.

La compañía está encabezada por Carlos Daniel Yáñez Osuna, director general; Ricardo Sánchez, director adjunto; Rabindranath Cantú Fuguemann, gerente. Su representante legal ante la SHCP es Alberto Antonio Duarte López, hijo de Alberto Duarte Martínez, accionista de Oceanografía.

El director de estudios técnicos es Lino Solís López, ex trabajador de Pemex, empleado por Oceanografía hace más de una década, donde ha sido gerente comercial y representante técnico de los contratos ante las API y los contratos de dragado y levantamientos topográficos de PEP.

Los primeros contratos que el gobierno federal otorgó a Geomarex fueron a través de las administraciones portuarias integrales (API), que dependen de la SCT, para los servicios de supervisión y topografía. Pero sus contrataciones con PEP han sido también las más redituables. Éstas también reportan incumplimientos y pagos en demasía. Algunas obras les fueron adjudicadas en los mismos días en que sus accionistas presentaron las facturas apócrifas para obtener ilegalmente los recursos públicos de la banca de desarrollo.

Tercera parte

CAMISAS AZULES, MANOS NEGRAS

Los negocios del diputado Nordhausen

Cuando en el año 2000 Jorge Rubén Nordhausen González se convirtió en senador, como premio a su activa participación recaudando fondos para Amigos de Fox entre empresarios de Ciudad del Carmen, su compañía Suministros Industriales Carrizales (SICSA) apenas figuraba en el padrón de proveedores y prestadores de servicios de Pemex: desde su fundación, 13 años atrás, había obtenido sólo 37 adjudicaciones por un monto menor a los dos millones de pesos.

La historia cambió a partir de que el empresario llegó al Senado de la República y ocupó la presidencia de la Comisión de Energía en esa cámara. Entonces, los contratos de SICSA se incrementaron en más de 1 000% por año y la hasta entonces modesta empresa estrenó oficinas en el Parque Industrial Laguna Azul, ubicado en la exclusiva zona de negocios VIP de la región isleña.

Nordhausen, nacido en Reynosa, Tamaulipas, el 20 de noviembre de 1950, es uno de esos políticos bisoños con buena estrella que, a pesar de su nula formación y experiencia, obtienen de la noche a la mañana cargos —primero como senador y luego como diputado— en los que gozan de exorbitantes sueldos, seguros (de vida, de gastos médicos mayores y de separación), gratificación de fin de año equivalente a 40 días de salario, teléfono celular ilimitado, tres asesores, automóvil, chofer y otras percepciones "inherentes" a su alto cometido. Su cargo como legislador también le permitió hacer florecer sus negocios particulares.

Egresado del Instituto Tecnológico Regional Número 7 de Ciudad Madero, donde estudió ingeniería eléctrica, trabajó para Carling Switch de México —empresa comercializadora de material electrónico— y en la División Electromecánica de Netza, en Tamaulipas. Llegó a Ciudad del Carmen cuando empezaban a desarrollarse las obras en Cantarell. Ahí, en 1980, creó Instalaciones y Construcciones Carrizales (ICCSA), empresa proveedora de material eléctrico para la industria petrolera que en 1987 cambió de razón social a Suministros Industriales Carrizales.

El acta constitutiva de SICSA, fechada el 10 de octubre de 1987,[1] establece que Nordhausen posee 55% de las acciones, mientras que su esposa Catalina Carrizales y su hija Zaida Carrizales tienen respectivamente 20 y 5%. Los otros accionistas son Adrián Gómez Guerrero y José Adalberto Robles Reséndez, cada uno con 10 por ciento.

En 1999 fundó la asociación Transformando Campeche, afiliada al Consejo Coordinador Empresarial de Ciudad del Carmen y la cual manejó un fideicomiso privado hasta 2005, cuando tuvo problemas fiscales con la SHCP. En ella, Nordhausen ocupaba el cargo de presidente del Cluster de la Industria Petrolera.

Ese mismo año (1999) se sumó a la efervescencia de Amigos de Fox y, tras afiliarse al PAN, Medina Plascencia lo recomendó con Lino Korrodi a fin de que encabezara la agrupación en Ciudad del Carmen, donde el blanquiazul no tenía cuadros políticos. Su habilidad para recolectar fondos destinados a la campaña

---

[1] Fue certificada por el encargado de la Notaría Pública Número 1, José Felipe Perreira Zapata, y está inscrita en el Tomo X, Libro VI de Comercio del Registro Público de la Propiedad, bajo la inscripción 3311, fojas 376-381.

presidencial entre los petroleros fue premiada con una curul en el Senado. Ya convertido en congresista, su empresa se trasladó a un edificio en el PIP Laguna Azul y abrió una segunda oficina en el municipio tabasqueño de Paraíso.

SICSA se publicita como "experta" en la compraventa de equipo para las industrias eléctrica y de la construcción, además de gestora, "comisionista mediante agentes, representante e intermediario de operaciones mercantiles" con Pemex.

Los negocios en el Senado

El informe semestral de septiembre de 2002 a febrero de 2003 de la Subcomisión de Seguimiento a las Operaciones de Pemex, dependiente de la Comisión de Vigilancia de la ASF, reveló que SICSA, junto con las empresas Instalaciones Electromecánicas, Civiles y Eléctricas (IECESA), EVYA y Grupo C-Bay 2, habían recibido "sobrepago en los contratos Cantarell" por montos que iban de tres a 50 millones de dólares anuales y que, en el ilícito, sus propietarios estaban coludidos con funcionarios de PEP.

En cuanto el informe circuló entre los legisladores, Nordhausen se reunió en privado con funcionarios de la SFP, a quienes les solicitó los expedientes de los casos más graves de corrupción en Pemex. Puesto que se trataba del presidente de la Comisión de Energía del Senado, la SFP le entregó un "mapeo" general con reportes, bitácoras y otros detalles. Nordhausen se comprometió a que, dada la magnitud de las irregularidades, él mismo las investigaría "aunque me vaya en ello la vida".

Éste fue el primero de dos encuentros que empleados de la dependencia sostuvieron con él. Un mes después ocurrió el segundo, en las oficinas del Senado, en Xicoténcatl 9. Uno de los auditores le preguntó acerca de los asuntos que le había reportado. Para su sorpresa, se mostró indiferente y respondió que sus asesores se encargaban de analizarlos, pues él estaba ocupado con el tema de los csm debido a que Manuel Bartlett trataba de bloquearlos.

El auditor, quien accedió a ser entrevistado y grabado con la condición de que su nombre permaneciera en el anonimato por temor a represalias, relató que desde ese día Nordhausen nunca volvió a contestarle el teléfono y, lo más grave, que tampoco denunció ni investigó los casos de corrupción:

—Utilizó la información para gestionar contratos en Pemex.

Bendición presidencial

Entre el empresariado de Ciudad del Carmen presumía que gozaba de la protección de Vicente Fox, y los funcionarios de PEP en la Región Sur daban por hecho sus influencias en Los Pinos.

Desde que encabezó la Comisión de Energía en el Senado y luego como integrante de la misma comisión en la Cámara de Diputados (entre diciembre de 2000 y septiembre de 2009), PEP le otorgó más de 200 contratos para instalaciones eléctricas, de alarmas y de equipo de intercomunicación en plataformas petroleras, lo que representa un claro conflicto de intereses.

La contraloría interna detectó graves incumplimientos en tales contratos, que derivaron en 157 penalizaciones y en denuncias penales. Sin embargo, la empresa no fue inhabilitada, como marca la ley, ni las autoridades judiciales fincaron responsabilidades en contra de los accionistas y representantes de SICSA. De acuerdo con los expedientes, las irregularidades iban desde el uso particular por parte de Nordhausen del servicio médico, helicópteros y transporte marítimo de Pemex en Cantarell, hasta accidentes, material entregado con tres años de atraso, costos financieros por liquidación anticipada, pago en demasía, transportación marítima fuera de contrato y gastos financieros no considerados.

Durante nueve años Nordhausen usó su curul para promover a SICSA, empresa en la cual aparecía como administrador único, pues combinaba las actividades proselitistas con la promoción de su compañía. Y en la página *web* de la empresa, en tanto, publicitaba sus actividades proselitistas y "propuestas" legislativas. Al respecto, su ex compañero en el Senado, Manuel Bartlett, asegura que las iniciativas de Nordhausen al frente de una de las comisiones más importantes y estratégicas del Legislativo siempre buscaron favorecer la entrada de capital privado, nacional y extranjero, en sectores de la industria petrolera considerados como de seguridad nacional.

Hasta el año 2002, por lo demás, fungió como apoderado legal de SICSA. A raíz de que el Sindicato Nacional de Trabajadores Especializados de la Industria de la Construcción denunció penalmente a su empresa en juzgados de Campeche, registró en Pemex a su esposa Catalina Carrizales como apoderada. La cesión, realizada el 15 de agosto de ese año, fue una simulación. En una entrevista en su oficina de Paseo de la Reforma, él mismo me explicó: "Les di poderes a mi esposa y mi hijo, pero el administrador único de la empresa sigo siendo yo".

Y sí, en el organigrama de la estructura operativa de SICSA, Jorge Nordhausen González ocupa el puesto de director general, mientras que su hijo Jorge Alberto aparece como director adjunto, Catalina Carrizales es tesorera y apoderada, y su sobrino Carlos Carrizales Cardiel es representante legal.

Los Cirujanos

Desde el sitial en Xicoténcatl y luego en San Lázaro, Nordhausen también gestionó contratos para IECESA —otra de las señaladas por la ASF de realizar cobros irregulares en Cantarell—, empresa propiedad de su socio Juan Carlos del Río, otro hombre de negocios convertido en político por la efervescencia foxista.

Sin trayectoria política, el también ingeniero electricista Del Río se volvió el delfín de Nordhausen para las elecciones gubernamentales de 2003 en Campeche y la gran revelación del PAN en un estado tradicionalmente priísta. Juntos alimentaron considerablemente las filas del blanquiazul, que conquistó seis de los 11 ayuntamientos en disputa, todos afines al PRI hasta ese entonces. No obstante, Del Río perdió la contienda frente a Jorge Carlos Hurtado.

En las oficinas de PEP en el Edificio Pirámide, Nordhausen tejió una red de empresarios panistas, apodados *Los Cirujanos,* que operaban contratos en complicidad con gerentes, subgerentes y superintendentes. Un funcionario relacionado con la asignación de varios contratos a favor de SICSA y quien pide omitir su nombre porque Nordhausen es "de armas tomar", explica el porqué del mote:

—Cuando se iba a licitar una obra, entraban al piso 14 de la Torre de Pemex donde se les daba acceso a las propuestas de la licitación, y como cirujanos las diseccionaban todas y luego, con base en ellas, armaban una para que cualquiera de ellos se quedara con el contrato.

Nordhausen y Del Río solían participar en las mismas licitaciones, previo acuerdo con los funcionarios de Pemex a fin de simular la competencia entre sus empresas. Por ello, en la mayoría de los procesos en que concursó SICSA, también se inscribió IECESA. Sus propuestas económicas variaban en un rango de 50%.

Aun cuando en ocasiones otras empresas presentaron propuestas económicas inferiores, el fallo invariablemente favoreció a sicsa. Valgan los siguientes ejemplos:

- El contrato 2550W0066 le fue asignado sicsa por 56 000 dólares a pesar de que Equipo de Medición y Control Industrial hizo una propuesta de 21 504 dólares.

- En el número 2440W0010, Rhacor de México cotizó 9 480 dólares y le fue asignado a sicsa por 12 488.

- En el 2551W0001, Centrax cobraba 49 750 dólares, pero le fue asignado a sicsa por 76 700.

Nordhausen y Del Río encabezan también al grupo denominado *Los Carmelos:* políticos panistas todos contratistas de Pemex. Otros personajes de este clan son el ex alcalde Jorge Rosiñol Abreu, propietario de Tecno Fire, y el ex diputado local José del Carmen Rodríguez Vera, socio de Proservin.

AMERICAN WAY

Manuel Bartlett afirma que Jorge Nordhausen fungió en el recinto de Xicoténcatl como el personero de empresas privadas, sin importarle el "claro conflicto de intereses".

—El Senado en México se está volviendo como el de Estados Unidos, donde privan los intereses económicos sobre la ley. Y cuando éstos se enquistan en el órgano que hace las leyes, ellas favorecerán los intereses económicos.

Bartlett dice que el sexenio de Fox representó un parteaguas en el Poder Legislativo, pues diputados y senadores del PAN actuaron bajo la consigna de aprobar a toda costa iniciativas que permitieran la entrada al sector energético de empresas trasnacionales, topándose con la firme oposición de una parte del PRI. Así, durante la LIX Legislatura se ventiló en el Senado el conflicto de intereses en que incurría Jorge Nordhausen, a quien incluso se le comparó con el también senador Diego Fernández de Cevallos. No obstante, ni en uno u otro caso se procedió siquiera a imponerles una sanción gracias a los vacíos en las normas internas del Poder Legislativo.

Por aquellos días, Manuel Bartlett se quejaba:

—Si eres contratista, es obvio que por más sentido patriótico que tengas vas a legislar a favor de tus propios intereses. Por si no bastara que el presidente de la Comisión de Energía sea un contratista, resulta que el director de Pemex, Luis Ramírez Corzo, también lo es y pesan sobre él acusaciones de tráfico de influencias. Y también es contratista el director de la Comisión Federal de Electricidad, Alfredo Elías Ayub, mientras que Fernando Elizondo, secretario de Energía, es un negociante. Esto está para ponerse a llorar. El hecho de que alguien participe en licitaciones de negocios en los cuales actúa además como autoridad o sobre los cuales legisla es, lisa y llanamente, corrupción. Y atenta contra los intereses nacionales.

Óscar Cantón Zetina, también ex integrante de la Comisión de Energía, señala por su parte que la SFP se convirtió en cómplice de Jorge Nordhausen al permitir que PEP lo beneficiara con un "contratismo basado en el tráfico de influencias".

EL PODER DEL FUERO

Por falta de capacidad económica, SICSA operó en sus inicios como subcontratista de Turbo Motores del Noreste, propiedad del tamaulipeco Américo Leal Ríos. La sociedad, sin embargo, terminó en otro capítulo negro en la historia del político panista.

En agosto de 1998 Turbo Motores ganó dos contratos para labores de perforación en plataformas marinas en Dos Bocas, Tabasco (PM4045 y PM4046). Leal subcontrató a SICSA para los trabajos de electrónica. Como el proyecto requería de un ingeniero al frente, Nordhausen se autopropuso a cambio de financiamiento.

Como el empresario debió someterse a una intervención quirúrgica, Nordhausen asumió la dirección del proyecto y a nombre de Turbo Motores, en forma ilegal, cobró a Pemex trabajos no realizados. Al descubrirse el fraude, el judírico multó con 330 000 dólares a Turbo Motores. En consecuencia, en 2001, Leal denunció ante la PGR a Jorge Rubén Nordhausen González, Jorge Alberto Nordhausen Carrizales y Catalina Carrizales por un fraude superior a los seis millones de pesos. Entre las pruebas aportadas en las averiguaciones previas (números 154/4ta/2001 y 164/4TA/2001) incluyó documentos firmados por los tres integrantes de la familia Nordhausen relativos a liquidaciones por contratos de obra que SICSA jamás efectuó.

Ante la misma instancia judicial, por su parte, Pemex denunció a Turbo Motores y a SICSA por un fraude de 30 millones de pesos. La averiguación previa implicaba a Nordhausen como presunto responsable de defraudar con servicios y obra fantasma a Pemex en complicidad con Alberto Cárdenas Bustamante —jefe del Comité de Reconstrucción—, Alejandro González López —subgerente de perforación en la región del Golfo de México— y Ángel Ibarra —supervisor encargado del área de pintura y protección anticorrosivo—, quienes avalaron los supuestos trabajos.

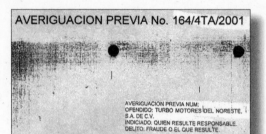

AVERIGUACION PREVIA No. 164/4TA/2001

AVERIGUACION PREVIA NUM:
OFENDIDO: TURBO MOTORES DEL NORESTE,
S.A. DE C.V.
INDICIADO: QUIEN RESULTE RESPONSABLE.
DELITO: FRAUDE O EL QUE RESULTE.

C. AGENTE DEL MINISTERIO PUBLICO INVESTIGADOR EN TURNO.
P R E S E N T E.

REFUGIO FACUNDO REYNA, mexicano, casado, mayor de edad, empleado, originario de Monterrey, Nuevo, León, y con domicilio convencional para oir y recibir notificaciones, en calle 56 numero 272, de la colonia Morelos, de ciudad del Carmen, Campeche, ante Usted con el debido respeto comparezco y digo:

Que por este escrito, y en mi carácter de Apoderado General para Pleitos y Cobranzas, de "Turbo Motores del Noreste, S.A. de C.V.", personalidad que acredito con la copia certificada de la escritura publica numero 5836, del volumen .CCLXXIX, de fecha diez de Mayo del año en curso, pasada ante la fe de el Licenciado Bolívar Hernández Garza, Notario Publico numero 259, en ejercicio en la ciudad de Reynosa, Tamaulipas; ocurro a denunciar hechos que estimo constitutivos de delito y a Querellarme formalmente en el caso de que los mismos sean de los que se siguen a instancia de parte ofendida, en contra de quien o quienes resulten responsables de la comisión de los mismos, perpetrados en perjuicio de mi representada, basándome para ello en los hechos y consideraciones que a continuación paso a exponer:

HECHOS

1.- Con fecha diecisiete de Julio de mil novecientos noventa y ocho, la representada Turbo Motores del Noreste, S.A. de C.V., celebro con PEMEX EXPLORACION Y PRODUCCION, un contrato abierto de servicios que fue denominado "Contrato N° PEP-S-AD-IT-206/98", mediante el cual el organismo publico descentralizado del gobierno federal y subsidiaria de Petróleos Mexicanos, encomendó a mi poderdante la prestación de servicios consistentes en: la reconstrucción, reparación general y mantenimiento de todas las unidades electromecánicas y sistemas de seguridad, así como la parte estructural y protección anticorrosiva del equipo de perforación marina PM-4046: incluyendo la reposición de unidades, materiales y/o refacciones, instrumento que exhibo en copia certificada como anexo II a este escrito.

dia en exceso del 15 de Octubre de 2000, hasta la fecha en que las cantidades pongan efectivamente a disposición de Pemex Exploración y Producción.

De los anexos que forman parte integrante del oficio CREP/028/00 enunciado en el párrafo anterior, precisamente el enumerado con el 2 (Reparación estructural), se precisan las ordenes de servicio números 327/98, 619/99, 620/99, 621/99, 622/99, 623/99, 624/99, 625/99 y 334/98, que fueran pagadas en las estimaciones números 8, 1 y 9, especificando los conceptos de cada orden de servicio y los pagos en exceso efectuado a Turbo Motores del Noreste, S.A. de C.V. , por la cantidad de $1,568,882.50 (Un millón quinientos sesenta y seis mil ochocientos ochenta y dos pesos 50/100 Moneda Nacional).

Es el caso, que los conceptos de las ordenes de servicio antes enunciadas, corresponden a servicios encomendados por mi poderdante a SUMINISTROS INDUSTRIALES CARRIZALES, S.A. DE C.V., y dichos conceptos fueron reportados como realizados y precisados en las facturas números B 0280, A 1812, A 1813, A 1817, B 0310, B 0311, B 0312, expedidas y cobradas a Turbo Motores del Noreste, S.A. de C.V. por SUMINISTROS INDUSTRIALES CARRIZALES, S.A. DE C.V..

De lo anteriormente expuesto, se desprende que SUMINISTROS INDUSTRIALES CARRIZALES, S.A. de C.V., y sus representantes legales como lo son el INGENIERO JORGE NORDHAUSEN GONZALEZ, dolosa y fraudulentamente presento a mi representada para su pago, las facturas antes descritas, por conceptos y servicios que sabía no fueron prestados o realizados, maquinando el ilícito dolosamente, ya que en base a su buena moralidad fue designado JORGE NORDHAUSEN GONZÁLEZ representante Técnico de Turbo Motores del Noreste, S.A. de C.V., representación que acredito al efecto, mediante la copia del oficio de notificación de autorización a Pemex Exploración y Producción que exhibo como anexo XVI y cuyo original obra en poder de Pemex Exploración y Producción, perforación y mantenimiento a pozos distrito Dos Bocas, Tabasco y además en cabildgyuvancía con el señor GONZALO HERNÁNDEZ MARTINEZ, en su carácter de supervisor de la especialidad de Turbo Motores del Noreste, S.A. de C.V., y además con EL INGENIERO ALBERTO CARDENAS BUSTAMANTE, supervisor de la obra de Pemex Exploración y Producción y el Ingeniero ANGEL IBARRA GONZALEZ, supervisor de la especialidad de Pemex Exploración y Producción, quienes respectivamente suscribieron la entrega y la recepción de los servicios (anexos del XXI al LI), a sabiendas de que no habían sido prestados o realizados, abusando de la representación que les fue conferida en base a lo dispuesto en la cláusula 14.1 y 14.2 del contrato denominado "CONTRATO N° PEP-S-AD-IT-206/98", provocando con ello el engaño y el error en mi poderdante, quien pago el importe de las facturas multicitadas, ya que le fueron presentadas con las actas de entrega validadas por los supervisores antes referidos, obteniendo de esa forma SUMINISTROS INDUSTRIALES CARRIZALEZ S.A. DE C.V., el pago y un lucro indebido, en detrimento del patrimonio de Turbo Motores del Noreste, S.A. de C.V..

En marzo de ese mismo año, el ingeniero Mauricio Ruiz Trejo, funcionario de PEP, denunció en el OIC la asignación de contratos irregulares a empresas que cobraban bienes y servicios "hasta ocho veces arriba de su valor real". Entre ellas estaban IECESA y SICSA. Semanas después, la indagatoria se ventiló en el periódico *Novedades de Quintana Roo*. A raíz de ello, Ruiz comenzó a ser acosado y recibió amenazas de muerte que lo llevaron a salir de Pemex.

En 2005 un juez de Campeche giró órdenes de aprehensión en contra de los involucrados en el supuesto fraude contra Pemex, incluido el entonces senador y, por tanto, con fuero. De hecho, sólo González López estuvo preso alrededor de una semana. En la actualidad, protegido por Nordhausen, presta sus servicios de asesoría a contratistas de la paraestatal en Ciudad del Carmen.

Pese a lo álgido de sus diferencias con Juan Camilo Mouriño, de cara a las elecciones de 2006, el muy pronto ex senador se puso a las órdenes de Felipe Calderón, con objeto de que el PAN no le retirara su manto protector y así alcanzar, como diputado federal, otros tres años de fuero constitucional. Con el mismo objetivo, en abril de 2009 se registró como candidato plurinominal a una diputación en el Congreso de Campeche.

LAS AMENAZAS

Antes de que Américo Leal naciera, su familia ya era contratista de Pemex. Con el tiempo, tomó las riendas de un negocio que declinó a partir de su sociedad con Nordhausen.

Tras varios meses de insistencia, el empresario accede a relatar en entrevista su relación de negocios con el legislador. Desconfiado, pone dos condiciones:

—La primera es que quede bien claro que si algo nos pasa, a mí o a mi familia, Jorge Nordhausen será el responsable. La segunda, que me avise cuándo publicará la historia. Ese día, por tercera vez, tendré que sacar a mi familia del país.

Y es que, asegura, a partir de que denunció penalmente a Nordhausen éste lo ha acosado y amenazado de muerte. Por ello, como si se tratara de una consigna, repite sus condiciones a lo largo del encuentro. Su relato se remonta a aquel agosto de 1998, cuando su empresa ganó los contratos PM4045 y PM4046, y subcontrató a SICSA.

—Nordhausen me confesó que no tenía suficiente solvencia económica, pero que el proyecto le interesaba. Mi empresa era muy fuerte y acepté solventarlo, pero no con dinero en efectivo: yo compraba el material y financiaba cuanto se requería para la operación de su empresa. El problema fue que cuando empezaron los trabajos en las plataformas sufrí un paro cardiaco y debí someterme a una operación a corazón abierto en McAllen. El señor era hábil. Nunca me di cuenta de que mientras estuve internado se amafió con los supervisores de Pemex. Empezó a cobrar trabajos que no realizó y lo hizo a nombre de mi compañía.

—¿Fue un buen negocio para Nordhausen?

—Un excelente negocio: SICSA tenía 65% de participación directa en el proyecto, al cual entró con dinero que yo mismo le presté. Súmele todas las obras que el señor cobró cuando estuve enfermo. En esos tiempos no traía dinero ni para el güisqui, chupaba los hielos.

—¿Sabía de las negociaciones que él sostenía con supervisores de Pemex?

—No. Lo hizo cuando yo no estaba. El señor es muy hábil para la ratería, para las transas. Mientras yo estuve en el proyecto trabajó muy bien, hasta me iba a visitar al hospital. Nunca sospeché. Confié en él, creí que era un hombre sincero y honesto. Al regresar descubrí las fallas y le retuve pagos a su empresa.

Nordhausen es un personaje con pocos amigos merced al despotismo de que hizo gala en cuanto se convirtió en legislador. En la reducida lista de sus amistades aparece su paisano Guillermo González Calderoni, quien huyó a Estados Unidos luego de ser acusado en México de enriquecimiento ilícito y delitos contra la salud.

Desde 1993 y hasta 2003, cuando fue asesinado, este ex comandante de la Policía Judicial Federal al que se vinculaba con los narcotraficantes Amado Carrillo Fuentes —cártel de Juárez— y Juan García Ábrego —cártel del Golfo— vivió en McAllen, Texas, ciudad en donde SICSA tiene oficinas. Testigo protegido e informante de la Agencia Antidrogas estadounidense (DEA, por sus siglas en inglés), González Calderoni compartía con Nordhausen la afición al golf y, durante los fines de semana, ambos pasaban largas y plácidas tardes practicando su deporte favorito.

Leal, quien también vivía en McAllen, dice que cuando le retuvo los pagos a Jorge Nordhausen, recibió una llamada telefónica. Era González Calderoni.

—Me llamó para citarme en sus oficinas de Hidalgo, Texas. Ya reunidos, me dijo en tono amable pero enérgico, que debía pagarle a su compadre Jorge Nordhausen.

—Que termine las obras y lo hago —respondí.

—Quiero que le pagues —insistió, amenazante.

No agregó más, pero entendí el mensaje.

Relata que en cuanto SICSA terminó los trabajos que hasta entonces había detectado como inconclusos, saldó cuentas con Nordhausen y se lo notificó a González Calderoni.

—Si tienes otro problema con él, ven a verme —le respondió.

—Días después descubrí los verdaderos faltantes. El problema era más grave de lo que creí. Le llamé a Calderoni y me respondió:

—Hazle como quieras, ya es senador.

A la fecha, las investigaciones sobre el supuesto fraude contra la paraestatal están empantanadas, lo mismo que las denuncias presentadas por Leal. El empresario asegura que ello se debe a "la presión de Nordhausen en los juzgados y al tráfico de influencias que ha ejercido como legislador con fuero. Eso le permite seguir impune". Muestra de lo anterior es el episodio ocurrido en enero de 2005, cuando Leal recibió una llamada de su abogado:

—Me dijo que Nordhausen tenía que ir al juzgado, pero que mejor nos uniéramos para saltar la bronca con Pemex y así liberar a su cliente de todo esto. Le contesté que para mí el señor era un ratero. De inmediato empezaron otra vez las amenazas de muerte. Insistía en que dejara la denuncia, que a él lo respaldaba Fox. Realmente es capaz de todo: durante el pasado gobierno, en dos ocasiones tuve que sacar del país a toda mi familia. Nos fuimos a Texas, luego regresamos a Reynosa.

Del último encuentro con su deudor, Américo Leal recuerda:

—De manera casual nos encontramos en Los Ahijados, un restaurante entre Reynosa y Monterrey. Lo abordé y le dije:

—Págame lo que me debes, vamos a negociar, te acepto perros o gatos. No tiene caso seguir desgastándonos.

—Yo ya cerré esa cortina —me respondió, lo recuerdo bien—. Ahora soy legislador, a ver qué me puedes hacer. Te aseguro que no será mucho.

Las irregularidades en los negocios de Jorge Nordhausen son un secreto a voces entre los empresarios del sector petrolero, asegura Américo Leal.

—Todos saben, pero nadie dice nada —concluye—. El fuero le da todo el poder.

Antes de despedirse, suplica:

—No digan dónde nos vimos. Eso sí, conservo cinco cajas repletas de documentos que demuestran los fraudes de Nordhausen. ¡Ah! Y no se olvide de avisarme cuando publique la entrevista para estar prevenido y salir del país.

UN SENADOR EN APRIETOS

Entrevisté a Nordhausen en junio de 2005, en la oficina que ocupaba en el piso 17 de la Torre Azul, en la avenida Paseo de la Reforma. Me habló a detalle de los conflictos de su empresa en la SFP y de las acusaciones administrativas y penales en su contra.

—Usted preside la Comisión de Energía en el Senado de la República y su empresa obtiene contratos de Petróleos Mexicanos. ¿Es ético?

—Por eso es que me retiré de toda actividad empresarial el 1° de noviembre de 1999. Me alejé a tal grado que a la empresa acudo sólo en diciembre, a celebrar junto con el personal. Quien tomó las riendas de la empresa es mi hijo. Para eso trabajamos, es una especie de ley de la vida que se va cumpliendo. Yo estoy retirado.

—Según información de Pemex, hasta el 15 de agosto de 2002 usted fue apoderado legal, fecha en la que cedió ese cargo a su esposa Catalina Carrizales. Es decir, durante sus dos primeros años en el Senado...

—La razón fue que por trámites legales de la empresa debía estar firmando documentos y yo no tenía tiempo siquiera para eso.

—¿Legalmente usted sigue siendo el apoderado?

—¡Lo sigo siendo!

—¿Sigue siéndolo?

—Sí, sí.

—Usted aún aparece como presidente de la empresa. ¿Lo es?

—¡Sí!… ¡Y administrador único!

—¿Cree que es correcto?

—Lo que se está haciendo, mire…

—Sí, es su empresa, usted la constituyó y ahora delega funciones de dirección en su familia. Pero obtienen contratos de Pemex al tiempo que usted preside la Comisión de Energía del Senado. Desde un punto de vista moral y ético, ¿cree que sea correcto?

—Pues interprételo usted. Yo creo hacer lo correcto.

—Como administrador único, podría hablarme sobre las 157 penalizaciones que le han impuesto a su empresa…

—Bueno, no tengo el dato. Lo único que puedo decir es que desde el 1° de noviembre yo he estado retirado de esa actividad y soy ajeno a cualquier situación.

—Senador, hay un caso de incumplimiento de más de 1 000 días y la ley de obra pública señala que cuando el retraso equivale a 10 % del monto del contrato éste se debe rescindir. La misma situación se repite con varios contratos de SICSA. Sin embargo, no se le ha rescindido ni uno, ¿quién está fallando?

—Pues yo…, yo no tengo conocimiento de esa información.

—Le pido su opinión porque usted afirma que sigue siendo el administrador único de SICSA.

—Así es, pero delegué la responsabilidad en Jorge Alberto y usted tendría que preguntarle a él.

—Usted asegura que es administrador único y después dice que no sabe nada de la empresa… ¿Es esto posible? ¿No platica con su hijo de cómo va el negocio? Ésa también es la ley de la vida, como usted dice.

—Sí, lo sé. Platico algunas cosas, pero éstas en particular no he tenido la oportunidad.

—¿Utiliza usted helicópteros y barcos de Pemex para beneficio de su empresa?

—Claro, todas las empresas los utilizan.

—Hay irregularidades y penalizaciones por este uso.

—¡Eso es falso! La última vez que fui a una plataforma fue en 2004, con el presidente Fox, en su helicóptero.

—Senador, de acuerdo con información oficial, en 12 años su empresa obtuvo sólo 37 contratos de Pemex pero desde que asumió la Presidencia de la Comisión de Energía en el Senado obtuvo más de 160...

—Falso. En una palabra, es falso.

—¿Cuál es la cifra?

—No lo sé, pero la cifra que oigo es falsa.

—Usted me comentó por teléfono que eran muchos más...

—Hasta ahora no he escuchado que usted me pregunte de qué me valía para obtener contratos cuando no era senador.

—Lo que llama la atención, y espero que me entienda, senador...

—¿Y porque no le voy a entender si me está hablando en español?

—... es por qué nada más se obtuvieron 37 contratos en el pasado y a partir de que usted llegó al Senado y dejó SICSA en manos de sus hijos consiguen 160.

—Eso es falso, se lo acabo de decir.

—¿Entonces cuántos han sido?

—No lo sé. Pero la cifra que me da es falsa, eso sí lo puedo afirmar.

—¿Y si no conoce la cifra, cómo sabe que es falsa?

—Porque, como usted dijo, conservo contacto esporádico y tengo idea de cómo está la empresa.

—¿Entonces cuántos contratos son?

—¿En cuánto tiempo? Por ejemplo, desde que soy presidente de la Comisión de Energía, los contratos de SICSA los puede usted contar con los dedos de las manos y le aseguro que le sobran dedos.

—¿Menos de 10?

—Sí, menos que los 10 dedos que tengo en las manos.

—¿Qué le diría usted a Pemex, a nombre de la Comisión de Energía, sobre todas esas empresas irregulares que cometen fraude...?

—¿Como cuál?

—Como SICSA, que es suya.

—Ésa es su opinión.

—¿Qué piensa de esas empresas que atentan contra el patrimonio de Pemex?

—Sé de algunas empresas inhabilitadas y creo que la ley es para aplicarse.

—¿Incluidas las de los senadores?

—Todas, la ley es para aplicarse sin excepciones.

En noviembre de 2008, cuando Nordhausen exigía al gobierno de Calderón explicar el destino de la Isla Bermeja, obtuvo una adjudicación multianual por 51 millones de pesos para instalar los sistemas de detección de gas en tres plataformas.

El emporio de Saint Martín

En los archivos de Pemex hay expedientes de empresas privadas a las que se clasifica de "alto riesgo" merced a su repetida participación en operaciones irregulares o en actos de corrupción. Entre ellas, ocupan un lugar destacado las compañías que conforman el Grupo Saint Martín, propiedad de los hermanos Juan de Dios, Fernando, Mariano, Rodolfo y Alejandro Saint Martín Zepeda, quienes en medio de acusaciones de corrupción, sobornos a funcionarios y fraudes denunciados ante los órganos internos de control, pasaron de chaperos a magnates de la industria petrolera.

La relación de los Saint Martín con Pemex se inició cuando, con palas y picos, limpiaban derrames de crudo. Es decir, trabajaban como chaperos. Al paso del tiempo, en vez de convivir con obreros de la paraestatal para jugar la "cascarita" dominguera de rigor, se codean con altos directivos o hacen negocios con empresarios cubanos, vascos y hasta árabes. Son turistas frecuentes en Europa, viajan con regularidad a La Habana y, por su reciente sociedad con la compañía Chalad Rase Osada Al-Qatarí & Brothers, también a Medio Oriente.

En 1980 los Saint Martín dejaron su natal Puebla para instalarse en Coatzacoalcos, Veracruz. Ahí Juan de Dios, el primogénito, abrió un taller de hojalatería aunque, atraídos por la fiebre del oro negro, ese mismo año emigraron a Tabasco. Su primer contacto con funcionarios de mediano nivel de Pemex se debió a su afición al futbol, misma que más tarde los llevó a comprar los Lagartos de Tabasco —hoy propiedad de la familia Cantón Zetina— y en 1997 los Delfines de Coatzacoalcos, el cual jugó en la Primera División A hasta 2006, cuando la franquicia fue vendida para dar lugar a los Guerreros de Tabasco.

El 23 de agosto de 1995, Juan de Dios y Rodolfo constituyeron Saint Martín Construcciones (SMC). El mismo año crearon Reciclaje y Confinamientos Ecológicos del Golfo (Recosa), y en 1997 Proveedores y Servicios Especializados del Sureste (Proses). Le siguieron Fimsa en 2000 y Ecomex en 2005.

En general, sus empresas ofrecen los mismos servicios: construcción y mantenimiento de instalaciones petroleras o trabajos de biorremediación —uso de microorganismos para remover contaminantes del medio ambiente—. La razón de ello es que a través de distintas razones sociales operadas por supuestos prestanombres simulan la competencia en las licitaciones de Pemex, me explicó el titular del OIC en PEP, Jorge Javier Ramos Negrete.

El contralor me detalló que ésa era la estrategia utilizada por la familia Saint Martín para monopolizar este tipo de servicios en Veracruz, Tabasco y Campeche, los cuales les generan multimillonarias ganancias.

Ante la SFP todas las empresas del Grupo Saint Martín están involucradas en denuncias por uso de documentos apócrifos para la obtención de contratos, incumplimiento de los mismos y sobornos a funcionarios que los adjudicaron.

La sede de la compañía se ubica en el número 221 de la Avenida Mario Brown Peralta —colonia Atasta, en Villahermosa— y cuenta con oficinas en el corredor industrial Reynosa-Río Bravo, en Tamaulipas, en Avenida Universidad 911, en Coatzacoalcos, y en la exclusiva colonia Jardines de Mérida, en Yucatán, en el 820 de la Calle 23. Una oficina de negocios internacionales de FIMSA, contratista en México y Estados Unidos para la recolección, transporte y disposición final de residuos industriales, se localiza en McAllen, Texas, en la suite G–548 del 1001 de la Calle 10.

LA FAMILIA

En la estructura del grupo, Juan de Dios funge como director general, Fernando es director administrativo, Rodolfo el director técnico y Alejandro el gerente.

En la actualidad, los Saint Martín son una de las familias con mayor poder económico en Tabasco, donde poseen ranchos. En Coatzacoalcos son dueños de discotecas y restaurantes, mientras que en la ciudad de Puebla, donde radica Mariano, tienen lujosas residencias, y en las capitales de Cuba y España son propietarios de departamentos y terrenos.

Las fiestas familiares o corporativas y las obras de filantropía a favor de casas hogar o asilos de ancianos merecen reseñas en las páginas de sociales de los periódicos locales. De este modo y con obras de caridad en zonas marginadas, donde reclutan obreros temporales a los que pagan salarios de hambre y no les brindan prestación laboral alguna, los Saint Martín lavan la imagen de su desprestigiado consorcio.

En un periodo de 14 años, el Grupo Saint Martín ha recibido cuantiosas y millonarias adjudicaciones directas, algunas entregadas por sus propios familiares, a la sazón funcionarios de la paraestatal, y otras, en las que los OIC comprobaron diversas irregularidades, otorgadas por los ex directores de las dos subsidiarias más importantes en el sexenio pasado: Luis Ramírez Corzo —PEP— y Juan Bueno Torio —PR—.

Entre los empleados de la petrolera emparentados con los Saint Martín y que les otorgaron contratos, contraviniendo la ley, se encuentran:

- Ramón Figuerola Piñera, gerente de Administración y Finanzas de PEP hasta 2006. Es hermano de la primera esposa de Juan de Dios Saint Martín, Cristina Figuerola Piñera.
- José Luis Franco García, superintendente general del Distrito Reforma de PEP y tío político de Juan de Dios.
- Carlos Rasso Zamora, su primo, subdirector de Perforación y Mantenimiento de Pozos de PEP hasta diciembre de 2004.

A su vez, Carlos Morales Gil les otorgó adjudicaciones directas por 38 millones de pesos mientras se desempeñó como subdirector de la Región Sur de PEP. A partir de noviembre de 2004, cuando llegó a la dirección de la subsidiaria, los nuevos contratos sumaron otros 150 millones de pesos, algunos de ellos bajo investigación en la SFP por presuntas irregularidades. Otros funcionarios de PEP que les autorizaron contratos sin licitación pública son Ricardo Palomo Martínez, Héctor Leyva Torres, Pedro Chávez Morales, Genaro Pérez Mejía y Pedro Javier Caudillo Márquez.

Caso aparte es el de Luis Ramírez Corzo, quien conocía los fraudes de los poblanos y que sobornaban a sus subordinados con dinero en efectivo, viajes, vehículos, fiestas e incluso les construyeron residencias en Villahermosa. Por eso se refería a ellos en forma despectiva —"son unos corruptos, en todos lados tienen denuncias y se la pasan sobornando gente"—, sólo que no se los impidió. Más aún, él mismo les entregó algunos de los contratos más redituables. Por ejemplo, junto con Juan Bueno, avaló

Villahermosa, Tabasco, 14 de febrero de 2000.

Actuario Ramón Figueroa Piñera
Gerente de Administración y Finanzas Región/Sur
Presente.

Asunto: Se solicita información.

A efecto de atender las instrucciones del Titular de la Unidad de Quejas y Denuncias, Lic. Andrés Namihira Heredia, mediante el Oficio No. QD-PEP/18/575/109/2000 de fecha 2 de febrero del presente año, por el cual solicita información sobre los contratos que se asignaron a la empresa "SAINT MARTIN CONSTRUCCIONES" S.A. DE C.V. por parte de Pemex-Exploración y Producción en esa Área a su cargo, durante el periodo comprendido del 2 de marzo de 1998 al 26 de julio de 1999, precisando el objeto, número, vigencia e importe del contrato y si operó alguna "deductiva" señalando en ese caso su concepto e importe. (se anexa copia para mayor comprensión).

Al respecto me permito solicitarle "gire sus apreciables instrucciones a quien corresponda, a fin de que me sea remitido el informe correspondiente en un plazo no mayor de tres días hábiles contados a partir de la fecha de recepción del presente documento, lo anterior con fundamento en el artículo 26 fracción IV, inciso c) numeral 1 del Reglamento Interior de Secretaría de Contraloría y Desarrollo Administrativo.

Asimismo le informo y a la vez le solicito atentamente, a otorgar todas las facilidades al personal que esta Área designe para que lleve a cabo la verificación de la información y constatar personalmente los datos solicitados.

Sin más por el momento le agradezco de antemano la atención que se sirva dar al presente.

ESTADOS UNIDOS MEXICANOS
REGISTRO CIVIL

No. DE CONTROL Nº 197621

EN NOMBRE DEL ESTADO DE VERACRUZ, LLAVE Y COMO **OFICIAL PRIMERA DEL REGISTRO CIVIL** CERTIFICO QUE EN EL LIBRO No. **06**
DEL ARCHIVO **DE ESTA OFICIALÍA**
DEL REGISTRO CIVIL, SE ENCUENTRA ASENTADA EL ACTA No. **1873**
DE FECHA **25** DE **09** DE **1982** **FUS** LEVANTADA EN LA OFICIALÍA DEL
REGISTRO CIVIL DE **COATZACOALCOS, VER.**
EN LA CUAL, SE CONTIENEN LOS SIGUIENTES DATOS:

ACTA DE MATRIMONIO
CONTRAYENTES

NOMBRE DEL CONTRAYENTE **JUAN DE DIOS SAINT MARTIN ZEPEDA.-** EDAD **22** AÑOS
LUGAR DE NACIMIENTO **PUEBLA, PUEBLA** NACIONALIDAD **MEXICANA**
NOMBRE DE LA CONTRAYENTE **MARIA CRISTINA CECILIA FIGUEROLA PIÑERA.-** EDAD **17** AÑOS
LUGAR DE NACIMIENTO **COATZACOALCOS, VERACRUZ** NACIONALIDAD **MEXICANA**
ESTE CONTRATO DE MATRIMONIO SEGÚN LA VOLUNTAD EXPRESADA POR LOS CONTRAYENTES ESTÁ SUJETO AL
RÉGIMEN DE: SOCIEDAD CONYUGAL [ ] SEPARACIÓN DE BIENES [XXX]

PADRES DEL CONTRAYENTE
NOMBRE DEL PADRE **FERNANDO SAINT MARTIN LOERA** NACIONALIDAD **MEXICANA**
NOMBRE DE LA MADRE **REBECA ZEPEDA DE SAINT MARTIN** NACIONALIDAD **MEXICANA**

PADRES DE LA CONTRAYENTE
NOMBRE DEL PADRE **RAMON FIGUEROLA RUIZ** NACIONALIDAD **MEXICANA**
NOMBRE DE LA MADRE **LUCIANA PIÑERA DE FIGUEROLA** NACIONALIDAD **MEXICANA**

TESTIGOS DE LOS CONTRAYENTES
NOMBRE **ELIAS PEREZ TANUZ** NACIONALIDAD **MEXICANA** EDAD **54** AÑOS
NOMBRE **ARMANDO CARDEL TAPIA** NACIONALIDAD **MEXICANA** EDAD **37** AÑOS
NOMBRE **MANUEL PEREZ PRIETO** NACIONALIDAD **MEXICANA** EDAD **39** AÑOS
NOMBRE **LUIS MARRAZO LEDESMA** NACIONALIDAD **MEXICANA** EDAD **68** AÑOS
NOMBRE - NACIONALIDAD - EDAD - AÑOS
NOMBRE (S) DE LA (S) PERSONA (S) QUE DA (N) SU CONSENTIMIENTO POR MINORÍA DE EDAD DEL (OS) CONTRAYENTE (S)
RAMON FIGUEROLA RUIZ Y LUCIANA PIÑERA DE FIGUEROLA.-
SE HABILITÓ LA EDAD DEL (OS) CONTRAYENTE (S) PARA LA CELEBRACIÓN DEL MATRIMONIO
-
AUTORIZACIÓN DE LA SECRETARÍA DE GOBERNACIÓN (EXTRANJERO)
-
COMPROBACIÓN DE LA LEGAL ESTANCIA EN EL PAÍS (EXTRANJERO)
-

SE EXTIENDE ESTA COPIA CERTIFICADA EN **COATZACOALCOS, VERACRUZ**
A LOS **03** DÍAS DEL MES DE **OCTUBRE**
DE **2005** DOY FE: **RÚBRICAS.-**

LIC. **OCTAVIO FLORES DELFIN.-**
NOMBRE   FIRMA

249

que se les adjudicara el saneamiento de Nanchital, municipio de Veracruz destrozado en el accidente del 22 de diciembre de 2004, un fraude en el que los Saint Martín obtuvieron 450 millones de pesos por servicios que nunca hicieron.

El emporio

La negligencia e inoperancia de Pemex, expuesta en 1996 ante la opinión pública por la organización ambientalista Greenpeace, fue un factor que abonó al emporio Saint Martín. Y es que la presión internacional obligó a la paraestatal a limpiar las zonas que registraban mayores desastres ecológicos. Con ningún conocimiento en la materia, Pemex confundió limpieza con el simple confinamiento de basura, pagando millones a quien le hiciera estos trabajos. Así, los funcionarios en turno le atribuyeron a los Saint Martín la categoría de expertos en ecología y los beneficiaron con los primeros contratos por biorremediación.

Desde su primer contrato recurrieron al embuste. Pedro Díaz, ex directivo del consorcio, explica que como la tarea de remediación de derrames de petróleo exigía a la empresa contar con una flota de vehículos para transportar los desechos, Juan de Dios pidió prestadas cinco camionetas a una agencia de Veracruz, rotulándolas con calcomanías falsas.

El primer expediente abierto en 1998 en la entonces Secodam, se refiere a un daño patrimonial contra Pemex estimado en 200 millones de pesos, en la ejecución de dos contratos que PEP le otorgó para el tratamiento de residuos (COPS-069-98 y CORS-163-00). En el expediente consta que "falsificó los resultados de laboratorio" relativos al saneamiento de áreas contaminadas.

La misma práctica ha sido denunciada con frecuencia a partir de entonces y documentada con testimonios de los trabajadores que participaron en la alteración de pruebas de laboratorio. Según éstos, además, la empresa facturaba sofisticados procesos de remediación medioambiental, cuando en realidad limpiaba con simple detergente en polvo las zonas contaminadas.

Pronto monopolizaron los contratos para el mantenimiento de pozos y el tratamiento de aguas residuales, así como los de saneamiento de presas en la Cuenca de Burgos. Lejos quedaron los días en que chapeaban con su vieja camioneta Datsun: entre septiembre de 1995 y diciembre de 2000 ingresaron a sus arcas 496 millones de pesos provenientes de PEP y PR. Pero conforme registraban mayores ganancias, crecía el saldo negro del grupo: 20 obras no finiquitadas y otras tantas deficientes.

Los procesos en la SFP que involucraban a los Saint Martín se multiplicaron desde que se inició el sexenio de Vicente Fox. Lo inverosímil es que mientras sus empresas estaban bajo la lupa de los OIC, los contratos crecieron en número y montos. Por licitación, representaron 1 300 millones de pesos; vía directa, sumaron 2 000 millones de pesos.

Y entre ellos hubo historias dignas de una antología de la picaresca:

En el año 2001, Cimentaciones Pesadas del Centro (CPC),[1] propiedad de Mariano, fue contratada para el traslado, confina-

---

[1] De acuerdo con la Dirección de Gestión Integral de Materiales y Actividades Riesgosas de la Secretaría de Medio Ambiente y Recursos Naturales (Semarnat), CPC tiene su domicilio en el número 629-6 del Boulevard Circunvalación, Colonia San Manuel de la ciudad de Puebla, y cuenta por tiempo indefinido con la autorización 21-114-SP-02D-00 para el transporte de materiales riesgosos.

miento y disposición final en Estados Unidos de 22 000 toneladas de desechos de recortes de perforación de la Cuenca de Burgos. No obstante, el menor de los hermanos dejó tirada tan peligrosa y contaminante carga en el rancho El Lobo, propiedad del STPRM, ubicado en Reynosa. Por este abandono, la Profepa integró el expediente número 500-SJ-032-082001-211/200.

En vez de obligar a CPC a concluir el trabajo, en julio de 2004 PEP emitió otra licitación (287/04-0RSMB-P) con objeto de que los desechos fueran sacados de El Lobo y confinados en Estados Unidos, además de remediar el terreno donde permanecieron confinados a cielo abierto. El concurso se canceló por falta de presupuesto pero, por insólito que parezca, SMC se sumó a la disputa del contrato, pretendiendo cobrar 15 millones de pesos por limpiar la zona que contaminó Mariano.

Por el estilo son los casos en que sus distintas compañías simularon competir en diversos concursos:

En 2003, PEP hizo pública la licitación 18575069-037-03 por 1 000 millones de pesos para trabajos en la Región Sur. La familia Saint Martín adquirió las bases a nombre de dos empresas: SMC y Proses, representada por Salomón Cantú Bretón, amigo de la infancia de Juan de Dios. Sólo que las dos empresas presentaron la misma documentación y, gracias a que el OIC detectó tal irregularidad, ninguna consiguió el contrato.

En marzo de 2004 recurrieron al mismo subterfugio en la licitación pública internacional TLC-18575088-001-04. Estaba en juego un contrato de 800 millones de pesos por concepto de "servicios para el manejo integral de recortes y residuos líquidos generados durante la perforación y mantenimiento de pozos de las unidades operativas de Comalcalco y Delta del Tonalá, Reforma y Ciudad Pemex de la División Sur de PEP y de la División Marina de PEP". Participaron SMC, Proses, Residuos Industriales Multiquim y el Corporativo de Servicios Ambientales.

En la propuesta técnica, Proses falsificó la carta con la cual respaldó que contaba con un proveedor para el servicio de transporte de residuos. Auto Express Cárdenas (AECSA) —prestadora de servicios en Pemex desde 1997, avecindada en Allende, Nuevo León— presentó a través de su representante legal, José Adrián Cárdenas Taméz, una denuncia penal contra la postora por los delitos de falsificación y abuso de confianza.

Rolando Cárdenas explicó que AECSA nunca se había visto involucrada en conflictos de esta naturaleza; denunció a Saint Martín para evitar "que siguiera haciendo mal uso de nuestra papelería, porque en el sector petrolero tiene muy mala fama".

SOBORNOS RESIDENCIALES

Desde julio de 2003 Juan Yunes Dergam, un veracruzano con quien Ramírez Corzo tenía estrecha amistad, se convirtió en benefactor del grupo Saint Martín.

A la par, ocurrieron una serie de movimientos al interior de la paraestatal: en 2004, Ramírez Corzo fusionó las gerencias de Mantenimiento y Logística y de Mantenimiento de los Activos con el Sistema de Apoyo Operativo, tres áreas cruciales de la subsidiaria, para crear la Gerencia de Construcción y Mantenimiento. Al frente colocó a Yunes, otro contratista del gobierno federal (dueño de la empresa Yunes y Asociados Constructora e Inmobiliario). A su vez, éste ascendió a subgerente de Mantenimiento a Ductos a Rufino Ordaz Cruz, empleado de Pemex desde 1990 y quien se convirtió en su mano derecha. Entre otros antecedentes, Ordaz les había adjudicado en forma directa jugosos contratos de mantenimiento en el Activo de Producción Jujo-Tecominoacan, por lo que sirvió de enlace entre Yunes y los hermanos Saint Martín.

En el Edificio Pirámide era secreto a voces que ambos funcionarios sostenían encuentros privados con los Saint Martín en lujosos restaurantes de Villahermosa. En septiembre de 2004 les adjudicaron un contrato por 185 millones de pesos para la construcción de un gasoducto, aun cuando no tenían experiencia en este tipo de trabajos. Los Saint Martín los sobornaron con lujosas residencias en el exclusivo fraccionamiento Samarkanda, donde se encuentran también las oficinas corporativas de Pemex.

En el Registro Público de la Propiedad de Tabasco, folio 214, se encuentra el acta del predio 135164, la cual establece que el terreno de 2 500 metros cuadrados de la Privada Samarkanda fue adquirido el 1° de julio de 1998 por Saint Martín Construcciones, representada por Juan de Dios Saint Martín Zepeda. Su antigua propietaria, Rosario Guajardo González, lo vendió en 460 000 pesos. Arrendadora Saint Martín se encargó de fraccionar y construir las residencias obsequiadas a funcionarios de PEP, como Rufino Ordaz y Joaquín Gerardo Obregón de la Cruz, gerente de Perforación y Mantenimiento de Pozos. En ese periodo dicha gerencia adjudicó a SMC contratos por 1 300 millones de pesos.

LOS BRIBIESCA A ESCENA

En junio de 2001, Ricardo Silva, un joven constructor poblano, organizó un coctel en el Teatro de la Ciudad de Villahermosa para que los empresarios petroleros convivieran con los nuevos inquilinos de Los Pinos. Cuenta un directivo de Pemex que pidió el anonimato, que Manuel y Jorge Bribiesca Sahagún acudieron al agasajo como emisarios de la Presidencia y ahí conocieron a Juan de Dios Saint Martín Zepeda.

Los nuevos tiempos políticos de por sí no habían afectado a la familia de poblanos, ya que la mayoría de los funcionarios que favorecían sus negocios fueron ratificados, así que aparentemente no necesitaban del apoyo de quienes un mes más tarde se convertirían en hijastros del presidente. Sin embargo hay ciertas contrataciones que sólo se hacen con el aval del director general. Empleados del área administrativa de SMC revelan que en 2004 Rodolfo le pidió a Manuel Bribiesca intervenir para que PEP les otorgara una licitación para recortes de perforación (18575088-033-04), la cual ya había ganado la empresa Promotora Ambiental, S. A. de C. V., propiedad de la familia Garza Santos, originaria de Monterrey.

Además de sus gestiones para la adjudicación, los Bribiesca intervinieron después a fin de que el delegado de la Profepa en Tabasco, Ramiro Berrón Lara, retirara la clausura impuesta a la empresa durante la ejecución del contrato por violar la Ley General de Equilibrio Ecológico y le condonara una multa por 1 272 000 pesos. Entrevistados en Villahermosa, los empleados de SMC explican:

—Todos en el sector petrolero sabíamos que los Bribiesca arreglaban contratos. A Saint Martín le ayudaron en la licitación para recortes de perforación a través de Carlos Morales Gil, quien envió de México a un funcionario que en Villahermosa autorizó todo.

Los trabajadores de los Saint Martín dicen ignorar a cuánto ascendió la comisión que Manuel y Jorge Bribiesca habrían recibido por su participación en el asunto. Lo cierto es que el monto inicial del convenio fue por 282 millones de pesos y Pemex terminó pagando 800 millones, casi tres veces más.

Tecnología calitrosa

Cuando PEP emitió la licitación, no podía aceptar siquiera la propuesta de SMC, ya que ésta no tenía la licencia de Semarnat para el uso de tecnología Apex AM —recuperación de hidrocarburos de fangos petroleros— ni la infraestructura requerida. Para colmo, tampoco estaba al día en su tributación hacendaria y enfrentaba un proceso de embargo fiscal, lo que por ley les impedía participar en cualquier proceso de licitación. No obstante el 12 de noviembre de 2004 se firmó la adjudicación.

En enero de 2005, cuando SMC ya ejecutaba el contrato, la Profepa descubrió que la "tecnología" usada consistía en rociar los recortes de petróleo con cal y, en lugar de enviarlos a una planta especial para su disposición final, los depositaba a cielo abierto a las afueras de Villahermosa. Por ello, en mayo de 2005 les clausuró la planta Loma de Caballo, aunque 24 horas después los Saint Martín rompieron los sellos y siguieron trabajando. El delegado de la Profepa debió notificarlo al Ministerio Público, en cambio, levantó la clausura y condonó la multa que ascendía a 1 272 000 pesos. Por ello, los OIC en la Semarnat le abrieron una investigación (expediente DE-043/2005).

Por su parte, la Unidad Especializada en Investigación de Delitos Contra el Ambiente de la PGR interpuso una denuncia penal contra los Saint Martín, pero oficialmente no fructificó. El caso se reportó al OIC e involucró también, por complicidad, al subdirector de PEP, Pedro Javier Caudillo Márquez y dos gerentes: Mario Alberto Rodríguez y Ernesto Rivera Velázquez.

La impunidad de SMC era tan evidente que Juan Rafael Elvira Quesada, entonces subsecretario de Fomento y Normatividad Ambiental y actual secretario de Medio Ambiente y Recursos

Naturales, me comentó que el titular de la Profepa, José Luis Luege Tamargo, estaba "consciente" de la complicidad entre funcionarios de la procuraduría en Villahermosa y los Saint Martín quienes, no obstante sus antecedentes y malos manejos, dejaron en claro que sus relaciones con el gobierno iban mucho más lejos al lograr que aun sin experiencia, la Semarnat les otorgara licencias para trabajar con materiales riesgosos por tiempo indefinido.

Así, cuando Alfonso Flores Ramírez, director de Gestión Integral de Materiales y Actividades Riesgosas, intentó cancelarles los permisos a partir de las denuncias que llegaron a la Semarnat, el departamento jurídico de la Presidencia de la República intervino para "recomendarle" que se abstuviera de hacerlo y, según ha relatado el funcionario, "recordarle" que dichas autorizaciones eran "por tiempo indefinido" y que si las revocaba se vería envuelto en conflictos judiciales.

EL CASO NANCHITAL

Al llegar Luis Ramírez Corzo a la Dirección General de Pemex, el primer contrato que se autorizó fue para que SMC limpiara y biorremediara la zona de Nanchital. Con el tiempo, quedó al descubierto que se trató de uno de los fraudes más burdos de esa empresa.

El derrame de 5 200 barriles de crudo del oleoducto Mazumiapan-Nanchital sobre el río Coatzacoalcos en diciembre de 2004, se considera el más grave que ha ocurrido en el sistema de ductos de la paraestatal y hoy en día sus consecuencias siguen sin subsanarse. Contaminó 14 kilómetros del río Coatzacoalcos y las riberas de los arroyos Teapa, Galapa y Tepeyac, en Veracruz.

Un peritaje interno de Refinación concluye que el derrame se debió a la negligencia y falta de preparación del personal. Por su magnitud, el Congreso de la Unión le autorizó a Bueno Torio un presupuesto de 3 500 millones de pesos para atender el desastre y prevenir futuros siniestros en ductos y refinerías de alto riesgo.

Fuentes de Refinación en Marina Nacional revelaron que en la "oscura" negociación a favor de los Saint Martín también intervinieron los hijos de Marta Sahagún. Y recuerdan que si bien por esos días el OIC investigaba diversas denuncias contra los Saint Martín y a pesar del profundo antagonismo entre Ramírez Corzo y Bueno Torio, ambos coincidieron en que SMC se encargara de los trabajos. Así, la paraestatal invirtió en la reconstrucción de la zona durante los primeros 12 meses posteriores al desastre, 1 400 millones de pesos, 450 de los cuales fueron a parar a las arcas de SMC aun cuando no cumplió con los trabajos de recolección del crudo y remediación pactados.

El fraude

El contrato original (SDSE-OPU81-172/2004) para la remediación de Nanchital estipulaba un pago de 20 millones de pesos y un plazo de ejecución de 120 días entre diciembre de 2004 y mayo de 2005. Para julio de 2005 SMC exigía 938 millones.

Al iniciarse los trabajos, la petrolera designó como residente de obra a Fernando Hess Moreno y SMC nombró a Amaury Abreu Ayala y Rafael Rivera Báez. El último informe de Hess está fechado el 9 de marzo de 2005 y contiene bitácoras del trabajo día por día, así como reportes sobre los avances de la obra y el empleo de los recursos. Fue enviado a la Unidad de Contratos de la Superintendencia General de Mantenimiento de PR en Minatitlán y, según el testimonio de empleados de SMC, cuando Juan de Dios Saint Martín revisó la copia de los documentos, ordenó recuperarlos a toda costa. Mariano fue el encargado de llevar a cabo la misión, obteniendo el informe de las oficinas de Pemex mediante un soborno.

A continuación, reunidos en el Hotel Brisa de Coatzacoalcos, el 4 de abril de 2005, los contadores de la empresa ayudaron a Juan de Dios a emitir documentos apócrifos que alteraban precios unitarios y estimaciones que en ninguno de los casos coincidían con los reportes diarios de Hess Moreno. Además, Saint Martín escaneó y falsificó facturas originales de las empresas que trasladaron los residuos, entre las que figuran Comercial de Fletes México, Transportes y Recolección de Residuos ACC y Multiservicios Nieto, asegura Pedro Díaz, ex directivo del consorcio, quien reconoce que participó en los mismos hechos.

El 8 de noviembre el subdirector de Almacenamiento y Distribución de PR, René García Juárez, recibió la documentación falseada. Los supervisores de Pemex se negaron a avalar los reportes, lo que desató una serie de pugnas internas en la paraestatal, pero también en la contratista, debido al descontento de los trabajadores pues, según relata uno de ellos, "participamos en esto bajo la amenaza de despido".

En una carta, Alejandro Saint Martín le exigió a Bueno Torio saldar el supuesto adeudo de 938 millones de pesos. Además, se quejaba de que los supervisores de la paraestatal en la zona obstaculizaban el pago, por lo que le pedía "conciliar". Esa misma semana, Bueno Torio ordenó liquidarle 450 millones de pesos, pasando por alto la observación de sus inspectores en el sentido de que los precios habían sido inflados en forma exorbitante. Uno

Villahermosa, Tabasco a 29 de julio de 2005.

SR. LIC. JUAN BUENO TORIO
DIRECTOR GENERAL EN
PEMEX REFINACIÓN
PRESENTE.

Por medio de la presente me estoy permitiendo distraer su muy ocupada atención para solicitarle su justa y atinada intervención en resolver la grave problemática suscitada por la indebida omisión en la remuneración que amerita la ejecución de los trabajos por parte de mi representada, llevados a cabo desde el pasado 22 de diciembre de 2004, para dar inmediata respuesta y solución a la contingencia denominada: *"ATENCIÓN A LA EMERGENCIA, RECUPERACIÓN DE HIDROCARBURO, MATERIAL CONTAMINADO Y LIMPIEZA DEL ÁREA COMPRENDIDA ENTRE EL ASTA BANDERA Y LA PIRÁMIDE (CABEZA OLMECA) EN LA PLAYA DE COATZACOALCOS (ÁREA 7) ASÍ COMO DE LA DESEMBOCADURA DEL A. TEPEYAC A LAS ESCOLLERAS DE CONG. ALLENDE Y LAGUNA PAJARITOS (ÁREA 8), DERIVADO DE LA RUPTURA DEL OLEODUCTO DE 30" Ø NUEVO TEAPA-POZA RICA, KM 9+300, EN EL MUNICIPIO DE NANCHITAL, VER.".*

Como es de su conocimiento y tuvo oportunidad de atestiguar, los trabajos y recursos oportunamente prestados por Saint Martín Construcciones a Petróleos mexicanos, impidieron lo que estuvo a punto de convertirse en uno de los más grandes desastres ambientales en la industria petrolera de nuestro país, salvaguardando en gran medida las vidas humanas y el entorno ecológico, así como el patrimonio y prestigio de esa institución. No obstante lo anterior, hasta la fecha los servidores públicos comisionados para concretar la formalización y pago del contrato respectivo, identificado desde un inicio con el número SDSE-OPU81-172/2004. (Proyecto J5814R03. Posición Financiera 237707006 y Centro Gestor 581DDDF0600, con plazo de ejecución de 120 días naturales. orden de inicio 22 de diciembre de 2004. importe de $ 463,534,286.44 y fianza de cumplimiento No. 515144, exigida y entregada por el 10% de dicho monto. precios unitarios y cantidades de obra debidamente conciliados y firmados por los servidores públicos y terceros designados para tales efectos), han obstaculizado e impedido la firma del citado contrato y por ende el justo pago de la remuneración por los trabajos ejecutados en cuestión, arrastrando a esta empresa a una caótica situación financiera e indefinición al respecto. Lo comentado, no obstante de que inclusive las cantidades de obra reportadas y firmadas por el personal designado oficialmente como responsable por parte de **PEMEX Refinación** para supervisar estos trabajos, importan la cantidad de **696 millones de pesos**, aproximadamente. y que se encuentran pendientes de conciliación trabajos y servicios extraordinarios por un total, también aproximado. de **242 millones de pesos adicionales**.

Tels. (993) 351.54.88 / 351.54.89
mail saintmartin@saintmartin.com.mx

Av. Ilario Brown Peralta No. 221
Col. Atasta de Serra
Villahermosa, Tabasco

Política
de Calidad

www.saintmartin.com.mx

En dicho contexto Sr. Licenciado y en aras de los largos y
entrevistas con diferente personal que nos trasladó una y otra
Subgerencia de Ductos Sureste, sin llegar a ningún
encarecidamente se sirva conocer directamente de los servidores a
con su imprescindible presencia durante los servidores a
cargo durante la atención a la contingencia en cuestión y ...
las últimas giradas al contratista, misma que relaciono en
objeto de ya no correr el riesgo de que la información resulte
su atención y podamos llegar a la mejor solución posible, por
contraprestación recibida desde hace meses. Por **PEMEX** ...

No omito comentarle, que el Ing. Fernando Algarra Muñoz
Sureste, continúa siendo omiso en la atención a nuestras
subsanar la problemática originada por la falta de pago de **P**
trabajos desempeñados por mi representada, no obstante haber
que nos ordenó la atención inmediata de la contingencia, en
centro de trabajo responsable de las instalaciones siniestradas
día. una vez liberado de la responsabilidad por el enorme ries
la población civil y su entorno ecológico, gracias al trabajo d
prestadores de servicios que intervenimos, se ha olvidado de lo
aún adeudados a quienes le servimos con eficacia, eficien

Quedando a la espera de sus amables indicaciones, al respect
seguridad de mi más distinguida consideración.

MUY ATENTAMENTE

JOSÉ ALEJANDRO ÁNGEL SAINT MARTÍN ZEPEDA
REPRESENTANTE LEGAL

Ccp- Lic. Pedro Carlos Gómez Flores- Subdirector de Almcto. y Dist. en PR.
Ccp- Ing. Gustavo Pineda Romero- Gerente de Almcto. y Dist. Golfo.
Ccp- Ing. José Fernando Algarra Muñoz- Subgerente de Ductos Sureste.

Av. Brown Peralta No. 221
Atasta de Serra
Tels. (993) 351.54.88 / 351.54.89
Política

de los empleados de los Saint Martín explica así la diligencia del director de PR para destrabar el pago:

—Él apadrinó el contrato de Nanchital a cambio de una jugosa comisión que pactó su primo Luis Torio Ramos, a quien Alejandro y Mariano Saint Martín presentaban como su asesor en las reuniones con los supervisores de Pemex.

Un documento interno de PR refiere que los auditores regionales de la paraestatal se negaron a darle el visto bueno al trabajo de remediación en la zona porque consideraban que no fue concluido a cabalidad. Otro escrito documenta que Rogelio Bravo Saint Martín, gerente de Servicios de Logística de SMC, le envió a su primo Alejandro una relación detallada de los manifiestos originales de los trabajos que la empresa hacía en Ciudad Pemex y Comalcalco para el tratamiento de residuos y le sugería cómo inflarlos para subir los costos. Le envió también un legajo de autorizaciones anticipadas que, se supone, avalaron empleados de Semarnat.

Pero mientras los supervisores de Pemex pedían que los precios unitarios fueran revisados, Bueno Torio apuró el pago de 450 millones de pesos. Registros internos de SMC establecen que por los trabajos en Nanchital la empresa erogó sólo 26 679 453 pesos, de modo que obtuvo una ganancia de 423 millones de pesos o, dicho de otro modo, de 2 000 por ciento.

Sin embargo, como los supervisores se negaron a avalar su liquidación, el contrato no fue cerrado, y además, SMC nunca otorgó la fianza de daños a terceros, exigencia de la ley de obra pública cuya omisión convierte toda la operación en ilegal. No obstante lo anterior y que el alcalde de Nanchital, Francisco Ocejo, se querelló contra Pemex por la remediación inexistente, SMC demandó a la paraestatal reclamando que se le liquidaran los otros 500 millones de pesos.

Para tapar el desempeño fraudulento de la contratista, Bueno Torio contrató a las universidades Veracruzana y de Oaxaca, para que medio limpiaran la zona.

Durante una reunión celebrada en diciembre de 2005 en el Hotel Meliá de la ciudad de México, la víspera en que hiciera la entrega formal de Refinación para dedicarse a su campaña rumbo al Senado, le pregunté a Bueno Torio por qué avaló la adjudicación a los Saint Martín pese a que los antecedentes de sus empresas permitían presumir que no cumplirían. Incómodo, respondió:

—Sabía que es una empresa corrupta, pero se trataba de una emergencia. Alguien tenía que hacer el trabajo.

LAS PRUEBAS DEL FRAUDE

Unas semanas después, en Villahermosa, un grupo de ex empleados de SMC, entre ellos un ex directivo y apoderado legal, detallan que Bueno Torio exigió 100 millones de pesos a los Saint Martín por el contrato de Nanchital, monto que le fue pagado a través de su primo Luis Torio Ramos —hijo de su tío Luis Torio— y quien fue encargado por Bueno para "supervisar" a los Saint Martín, y con ello, su comisión del contrato.

En el transcurso de la entrevista, quien fuera la mano derecha de Juan de Dios extrajo de su computadora personal y me entregó documentos que la empresa utilizó para exigirle a Pemex el pago de 987 millones de pesos: bitácoras falsas, supervisión de obra inexistente avalada por funcionarios de la petrolera, facturación apócrifa…

Los documentos no dejan duda de que las cifras fueron infladas. Por ejemplo, la bitácora interna de SMC establece que en Nanchital trabajaron 296 obreros y que, en promedio, se utilizaron 49 lanchas, mientras el reporte enviado a la petrolera apunta que se requirieron 1 460 trabajadores y, diariamente, 417 lanchas.

A simple vista, además, son evidentes las incongruencias entre las facturas que los Saint Martín presentaron a nombre de las empresas Comercial de Fletes de México, Multiservicios Nieto o Transporte y Recolección de Residuos ACC, pues ni las fechas de expedición o los números de folio coinciden con los registros de las bitácoras.

—Todo se elaboró en esta computadora —confiesa Luis Priego Colorado, autor de los documentos y antaño inseparable de Juan de Dios. Junto con otros tres ex colaboradores del área financiera y administrativa de SMC, exhiben documentos y fotografías maquilladas en cuartos de hotel.

Priego Colorado relata que el momento más álgido del fraude fue cuando los supervisores querían anular el acta de formalización del catálogo de precios en el cual la empresa fundaba sus estimaciones. "Fue entonces que Juan Bueno Torio ordenó que se le pagaran 450 millones de pesos."

En el terreno laboral también abundan las quejas contra los Saint Martín, cuyas empresas no cuentan con una plantilla fija sino que reclutan mano de obra por salario mínimo sin prestaciones en los mismos lugares destrozados por Pemex. Eso sí, Juan de Dios se hace fotografiar sonriente, en las páginas de sociales, regalando equipos de aire acondicionado a niños pobres y huérfanos de Tabasco.

En noviembre de 2006 Juan de Dios logró que la empresa árabe Khalid Rashed Owaida Al-Qahtani & Brothers contratara al grupo para trabajos de cuidado ambiental en la industria petrolera en Arabia Saudita.

Y en marzo de 2007 la Gerencia de Perforación y Mantenimiento de Pozos le asignó un nuevo convenio por 50 millones de pesos en un amañado proceso de licitación en el que compitieron tres empresas de la familia: SMC, Recosa y Ecomex México, todas simulando competencia.

La mala imagen de SMC ha llevado a los hermanos a crear nuevas compañías y así encubrir su participación como contratistas de Pemex. Una de ellas es Ecomex México, parte de Ecomex Europa, División América. La asociación con el grupo vasco Erhardt fue negociada por Javier Larrea —suegro de Juan de Dios— y quedó formalizada el 8 de junio de 2004 por Juan de Dios Saint Martín, el holandés Ronald Twigt y el vasco Mario Aumente García, según consta en escritura (P 8157773) inscrita ante el notario Carlos Ramos Villanueva, en Bilbao, España, ciudad en la que radica gran parte del año el mayor de los hermanos y de donde es originaria su segunda esposa.

Con Ecomex pretendieron seguir beneficiándose con los millonarios contratos de Pemex y lo están consiguiendo: PEP y PR les han asignado en forma directa redituables contratos y ya entraron también a las otras subsidiarias.

LOS CÓMPLICES

Durante los sexenios de Vicente Fox y Felipe Calderón llegaron a la SFP decenas de denuncias contra funcionarios de PEP y Refinación presuntamente coludidos con los empresarios poblanos.[2]

[2] Se les abrieron indagatorias a los siguientes funcionarios de PEP: Ramón Guerra González, Ricardo Palomo Martínez, Alfredo Eduardo Guzmán Baldizán, Tomás Alfonso Figuerola Piñera, Filiberto Anaya López, Genaro

La mayoría constituyen expedientes "reservados" por la secretaría de Estado y entre ellos se encuentran los siguientes:

- La acusación contra Joaquín Gerardo Obregón de la Cruz, gerente de Perforación y Mantenimiento de Pozos en la Región Sur, por múltiples favores a SMC a cambio de una casa (denuncia DE-161/2004). El expediente tiene como fecha de acuerdo de inicio el 9 de julio de 2004.

- Un expediente contra Juan Yunes Dergam, gerente de Mantenimiento y Construcción de PEP en la Región Sur, a quien se le imputa solapar incumplimientos de SMC sin rescindir los contratos.

- Indagatorias por enriquecimiento ilícito contra el ex gerente de la Administración de la Seguridad y Ecología (Asec), José Rafael León Fajardo, quien con el subdirector de la Unidad de Perforación y Mantenimiento de Pozos y primo de los hermanos Saint Martín, Carlos Rasso Zamora, le adjudicó a SMC en forma directa 19 contratos, entre 2001 y 2004, por más de 985 millones de pesos. Se le acusa también de recibir sobornos de los Saint Martín y, según el expediente, poseía 11 inmuebles en los estados de Puebla, Tabasco y Campeche, además de tres haciendas —Los Leones, El Campanario, Las Garzas— y diversos vehículos como una camioneta BMW X5, una suburban Chevrolet o un Firebird Trans Am. Antes de que se le fincaran responsabilidades, León Fajardo pidió su jubilación.

Pérez Mejía, Tobías Francisco Ruiz Santiago, Carlos Rasso Zamora, Pedro Javier Caudillo Márquez, Joaquín Gerardo Obregón de la Cruz, Miguel Ángel Lugo Valdés, José Martín Ortiz Hernández, Jorge Luis Gerez Velásquez, Juan Ceballos Chávez, Pedro Javier Caudillo, Joaquín Aguirre Ruiz, Cecilia Hernández López, José Humann Adame, Mario Alberto Rodríguez Pulido, Mario Ernesto Rivera Velásquez, José Rafael León Fajardo y Carlos Morales Gil, quien sucedió a Luis Ramírez Corzo al frente de la subsidiaria.

Otra denuncia la presentaron Luis Federico Pérez Maldonado y Pascual Bellizzia Rosique, en su calidad de diputados locales de Tabasco. Se refiere a un contrato por 20 millones de pesos que PEP le otorgó a SMC para el saneamiento, a base de geomembranas, de los desechos de crudo en pozos petroleros.

Un peritaje elaborado por asesores ambientales y químicos biólogos estableció que en la remediación SMC no colocó geomembranas sino simple nylon. Ello provocó que los desechos de crudo contaminaran los mantos freáticos y el sistema lagunar Julivá-Santa Anita, afectando a más de 3000 familias de pescadores y campesinos de Simón Sarlat, reserva ecológica en el municipio de Centla. En consecuencia, los diputados presentaron denuncias en la Profepa (expediente 2004/10/233/03/27), la SFP y el OIC.

Hubo casos como el de Figuerola Piñera, ex cuñado y benefactor de Juan de Dios Saint Martín, quien en mayo de 2005 fue ascendido a gerente de Producción de PEP por Carlos Morales Gil y trasladado a las oficinas corporativas en la ciudad de México. Las indagatorias por sus irregulares vínculos con SMC fueron archivadas.

ASF CONFIRMA IRREGULARIDADES

En 2006 la ASF auditó nueve contratos, apenas 10% de los que PEP le adjudicó a SMC durante el pasado sexenio. La muestra incluyó seis convenios de obra pública[3] y tres de arrendamiento.[4]

Entre otras cosas, la ASF encontró que PEP incurrió en violaciones al proceso de asignación en el contrato 411253849 para traba-

---

[3] Números 415114990, 411253849, 41511385, 415114833, 415114837 y 411253850.

[4] Número 411004813, 411004814 y 411004815.

jos de protección del suelo en pozos de la Región Sur, cuyo monto ascendió a 115 801 000 pesos. Y es que la empresa no presentó la garantía de vicios ocultos prevista en la legislación. La misma irregularidad se detectó en el contrato 411253850, por 81 274 000 pesos.

Más grave fue que en 30% de la muestra auditada la ASF descubrió que en forma ilegal SMC omitió reportarle a PEP la conclusión de los trabajos contratados y tampoco hizo su entrega física. A pesar de ello y sin certificar su cumplimiento, la subsidiaria finiquitó los montos pactados. Tal irregularidad se detectó en los contratos 411253849, 411253850 y 415114990. Por este último, que consistió en la "construcción y/o sustitución del oleogasoducto de 54 mil 159 kilómetros de la batería Luna a la batería Oxiacaque", PEP erogó más de 185 millones de pesos sin tomarse la molestia de verificar que se hicieran los trabajos.

Pero los Saint Martín también encontraron con Reyes Heroles el camino allanado para seguir llevando a sus arcas una buena tajada del tesoro petrolero. En abril de 2008 se les otorgó un contrato por 150 millones de pesos para "servicios a personal" en el área de pozos de Exploración y Producción.

Pero al parecer ellos no estaban dispuestos a dejar atrás las prácticas acreditadas por algunos contralores, como el titular del OIC, Jorge Ramos Negrete. En abril de 2009 la SFP inhabilitó a SMC por "uso de documentación apócrifa para participar en una licitación", según se publicó en el *Diario Oficial de la Federación* el día 29.

Luego, el 27 de mayo, Fernando Saint Martín fue detenido en Villahermosa y recluido en el Centro de Readaptación Social acusado de un supuesto fraude por 10 millones de pesos en contra del empresario Benigno Cevallos, propietario de la empresa Construcciones y Servicios, a quien Saint Martín habría pagado cheques sin fondos por renta de maquinaria pesada para los contratos con Pemex. Manuel Enrique Magaña Espinosa, abogado de Cevallos, declaró al periodista Armando Guzmán, corresponsal de *Proceso,* que Saint Martín había actuado con dolo al expedir a su cliente cheques "de hule" y de cuentas bancarias sujetas a investigación.

Las tropelías de Juan Bueno Torio

Con salmón ahumado, caviar noruego y champaña, Juan Bueno Torio celebró el 18 de diciembre de 2005 su último día de gestión al frente de Pemex Refinación y el inicio de su campaña para obtener la senaduría por Veracruz. Mil sesenta días permaneció al frente de la subsidiaria, y en ese tiempo acumuló un sinfín de denuncias por cohecho, tráfico de influencias, conflicto de intereses, ejercicio indebido de funciones y nepotismo, de modo que pertenecer a la LX Legislatura le proporcionaría el blindaje del fuero constitucional.

—Acabo de entregar todo en el despacho —dijo emocionado a un reducido grupo de periodistas durante un almuerzo en el restaurante L'Albufera, del Hotel Meliá—. Como ustedes saben, ahora vamos por una curul en el Senado, por lo que a partir de mañana recorreré mi estado. Todo en Refinación quedó en orden, así que me voy sin pendientes —agregó sonriente.

Su mayor anhelo era convertirse en director general de Pemex. Y casi lo logra: tenía la aprobación de Marta Sahagún, a quien convenció de que era el más indicado para manejar los intereses de la familia presidencial en la petrolera, entre éstos la concesión de contratos a Oceanografía que tanto interesaba a los hijos de la primera dama. Pero no era bien visto por algunos de los integrantes del Consejo de Administración de la paraestatal, en particular el secretario de Hacienda Francisco Gil, y Luis Ramírez Corzo se cruzó en su camino.

Hijo de Rosa Torio Sánchez y de Juan Bueno Lázaro, nació en Córdoba, Veracruz, el 21 de septiembre de 1953. Cuando hacía sus pininos en la política, militó en el PRI y buscó con afán el apoyo de ese partido para convertirse en alcalde de su ciudad natal. Ni siquiera los buenos oficios de su padre, miembro de financiamiento del tricolor, le consiguieron la bendición del entonces gobernador Patricio Chirinos ni de su secretario de Gobierno, Miguel Ángel Yunes Linares. En cuanto éstos apuntaron el dedo índice hacia Mario Ruyan, Juan Bueno se afilió al PAN que, al no contar con cuadros con arraigo en el estado, lo nombró delegado municipal.

Por aquellos años, sus empresas y las de su familia enfrentaban deudas financieras, principalmente con el banco Serfin, mismas que pasaron al Fobaproa y posteriormente al IPAB. Sus aspiraciones políticas, sin embargo, seguían vivas y en 1997 se convirtió en el primer diputado federal del blanquiazul por Veracruz, cargo al que renunció para buscar la candidatura al gobierno del estado, pero su partido optó por Luis Pazos.

En pago al apoyo que Juan le dio a su campaña presidencial en los estados de Veracruz, Oaxaca, Tlaxcala y Puebla —donde las familias Bueno, Torio, Lázaro y Ros gozan de gran poder gracias a sus negocios inmobiliarios, hoteleros, de transporte, cafetaleros, arroceros y azucareros—, Vicente Fox impulsó su carrera.

Integrante del gabinete de transición, el presidente electo le encomendó diseñar la reforma eléctrica y, ya en Los Pinos, lo nombró subsecretario para la Pequeña y Mediana Empresa de la SE. También fue incluido como consejero de la Dirección de Refinación, que encabezaba Armando Leal Santa Ana; del

Bancomext, Nafin, así como del Fondo de Empresas Expropiadas del Sector Azucarero (FEESA) y del Fideicomiso del Programa Nacional de Financiamiento al Microempresario (Finafim).

Su expediente negro como funcionario federal comenzó en enero de 2001 con el manejo discrecional que dio a los fondos del fideicomiso Marcha Hacia el Sur. Uno de sus principales beneficiados fue Kamel Nacif, a quien le dio ocho millones de pesos para sus empresas Spintex y Transtextil Internacional. Con este dinero y el que le dio el gobernador Pablo Salazar Mendiguchía, el *Rey de la Mezclilla* instaló una planta en San Cristóbal de las Casas, que resultó un capital golondrino.

El negocio en Pemex

Al irse Luis Ernesto Derbez de la SE a Relaciones Exteriores, Juan Bueno aprovechó la coyuntura para dar el salto a Pemex. Mientras los auditores seguían la línea de corrupción en el fideicomiso, Juan Bueno cumplió su anhelo de llegar a la empresa del Estado que durante años sostuvo los negocios familiares de transporte de hidrocarburos. El 18 de enero de 2003 fue nombrado director de Refinación en sustitución de Leal Santa Ana, quien durante 42 años en la subsidiaria participó en la fundación y reconfiguración de las refinerías de Madero, Cadereyta, Tula y Salamanca.

En agosto de ese año se hicieron públicas indagatorias de la SHCP y el Centro de Investigación y Seguridad Nacional (Cisen) en contra de Juan Bueno Torio que, merced a la protección que le brindó el presidente, no prosperaron.

Las indagatorias

Según trascendió, desde inicios del sexenio de Fox la SHCP investigaba por tráfico de influencias y conflicto de interés a la familia de Bueno Torio, a José Antonio Beltrán Mata —amigo de la infancia de Juan Bueno y presidente de la Asociación Nacional de Distribuidores en Combustibles y Lubricantes— y al subsecretario de Energía, Juan Antonio Bargés Mestre.

De acuerdo con las indagatorias, la hermana de Juan, Rosa Bueno Torio, había subcontratado al menos seis autotanques de la empresa Combustibles de Oriente (Combor), dirigida por Daniel Beltrán García —hijo de Beltrán Mata—, para cumplir un contrato con Pemex. El expediente contenía copias de cheques que pagó Beltrán Mata a Bueno Torio y a su esposa Dolores Ros Romero cuando éste era diputado federal. Por esas fechas, además, Beltrán Mata le había ganado un juicio a la paraestatal por 160 millones de pesos, supuestamente gracias a la intervención de Juan Bueno como miembro del Consejo de Administración de Refinación.

Ya como titular de la subsidiaria, se vio envuelto en otro escándalo, esta vez por la participación de empresas de su familia en el tráfico ilegal de combustible: a raíz de un operativo realizado el 7 de marzo de 2003 por auditores de la SHCP y agentes del Cisen en las instalaciones de Comercializadora de Combustibles y Solventes del Golfo —propiedad de Jorge Montero, oriundo de Poza Rica y residente en Coatzacoalcos, Veracruz—, se descubrieron sus vínculos con Transportadora y Distribuidora Isabel, empresa propiedad de su tío Emilio Bueno. La compañía, domiciliada en Dos Caminos, Córdoba, y conocida en Veracruz como *Los Chabelos,* presuntamente estaba involucrada en la compra y venta de lubricantes, solventes y naftas para adulterar productos petrolíferos, según documentó el periodista Miguel Badillo en *El Universal*.

La documentación confiscada a Montero reveló que la empresa realizaba operaciones mensuales por 30 millones de litros, equivalentes a unos 200 millones de pesos, dinero que era distribuido entre los socios de Comercializadora de Combustibles y Solventes del Golfo: Combustibles y Solventes del Golfo, Transportadora Isabel, Transportes Petrolíferos, Naval Mexicana y el Grupo GOR, propiedad de Guillermo González Calderoni.

Constituida el 9 de octubre de 1973 por los hermanos Emilio, Juan y Fernando Bueno Lázaro, así como por Donaciano Montiel Vásquez y María Inés Sainz de Montiel, Transportadora y Distribuidora Isabel es contratista desde la década de 1980 en el transporte de gas nafta, isopropanol y xileno.

Según un acta de modificación al acta constitutiva, Juan Bueno Lázaro le vendió en 1982 a su hermano Emilio las 200 acciones que tenía en la empresa, cuyos contratos no superaban los tres millones de pesos anuales antes de que Juan Bueno Torio entrara a la paraestatal. Durante 2002, cuando era miembro del Consejo de Administración, la Subdirección de Almacenamiento y Distribución le adjudicó a *Los Chabelos* un contrato por 6 528 920 pesos y meses después, durante 2003, otro por 14 800 000 pesos. Al año siguiente, en 2004, obtuvo un monto similar.

Ese mismo año la SFP recibió las primeras denuncias contra Bueno Torio, acusándolo de contratar en forma discrecional a las empresas de su familia (expedientes DE/175/2003, QU/052/2003, DE/226/2003). Sin embargo, la protección que Vicente Fox y Marta Sahagún le brindaron evitó que se le fincaran responsabilidades, no obstante que además dejó a Refinación

—la segunda subsidiaria en importancia de la petrolera—sumida en la peor situación financiera de su historia.

En cuanto a las indagatorias de la SHCP y el Cisen, una de cuyas líneas de investigación era por lavado de dinero, quedaron sepultadas en los archivos de dichas dependencias.

La familia

En 2006 tanto la SFP como la PGR abrieron investigaciones en contra de Juan Bueno Torio, siete de sus familiares directos y una docena de sus subordinados en Pemex Refinación por tráfico de influencias, abuso de poder, malversación de recursos públicos y corrupción al haberle entregado contratos a más de 100 empresas a cambio de comisiones.[1] Los parientes sobre los que existía la sospecha de tráfico de influencias en la subsidiaria eran: Luis Bueno Torio, Luis Torio Ramos y su padre José Torio Sánchez, Rosa Bueno Torio, Emilio Bueno Lázaro y Juan José Ortiz Ríos, casado con Lorena Bueno Torio, hermana menor de Juan.

Por otro lado, las indagatorias de la SFP documentaban que durante 2004 y a cambio de sobornos, Juan Bueno Torio habría autorizado contrataciones para obra civil, mantenimiento y remediación a favor de una treintena de empresas, principalmente de Veracruz. La lista la integraban:

---

[1] Las indagatorias en la SFP están integradas en los expedientes DE/080/2006 y DE/081/2006. Las de la PGR, en la Averiguación Previa 95/UEI-DCSPCAJ/2006, la cual se ventiló en la Unidad Especializada en Investigación de Delitos Cometidos por Servidores Públicos, perteneciente a la Subprocuraduría de Investigación Especializada en Delitos Federales.

- Grupo Empresarial de Mejoramiento: se le otorgaron contratos por 1 613 millones de pesos.
- Saint Martín Construcciones: contratos por 450 millones.
- Aguas Tratadas de Minatitlán: 373 millones.
- Golfo Suplemento Latino: 227 millones.
- Corporativo Industrial Gil Semic: 85 millones.
- Aquapress: 424 millones.
- Flowserve: 199 millones.
- Enbridge Mexico Maintenance: 198 millones de dólares.
- Industria Química del Istmo: 204 millones de pesos.
- Arrendadora Ocean Mexicana: 115 millones de dólares.
- Naviera del Pacífico: 154 millones de dólares.
- Naviera Mexicana: 30 millones de dólares.

Las empresas para las que, según las denuncias, hacía gestoría Luis Bueno Torio, hermano de Juan, a las cuales las cinco refinerías contrataron obras y servicios, eran:

Inteligencia Aplicada al Servicio, M&A Oil Co. de México, Golfo Suplemento Latino, Sojitz Mexicana, Advanced Refining Technologies, Fábrica de Cordeles de México, Comercializadora San Juan de Tampico, Key Química, Constructora y Comercializadora Delta, Suministros Industriales de la Huasteca, Servicios de Ingeniería y Control Avanzado, Puebla Automotriz y Emerson Process Management.

LOS GESTORES

Juan Bueno Torio y sus familiares también se promovían como gestores con objeto de arreglar contratos, licitaciones, adjudicaciones o bien solucionar conflictos con o contra Refinación.

Ante prestadores de servicios y contratistas, Luis Torio Ramos, su primo hermano, ofrecía sus servicios a cambio de una comisión pagadera en dinero en efectivo o vehículos. Se decía "gerente de servicios y seguridad física de Petróleos Mexicanos", aunque Juan nunca quiso que apareciera en la subsidiaria, pues resultaba más fácil que manejara los negocios desde fuera.

En una denuncia en la SFP (expediente DE/175/2003) se documenta que "el señor Juan Bueno Torio, junto con su primo Luis Torio Ramos, ofrecen a constructores y transportistas contratos cobrando comisiones en vehículos o efectivo". Agrega que el segundo, dueño de varios inmuebles en Nuevo León, "presenta una riqueza inexplicable en corto tiempo con vehículos de lujo".

Pese a la gravedad de las acusaciones, la indagatoria del OIC en Refinación se limitó a confirmar que Luis Torio Ramos no era funcionario público.

Los funcionarios

Otra de las investigaciones radicadas en la SFP descubrió también una red de funcionarios públicos creada por Juan Bueno Torio entre 2003 y 2005, a fin de operar sus negocios dentro y fuera de Pemex, amén de siete operadores externos y cerca de 30 "facilitadores" que manejaban concesiones de distribución de gasolina, transporte terrestre y marítimo de combustibles, mantenimiento de refinerías, ductos y terminales marítimas, obras de remediación, tratamiento ecológico de daños ocasionados por derrames o explosiones, obras menores de reconfiguración y equipamiento.

00022

"2003, Año del CCL Aniversario del Natalicio de
Don Miguel Hidalgo y Costilla, Padre de la Patria"

ÓRGANO INTERNO DE CONTROL
EN PEMEX - REFINACIÓN

ÁREA DE QUEJAS

EXPEDIENTE: No. DE.175/2003

FOLIO: 27095

OFICIO No. CI/AQ/2100/2003

México, D. F., 26 de septiembre del 2003

C. C. ANTONIO RODRÍGUEZ GARZA
Anttonnio45@hotmail.com

Me refiero a su correo electrónico de fecha veintisiete de agosto del año en curso, recibido en esta
Área de Quejas del Órgano Interno de Control en PEMEX Refinación el día nueve de Septiembre de
dos mil tres, a través del cual señala presuntas irregularidades administrativas cometidas por el C. Lic.
Juan Bueno Torio junto con su primo el C. Luis Torio Ramos, quienes supuestamente ofrecen a
constructores y transportistas contratos cobrando comisión con vehículos o efectivo, logrando el C.
Luis Torio Ramos en poco tiempo un enriquecimiento inexplicable.

Sobre el particular, y una vez agotadas las líneas de investigación, realizando minuciosamente las
diligencias que resultaron pertinentes y de conformidad con lo señalado por la Ley de la Materia y los
Lineamientos y Criterios Técnicos y Operativos del Proceso de Atención Ciudadana emitidos por la
Secretaría de Contraloría y Desarrollo Administrativo, no se obtuvieron elementos para determinar una
probable responsabilidad administrativa atribuible a los CC. Juan Bueno torio y Luis Torio Ramos,
servidor público el primero adscrito al Organismo Pemex Refinación y el Segundo sin tener el carácter
de servidor público, por lo que con esta fecha se dictó acuerdo de archivo por falta de elementos, toda
vez que con la documentación existente en el expediente se acreditó que el C. Luis Torio Ramos no es
servidor público y por lo tanto esta Autoridad no tiene la facultad de investigar sus actividades, no
obstante esto si se llegara a conocer irregularidad que se hubiera cometido en contra del Organismo
Subsidiario se hará del conocimiento de las autoridades competentes para su intervención, por lo que
respecta al C. Juan Bueno Torio, con la documentación e información existente en autos, no se
acredita la irregularidad manifestada por Usted, toda vez que no se cuenta con los elementos de
tiempo, modo y lugar de ejecución de los hechos, a fin de realizar una investigación al respecto.

Lo que hago de su conocimiento en cumplimiento al Artículo 8° de la Constitución Política de los
Estados Unidos Mexicanos.

Sin otro particular, reitero a usted mi distinguida consideración.

ATENTAMENTE
SUFRAGIO EFECTIVO. NO REELECCIÓN
LA TITULAR DEL ÁREA DE QUEJAS.

LIC. ELIZABETH ROUNTREE JACKEZ.

C.c.p. C.P. José Ma. Eugenio Núñez Murillo.- Titular del Órgano Interno de Control en Pemex Refinación.- Presente

Carreño Mendivil, Alejandra

De: Quejas
Enviado: Jueves, 28 de Agosto de 2003 04.39 p.m.
Para: Alejandra Carreño Mendivil
Asunto: 08-210, PEMEX, PRESUNTOS ACTOS DE NEPO

-----Mensaje original-----
De: admon@tramitanet.gob.mx [mailto:admon@tramitanet.gob.m
Enviado el: Miércoles, 27 de Agosto de 2003 09:48 p.m.
Asunto: Denuncia de funcionario

Folio Tramitanet: 243127
A quien corresponda:
esta es la denuncia:

DATOS DEL FUNCIONARIO DENUNCIADO.
Nombres: Juan
Apellido paterno: Bueno
Apellido materno: Torio
Dependencia: Pemex, Refinería Cadereyta
Cargo: DIRECTOR GRAL. PEMEX REFINACION
Adscripcion: TORRE EJECUTIVA Piso 40 MARINA NACIONAL # 329, COL. HUASTECA, MIGUEL
HIDALMEXICO, D.F. 1131IGO
Tramite que dio lugar a la queja: Nepotismo y corrupcion en pemex
Sexo: masculino
Complexion: robusta
Tez: blanca
Color de ojos: cafeclaro
Cabello: corto
Forma de cabello: lacio
Color de cabello: castanioscuro
Nariz: regular
Boca: mediana
Ceja: semipoblada
Edad aprox.: 48
Estatura aprox.: 175
Senias particulares: No visibles

DATOS DONDE OCURRIERON LOS HECHOS.
Entidad federativa: Nuevo León
Municipio: ABASOLO
Localidad: Santiago
Fecha: 01/06/2003
Hora: 5:00
Lugar especifico: Citas en Cafes con los involucrados
Datos generales: El señor Juan Bueno Torio junto con su Primo Luis Torio Ramos ofrecen a
constructores y transportistas contratos cobrando comision en vehiculos o efectivo la
direccion de el el señor Luis Torio es Morelos 150 El Barrial Santiago Nuevo Leon y su
telefono es 82661718, este señor presenta una riqueza inexplicable en corto tiempo con
vehiculos de lujo investiguen dueños anteriores y pueden ubicar las personas
involucradas. la direccion de el trabajo de el señor Juan Bueno Torio es TORRE EJECUTIVA
Piso 40
MARINA NACIONAL # 329, COL. HUASTECA, MIGUEL HIDALGO, MEXICO, D.F. 11311 su numero
telefonico es
tel. 55-45-14-63
fax 52-54-26-79
su cargo en la empresa es DIRECTOR GRAL. PEMEX REFINACION. repito esta denuncia ya que
complete mejor la informacion con la direccion y telefonos de los involucrados pido que

1

277

Los servidores a quienes se ubicó como supuestos cómplices de Juan Bueno para favorecer a empresas privadas mediante el tráfico de influencias son:

- José Becerra O'Leary. Trabajó para Bueno en la Secretaría de Economía y fue su asesor en proyectos especiales en materia de estaciones de servicio y distribuidoras. Se le vincula con José Beltrán Mata, de Combustibles de Oriente.

- Jesús Villarreal Gallegos, ex gerente de Transporte Terrestre. Se le denunció por rescindir contratos previamente establecidos a fin de entregárselos a transportistas con los que Juan Bueno pactó comisiones. Entre los transportistas a los cuales les otorgó contratos se ubica Transportes Especializados Ivancar, de los Mouriño. A raíz de que se comprobaron varios fraudes en su haber, Juan Bueno Torio lo sacó de Pemex y lo convirtió en asesor externo.

- José Antonio Gómez Urquiza de la Macorra, subdirector de Finanzas y Administración. Habría participado en adjudicaciones y contratos pagados con sobreprecio a favor de las navieras Arrendadora Ocean Mexicana y Transportación Marítima Mexicana.

- Javier Leonardo Barrera Quiralte, ex gerente de Transporte Terrestre y, en otro tiempo, auditor de la Secodam. Especialista en negocios relacionados con catalizadores, remediaciones y mantenimiento a ductos, Juan Bueno lo hizo su asesor en Refinación.

- Héctor Pino Hermosillo, ex gerente de Transporte por Ducto y del área de Mantenimiento de Ductos. También fue asesor de Juan Bueno y era el enlace con Luis Torio Ramos en la tarea de apadrinar a determinadas empresas.

EL NEGOCIO DEL TRANSPORTE

En 1993 Refinación firmó un convenio para el transporte de gasolinas con la Asociación de Transportistas al Servicio de Petróleos Mexicanos, Clientes y Empresas Sustitutas. En cuanto llegó a la dirección, lo revocó e implantó el Plan Piloto de Transporte Dedicado, mismo que dejó fuera a buena parte de los afiliados a la asociación. Su lugar lo tomaron familiares y amigos, a través de adjudicaciones directas realizadas por la Gerencia de Transporte Terrestre. Entre las empresas beneficiadas destacan:[2]

- Autotanques de México, propiedad de su cuñado Juan José Ortiz Ríos.
- Fletera Continental de Líquidos, de Luis Ortiz Ríos, hermano de su cuñado.
- Transportadora y Distribuidora Isabel, de su tío Emilio Bueno Lázaro.
- Autotanques Especiales Gama, de Tirso Martínez Angheben, presidente de la Canacar.

En respuesta, la asociación interpuso sendos juicios de amparo ante el Juez Séptimo en Materia Administrativa (expedientes 1551/2003 y 1552/2003). De ellos se derivaron dos denuncias contra la subsidiaria, una en la PGR y otra en la SFP. Además, en mayo de

---

[2] Otras empresas beneficiadas —todas ellas propiedad de familiares o amigos de Juan Bueno— son: Express y Tanques del Golfo, Transportes Peñón Blanco, Traslado Internacional, Transportación Carretera, Transportadora San Germán, Combor Transportes, Trailers Técnicos, Grupo Aldama, Transportes Leal, Autolíneas Integrales, Petromass, Trans Baga, Transporetes Salma, Autotransportes Gama, Especialíquidos, Transportes y Servicios STN, Grupo MTA, Transportes CAESSA, Transportadora MC, Express y Tanques Especiales, Pedro Express del Norte, Autotanques CJA, Petrocarrier, Transporte José Guajardo.

Lic. Quinto Horacio Suárez Díaz

Notaria Pública Núm. 14

·1ER.—TESTIMONIO DE LA ESCRITURA PUBLICA RELATIVA A —
UNA SOCIEDAD MERCANTIL DENOMINADA "TRANSPORTADO
RA Y DISTRIBUIDORA ISABEL" S.A. DE C.V., CELE—
BRADA POR LOS SEÑORES MARIA INES ...
...IANO MONTIEL VAZQUEZ, BERN... ...
RO, JUAN BUENO LAZARO Y EMILIO BU...

VOL. ___   NUM. ____

H. CORDOBA, VER., _____

CALLE 4 NUM. 8 TELS. 2-08-02 Y 2-28-17

...ESTABLECE DE ACUERDO CON LA LEY GENERAL DE SOCIEDADES MERCANTIL...
BAJO LA DENOMINACIÓN "TRANSPORTADORA Y DISTRIBUIDORA ISABEL",S...
CON DURACIÓN DE 99 AÑOS Y DOMICILIO EN H. CÓRDOBA,VER...
CUYO OBJETO SOCIAL SERÁ: EL ESTABLECIMIENTO Y LA EXPLOTACIÓN —
DEL SERVICIO PÚBLICO DE AUTOTRANSPORTE DE CARGA ESPECIALIZADA —
EN PRODUCTOS DEL CAMPO NO ELABORADOS Y ANIMALES,COMPRA,VENTA, —
DISTRIBUCIÓN, ACARREO Y TRANSPORTE DE PRODUCTOS INDUSTRIALES LÍ
QUIDOS,COMBUSTIBLES,MIELES, ALCOHOLES,PETROLEO Y SUS DERIVADOS,

QUE REPRESENTEN, TENIÉNDOSE POR REDUCIDO EL CAPITAL SOCIAL E...
UNA CANTIDAD IGUAL AL VALOR DE LA PARTICIPACIÓN CANCELADA".CON—
C E D E AL SOLICITANTE EL PERMISO PARA CONSTITUIR LA SOCIEDAD A
CONDICIÓN DE INSERTAR EN LA ESCRITURA CONTITUTIVA LA CLÁUSULA DE
EXCLUSIÓN DE EXTRANJEROS ARRIBA TRANSCRITA, EN LA INTELIGENCIA DE
QUE LA TOTALIDAD DEL CAPITAL SOCIAL ESTARÁ SUSCRITO POR MEXICANOS
O SOCIEDADES MEXICANAS CON CLÁUSULA DE EXCLUSIÓN DE EXTRANJEROS.

2004, Elías Dip Rame, presidente de la Confederación Nacional de Transportistas Mexicanos, denunció ante la SFP a Bueno Torio por corrupción y tráfico de influencias al aumentar 400% los montos asignados "a sus parientes" (expediente DE/09/2004). Ese mismo año, por intervención de la OAG, el caso fue cerrado.

Unos meses antes de dejar Refinación, Juan Bueno autorizó la adjudicación directa de los contratos transexenales a las transportistas de petrolíferos por 10 100 millones de pesos.

Una de las líneas de investigación en la SFP apuntaba que 4% de dicho monto —alrededor de 400 millones de pesos— se repartió de la siguiente manera: "50 por ciento se destinó a la campaña de Felipe Calderón. Alrededor de 70 millones de pesos a la campaña de Juan Bueno Torio, y el resto [se distribuyó] entre el titular del OIC, José María Núñez Murillo; Laura Josefina Chong Gutiérrez, asesora jurídica de Juan Bueno; y los subdirectores de Refinación que participaron en las contrataciones".

El caso de Transportadora y Distribuidora Isabel es revelador: en el periodo en que Juan Bueno fue parte del Consejo de Administración de Refinación y se desempeñó como director general, recibió contratos por 162 266 448 pesos.

Por lo que respecta a Autotanques de México, de su cuñado Juan José, fue beneficiada con adjudicaciones directas por 62 250 000 pesos. Fletera Continental de Líquidos, de Luis Ortiz, recibió adjudicaciones directas por 21 233 975 pesos.

Además de las 40 rutas adicionales y el incremento a la tarifa que les autorizó el 3 de marzo de 2003, por el transporte de productos petrolíferos a las empresas beneficiadas por el plan piloto.[3]

---

[3] Para más detalles, véase el capítulo "El secretario".

CONVENIO DE PRESTACIÓN DE SERVICIOS DE TRANSPORTE TERRESTRE DE PRODUCTOS DERIVADOS DEL PETROLEO, QUE CELEBRAN POR UNA PARTE PEMEX REFINACIÓN, REPRESENTADO POR EL **INGENIERO JESÚS VILLARREAL GALLEGOS** EN SU CARACTER DE **GERENTE DE TRANSPORTE TERRESTRE**, A QUIEN EN LO SUCESIVO SE LE DENOMINARÁ **"PEMEX REFINACIÓN"** Y POR LA OTRA LA EMPRESA TRANSPORTISTA **TRANSPORTADORA Y DISTRIBUIDORA ISABEL, S.A. DE C.V.**, REPRESENTADA POR EL **SR. LIC. ENRIQUE RUSTRIAN PORTILLA**, EN SU CARÁCTER DE **GERENTE GENERAL**, A QUIEN EN LO SUCESIVO SE LE DENOMINARÁ **"EL TRANSPORTISTA"**, AL TENOR DE LAS SIGUIENTES:

D E C L A R A C I O N E S

I.- **"PEMEX REFINACIÓN" DECLARA QUE:**

I.1. Es un organismo público descentralizado del Gobierno Federal de los Estados Unidos Mexicanos, Subsidiario de Petróleos Mexicanos, de carácter técnico industrial y comercial, con personalidad jurídica y patrimonio propios, con capacidad para la realización de este Convenio de acuerdo con el Decreto publicado en el Diario Oficial de la Federación el 16 de julio de 1992.

I.2. Tiene por objeto llevar a cabo procesos industriales de la refinación; elaboración de productos petrolíferos y derivados del petróleo que sean susceptibles de servir como materias primas industriales básicas; almacenamiento, transporte, distribución y comercialización de los productos y derivados mencionados.

I.3. Señala como domicilio para los fines del presente convenio el ubicado en Av. Marina Nacional No. 329, Edificio "A" Piso 6° de la Colonia Huasteca, Delegación Miguel Hidalgo de esta ciudad, código postal 11311.

I.4. En el dictamen de justificación para la contratación de los servicios de transporte terrestre por autotanque de productos derivados del petróleo de fecha 29 de noviembre del 2002, se detallan las razones que justifican la contratación de **"EL TRANSPORTISTA"**, partiendo de la necesidad de **"PEMEX REFINACIÓN"** de cumplir con los programas normales y extraordinarios de transporte de productos por autotanque, coadyuvando en el abasto de productos en todo el territorio nacional.

I.5. La Secretaria de Hacienda y Crédito Publico autorizó la contratación de los servicios objeto de este convenio, por medio del oficio **340.-A-1408** de fecha 27 de Noviembre de 2000; con cargo al renglón de operación.

I.6. Los servicios objeto de este Convenio se adjudicaron mediante el procedimiento de adjudicación directa, fue autorizado por el Comité de Adquisiciones, Arrendamientos y Servicios de Pemex Refinación en su Sesión No. 267, Caso 267.2, celebrada el 18 de diciembre de 2002 y se adjudica con fundamento en los artículos 26 fracción III, 40, 41 fracción III y 47 de la Ley de Adquisiciones, Arrendamientos y Servicios del Sector Público.

I.7. Este convenio se origina con las solicitudes de pedido números 30013095 Y 30013131, de fechas 29 de noviembre y 02 de diciembre del 2002, de la Gerencia de Transporte Terrestre quién cuenta con los recursos suficientes para llevar a cabo las erogaciones del presente convenio con cargo a las posiciones financieras números 210360300 y 422915100, respectivamente.

I.8. El Ingeniero Jesús Villarreal Gallegos, quién interviene en la firma del presente convenio, lo hace en su carácter de Gerente de Transporte Terrestre de Pemex Refinación, cuenta con facultades para actos de administración en términos del poder notarial número 44,141 de fecha 2 de diciembre de 2002, otorgado ante la fe del Licenciado Roberto Courtade Bevilacqua, titular de la Notaría número 132 del Distrito Federal, facultades que no le han sido modificadas, limitadas ni revocadas a la fecha de la firma de este convenio

1.

LA RED

En sus indagatorias, la PGR y la SFP hallaron indicios de que una docena de servidores públicos y empresarios estaban involucrados con Bueno Torio en el tráfico de influencias. Algunos de ellos son: Zarco Serqueli; Sergio Díaz Torres —dueño de Bardahl y presidente de Mexicana de Lubricantes—, quien colaboró con Marta Sahagún en la fundación Vamos México; Luis Rance; Carlos Salomón Cámara, asesor de la primera dama; Carlos Arce, procurador Federal para la Defensa del Consumidor y a quien se le vincula en supuestos actos de corrupción con gasolineras, y José F. Serrano Segovia, dueño de Transportación Marítima Mexicana (TMM).

Una de las líneas de investigación se refería al manejo de combustible en las Terminales de Almacenamiento y Distribución, conocidas como TAD. Denuncias radicadas en la SFP señalaban que durante la gestión de Juan Bueno existió una red de tráfico de combustible que operaba de la siguiente manera: Las pipas cargaban combustible en las terminales y descargaban un porcentaje en depósitos clandestinos. Ahí se complementaban con solventes de procedencia extranjera, que entraban al país de contrabando, a fin de alcanzar los niveles de reposición y excedentes para la venta en el mercado negro. Por su parte, las gasolineras aceptaban llenados incompletos, pues a quienes se quejaban se les dejaba de surtir combustible. Y, a su vez, éstas surtían menos cantidad a la marcada por las bombas.

En una denuncia enviada por funcionarios de Refinación a la SFP, se acusaba que en el supuesto tráfico de combustible también estaría involucrado José Ángel García Hernández, presidente de la Organización Nacional de Expendedores de Petróleo (Onexpo), ilícitos que, según la indagatoria, iniciaron "desde que Refinación estaba encabezada por Mario Willards".

En este sentido, la PGR investigaba los movimientos financieros de las empresas en las que Juan Bueno es accionista, como Bital Aroma Coffee, Cafetalera El Cóndor, Agrícola Bueno Ros, Arroceros Asociados de Tamaulipas, Cafés de Córdoba Isabel, Agrícola Santa Isabel, Insumos Agrícolas del Mante, Cafés Isabel de Córdoba, Empresas Asociadas de Córdoba, Acción Futura, Grupo Empresarial Bueno, Promociones de Oriente, Desarrollo Turístico del Golfo, Envasadora y Distribuidora Isabel, Fondo de Inversión Veracruz, Almacenadora Regional del Golfo, Transportes Corver, Cafés Industrializados de Veracruz, Automotriz Isabel, Centro Médico Cordobés, Granos y Semillas del Norte, Leo Inmobiliaria, Consorcio Miramar y Agro Productos de Atoyaquillo.

LOS BENEFICIOS A TMM

Por otro lado, según una investigación de la SFP junto con el director de Finanzas, José Antonio Gómez Urquiza, Bueno Torio benefició desde la dirección de Refinación a Naviera del Pacífico, filial de TMM, con contratos por 1 557 millones de pesos otorgados mediante licitaciones amañadas.

En 2005 TMM recibió dos contratos por 84 301 231 dólares. El primero fue el 3 de junio de 2005, referente al alquiler del buque *Choapas II,* y ascendió a 39 901 834 dólares. El segundo, el 14 de julio, por el alquiler del barco *Amatlán II* a un costo de 44 399 397 dólares. Luego avaló convenios con la naviera por 50 millones de dólares para el uso de sus buquetanques *Monte Albán, Green Point, Kapadokia, Vera Cruz A, Fidelity I* y *Garbos.*

El OIC determinó que Bueno Torio y Gómez Urquiza beneficiaron ilegalmente a la filial de TMM "mediante la reducción de tiempos en los procesos licitatorios e inclusión de cláusulas en los contratos en las que se establece que carguen o no productos petrolíferos, se les paga el tiempo que permanezcan en los muelles o boyas de carga, lo cual impacta directamente al organismo en sus costos por las sumas tan considerables que ello significa".

En ese periodo el Consejo de Administración de TMM estaba encabezado por Luis Salas Cacho, quien fungió como coordinador general de la campaña presidencial de Diego Fernández de Cevallos en 1994, y como coordinador estratégico de la campaña de Vicente Fox en el 2000.

OCEAN MEXICANA

Bueno Torio entregó a AOM dos contratos por casi 94 millones de dólares a través de licitación pública, supuestamente hecha a modo, para el alquiler de los buques *Potrero del Llano II* y *Faja de Oro II*. La SFP y el Cisen descubrieron conversaciones telefónicas entre Juan Reynoso Durand, Jaime Suárez Coppel y su hermano Juan José (entonces director de Finanzas de Pemex), donde abiertamente negociaban comisiones y sobornos de los contratos asignados a AOM. Además de correos electrónicos entre Antonio Juan Marcos Issa y Juan José Suárez Coppel; así como entre Juan Reynoso Durand, Jaime Suárez Coppel y Pedro Carlos Gómez Flores en los que se usaban mensajes encriptados para negociar contratos de diversas navieras.

La ASF confirmó un quebranto a las finanzas de Refinación, por parte de AOM, estimado en más de 66 millones de pesos, luego de revisar los convenios relativos a la renta por 100 453 000 pesos de los buques *Torm Asia* y *Akrotiri* (contratos 4500155808, 4500171600 y 4500176478).

En 2006, una de las últimas acciones de los legisladores que integraron la primera comisión que investigó a los hijos de Marta Sahagún —Jesús González Schmal, Marta Lucía Mícher Camarena, Sofía Castro Ríos, Jorge Legorreta Ordorica y Eduardo Espinosa Pérez— fue presentar denuncias penales en la PGR contra Bueno Torio por "conductas que pudieran ser constitutivas de delito en agravio y detrimento del patrimonio nacional y el erario" al dar contratos a empresas de su familia. Éstas se radicaron en la Unidad Especializada en Investigación de Delitos Cometidos por Servidores Públicos (averiguaciones previas 95/UEIDC-SPCAJ/2006 y 95/UEIDCSPCA/59/2006).

El abogado González Schmal asegura que la PGR tenía en su poder pruebas suficientes para ejercer acción penal en contra de Juan Bueno, pero en septiembre de 2008 ésta cerró la investigación. El procurador Eduardo Medina Mora se lo notificó al flamante senador en su elegante oficina en la Torre Azul —el inmueble que Diego Fernández de Cevallos compró para los senadores de su partido, con recursos del Legislativo en un remate del IPAB—. El 8 de octubre me enteré de la decisión de la PGR de dar carpetazo al asunto porque Bueno Torio me hizo llegar una carta donde aludía a la decisión del procurador.

Plazas "a modo" y desastres ocultos

También se denunció (expedientes DE/1115/2005 y DE/155/2005) en la SFP que Bueno Torio dispuso de 200 plazas en las oficinas centrales de la subsidiaria, en las refinerías y terminales de abastecimiento, para sus operadores personales.

En su gestión se registraron cientos de accidentes en todas las instalaciones de Refinación. Tan sólo en el estado de Veracruz, para 2005, la Profepa tenía documentados 200 percances —en su mayoría fugas, derrames y explosiones en ductos— con un saldo de nueve personas muertas y decenas de heridos. Ello es incomprensible puesto que oficialmente la subsidiaria ejerció el mayor presupuesto de los últimos tiempos en materia ambiental y seguridad: 5 000 millones de pesos.

El percance más grave fue la explosión en el buque *Quetzalcóatl,* ocurrida el 17 de octubre de 2006 en la Terminal Marítima de Pajaritos, en Coatzacoalcos. Murieron 14 trabajadores, seis de ellos de Pemex y el resto de la contratista, incluidos dos menores de edad.

El buque recibía mantenimiento de la empresa López García —propiedad del contador Orlando López García—, con domicilio fiscal en Salina Cruz, Oaxaca. Desde 2003 fue contratado por Bueno Torio para dar mantenimiento a embarcaciones transportistas de hidrocarburos, aunque López no tenía experiencia alguna ni contaba con los trabajadores especializados. En los dos años posteriores, López recibió 58 contratos por 30 millones de pesos para estos trabajos: 19 fueron licitaciones, 28 se le dieron por "invitación" y 11 adjudicaciones directas.

Con la entrada en operación —el 2 de marzo de 2007— del *Faja de Oro II* que le rentó a Antonio Juan Marcos Issa para sustituir al *Quetzalcóatl,* Reyes Heroles dio carpetazo a la historia de corrupción detrás de la explosión del *Quetzalcóatl.* Sepultados los muertos, sin responsabilidad alguna para el contratista, mucho menos para quien le encomendó el trabajo, Reyes Heroles también pasó por alto los espinosos antecedentes de AOM. Es más, en febrero de 2009 le entregó otro contrato por 1 220 millones de pesos al asesor de sus predecesores Muñoz Leos y Ramírez Corzo. Finalmente él no era sino otro contratista, el tercero al frente de la decimoprimera petrolera del mundo.

Cuarta parte

NEGOCIOS PRIVADOS DE HOMBRES PÚBLICOS

La pugna Reyes Heroles-Mouriño

Enero de 2007. Parecía como si sobre su espalda cargase una pesada lápida. Dirigir la empresa más importante del país sin duda potenciaría el estrés de cualquier ejecutivo, aunque no era la responsabilidad lo que le angustiaba, sino los golpes bajos que en cada oportunidad le daba Juan Camilo Mouriño, jefe de la Oficina de la Presidencia de la República y contratista de Pemex. Su carácter introvertido e inseguro se convirtió en el talón de Aquiles del recién nombrado director de la petrolera, Jesús Federico Reyes Heroles González Garza. Un pequeño pez en un océano de tiburones.

Entre los dos nació una profunda rivalidad al representar intereses opuestos: Juan Camilo Mouriño Terrazo a las trasnacionales europeas y al consorcio que formó con su familia, que luchaba a toda costa por tener una gran tajada de la paraestatal. Jesús Reyes Heroles González Garza, cabildero de las texanas. La pugna era entre los dos grandes grupos económicos que, a partir de que Felipe Calderón prometió que en su gobierno sí habría reforma energética, se disputaban el tesoro petrolero mexicano.

La injerencia de Mouriño en los asuntos internos agudizó la rispidez entre ambos funcionarios. A Jesús Reyes Heroles González Garza le tocó lidiar, como le ocurrió a su padre, con los desplantes y caprichos de algunos convidados de Los Pinos.

291

Como un secreto a voces de esos que traspasan paredes, corredores y portones, se decía que en el gobierno de José López Portillo, su secretario de Gobernación, Jesús Reyes Heroles, apenas si aguantaba los caprichos de Margarita López Portillo, directora general de Radio, Televisión y Cinematografía, la hermana favorita del presidente, sobre quien advertía a sus colaboradores: "Es mi piel, no la toquen", sin importar que en público y privado Margarita ninguneara al mismísimo Reyes Heroles, a quien López Portillo llamaba "mi maestro".

Veintiocho años después, a los pocos días de que se instaló en el piso 47 de la torre ejecutiva de Marina Nacional, el hijo hubo de solapar, contra su voluntad, según decía, la codicia del protegido del presidente Calderón, quien ya echaba mano de puestos clave, en los que ubicó a algunos empleados del GES.

Una de las mayores diferencias entre Mouriño y Reyes Heroles se dio por la Dirección Corporativa de Administración, que desde 2005 ocupaba Rosendo Villarreal, y donde, infructuosamente, Mouriño intentó colocar a Yolanda Valladares, y Reyes Heroles a Roberto Ortega Lomelín, su coordinador ejecutivo en la Dirección General.

De extracción priísta como Reyes Heroles, Ortega Lomelín fue su mano derecha mientras dirigió Pemex. Como anecdotario, Lomelín fue uno de los dos sobrevivientes (el otro, Heriberto Galindo) del atentado en el que fue asesinado el secretario general del PRI, José Francisco Ruiz Massieu, cuñado del entonces presidente Carlos Salinas de Gortari, la mañana del miércoles 28 de septiembre de 1994.

Estructuralmente Villarreal era jefe de Yolanda Valladares, gerente de Desarrollo Social, aunque la funcionaria respondía sólo a las indicaciones de Mouriño, quien daba la ordenanza de a quién dar o no los donativos y donaciones de Pemex. Durante 2007 esta situación fue otro de los motivos de disputa entre Juan Camilo y el director de la petrolera, que los llevó a francas discusiones que terminaban siempre con la amenaza de Mouriño de que pediría a Calderón su destitución.

Para aprender a contener a Juan Camilo y cumplir también con la instrucción presidencial de preparar Pemex para la reforma energética, Reyes Heroles se reunió en varias ocasiones con Luis Ramírez Corzo, radicado en Estados Unidos, donde ahora trabaja como asesor de compañías petroleras.

Su último encuentro fue en agosto de 2007. Un privado del Champs Élysées, restaurante francés ubicado en el número 316 de la avenida Paseo de la Reforma, fue confesionario de los pesares provocados por el voraz Mouriño. Conocedor de que los asuntos de Estado se ventilan en restaurantes y se aderezan con licores, Ramírez Corzo lo alentó a desfogarse. Pasadas las tres de la tarde un diligente mesero abrió para ellos la primera botella de Château Pétrus cosecha 1979. Hacia la una de la madrugada, Reyes Heroles bebía las últimas gotas de la sexta botella. Ni una pinta de aquel tinto de Burdeos humedeció los labios de Ramírez Corzo, quien optó por tomar agua mineral y conservar la sobriedad. Todo ello es relatado por uno de los asistentes a este encuentro, un alto funcionario en la gestión de Ramírez.

—Luis lo vio tan agobiado que le recomendó comentarlo con el presidente. ¡Beberse seis botellas, imagínate, qué forma de gastar el dinero! —comenta el funcionario.

Si hay una característica que hizo popular a Reyes Heroles en Marina Nacional es su afición por el alcohol. Su bebida favorita es la que se produce en Pomerol: el Château Pétrus, considerada por los enólogos la joya de los vinos. Más que un gusto personal, la relevancia es que lo sufragaba con la tarjeta ejecutiva que la petrolera da a sus directivos y que se paga con recursos públicos. En el Champs Élysées cada botella costó 50 000 pesos.

Aquella ocasión, Reyes Heroles llevó inscritas en una libreta las deficiencias administrativas de Pemex y las instrucciones de Calderón. Más avispado en el tema, Ramírez Corzo lo orientó para la que sería más tarde su defensa de la reforma.

Apenas impregnaba su sello en la elegante oficina de la torre ejecutiva, cuando en los corrillos políticos se especulaba ya su salida. La versión la difundía la gente de Juan Camilo. En público se defendía titubeante. Sólo sus más cercanos eran testigos de las frecuentes crisis personales provocadas por su falta de autoridad. Durante 2007 presentó su renuncia a Calderón en tres ocasiones, las mismas que éste rechazó. Conocedor de las debilidades de los suyos, Calderón se resistía a soltarle las riendas de Pemex a Mouriño, empecinado en escoger un director y administrador, según fuentes de Los Pinos.

Cuando las bravatas de Mouriño subieron de tono, Reyes Heroles optó por comentárselo al presidente —como le recomendó Ramírez Corzo— durante una cena que en su casa organizó para la pareja presidencial. Al término de la velada, de nuevo, Calderón le dio el espaldarazo. Reyes Heroles abonó a la sospecha. Tras despedirse del anfitrión, Margarita Zavala conminó a su esposo a amarrarle las manos a Juan Camilo, como cuatro años atrás le recomendara el secretario Gil Díaz al presidente Fox respecto de sus hijastros Manuel y Jorge Bribiesca.

Un director a modo

Economista egresado del Instituto Tecnológico Autónomo de México, Jesús Reyes Heroles González Garza es visto entre la clase política como el menos destacado de su familia, beneficiario de puestos obtenidos por el peso político de su estirpe.

Su padre —quien falleció en Denver, Colorado en 1985— fue uno de los políticos mexicanos con mayor proyección internacional. Abogado, historiador, miembro número 4 de la Academia Mexicana de la Historia, fue secretario del Trabajo con Manuel Ávila Camacho; de la Presidencia, con Adolfo Ruiz Cortines; subdirector técnico del IMSS, con Adolfo López Mateos; director general de Pemex, con Gustavo Díaz Ordaz; secretario de Gobernación, de 1976 a 1979, con José López Portillo, y secretario de Educación Pública, con Miguel de la Madrid.

Entre los viejos petroleros se le cita como uno de los mejores directores en la historia de Pemex. Para muestra: formó la flota petrolera que llegó a ser la más importante en su tipo en el mundo. Años después, Salinas de Gortari decidiría privatizarla.

Entre 1983 y 1988, Miguel de la Madrid, ex pupilo de su padre en la Facultad de Derecho, dio a Jesús Reyes Heroles González Garza su primer puesto público en la dirección general de Planeación Hacendaria. Luego estuvo como coordinador de asesores del secretario de Relaciones Exteriores. En 1991 creó la consultoría Grupo de Economistas y Asociados (GEA), y en 1994 se integró al gabinete de Ernesto Zedillo, quien lo designó secretario de Energía, también como una deferencia para con su padre, de quien al igual que el grueso de los priístas era gran admirador.

En 1997 el presidente Zedillo lo envió a la Embajada de México en Estados Unidos. Fue entonces cuando estrechó sus vínculos con las petroleras asentadas en los estados del sur, entre ellas la Mexssub International, Inc. MexLub y el consorcio EMS, para los cuales trabajaría como asesor. A nombre de las petroleras texanas, participó en la propuesta del Consejo Binacional México-Estados Unidos, ventilada en Washington en 2001, donde oficialmente se planteó "la necesidad" de una integración energética de México con Estados Unidos y Canadá.

LAS TRAICIONES

"En el ejercicio de la política hay que aprender a lavarse las manos con agua sucia", es una de las frases célebres de Jesús Reyes Heroles que se repite hoy día en los corrillos políticos. El primogénito abrazó el proverbio: en 2006 dio la espalda al candidato del PRI a la Presidencia de la República para dar su apoyo abierto a Felipe Calderón.

Durante meses, la cuestionada GEA-ISA difundió encuestas, todas favorables al candidato del blanquiazul, aun en momentos de desprestigio, como durante el escándalo de la empresa Hildebrando cuando se ventiló el tráfico de influencias de Diego Zavala Gómez del Campo (cuñado de Calderón) para obtener contratos gubernamentales, algunos con PMI Comercio Internacional, el brazo comercial de Pemex en el mercado internacional.

Su apoyo a Calderón no era un asunto de ideales. No era nada personal, sólo negocios, en alusión de la mafia retratada por Mario Puzo.

En diciembre, dos ejecutivos de GEA-ISA: Reyes Heroles y su socio Guillermo Valdés Castellanos, entraron al gabinete. Este último como director del Centro de Investigación y Seguridad

Nacional (Cisen). A nombre de la citada encuestadora, la noche del 2 de junio de 2006 Valdés lo proclamó prematuramente vencedor de las elecciones al mismo tiempo que el IFE declaraba un "empate técnico".

Calderón necesitaba en Pemex un director a modo y encontró en él al idóneo. En 2008 acudió por lo menos en ocho ocasiones a las cámaras de Diputados y de Senadores para comparecer ante el Legislativo en torno a asuntos como el tráfico de influencias de Juan Camilo Mouriño y para defender el proyecto de reforma energética. El momento que le resultó más molesto, cuentan sus asesores, fue cuando le tocó lidiar con el escándalo de Mouriño. En la intimidad de su oficina, con su enfado reprimido, releyó varias veces el mensaje que el martes 4 de marzo de 2008 soltó en tribuna el coordinador de los senadores del PRD, Carlos Navarrete, que aludía al concepto que su padre tenía de la función pública y a la disímil defensa del hijo de los negocios privados construidos y capitalizados mediante el uso y abuso del poder:

…Hubo un hombre al margen de siglas y partidos también que ocupó muchos cargos, fue secretario de Gobernación, fue secretario de Educación, fue director de Petróleos Mexicanos, y ocupó cargos importantes en el gobierno, un ideólogo de liberalismo por cierto, del Siglo XX, que siendo director de Petróleos Mexicanos y habiendo bloqueado a riesgo en Pemex, en un discurso de los muchos que pronunció, conceptuoso y profundo lanzó una frase que hoy en el 2008 es necesario volver a subrayar, ese hombre dijo: "nadie debe olvidar en el sector público que los hombres que están en este sector no pueden hacer negocios privados, los únicos negocios que deben atender los hombres públicos, son los negocios públicos que su encomienda les da", ese hombre era don Jesús Reyes Heroles.

Y lo decía como una alerta para esta tendencia de confundir la función pública con los negocios privados, esta confusión que se da sexenio tras sexenio, independientemente de las siglas.

¿Por qué lo digo?, porque está en la opinión pública un tema grave, de trascendencia para el Estado Mexicano, que las cámaras del Congreso de la Unión no pueden ignorar ni pueden ver como una anécdota política para la disputa del momento, una empresa privada, denominada Transportes Especializados Ivancar. Un consejo de administración, unos accionistas, un apoderado de la empresa que decidió hacer lo que una empresa de este tipo hace, negocios con Petróleos Mexicanos, firmas de contratos y convenios de prestación de servicios de transporte terrestre de productos derivados del petróleo...

A ojos de los legisladores era clara la ilegalidad con la que actuaba Mouriño, y a Reyes Heroles González Garza no le quedó otra salida que acatar la ordenanza del presidente: defender al ya secretario de Gobernación.

LA REFORMA ENERGÉTICA

Impávido, resistió sin chistar la retahíla de cuestionamientos que le plantearon los integrantes del Congreso de la Unión, desde su nulo aprendizaje político de los preceptos de su padre, hasta la inconsecuencia y traición a los principios que defendió su progenitor en tiempos de Díaz Ordaz. Los argumentos de los legisladores y especialistas para echar por tierra el proyecto calderonista de hacer de Pemex una administradora de contratos maquila, fueron las directrices con las cuales en los años sesenta el ideólogo Reyes Heroles dirigió la paraestatal.

El momento más elocuente fue la novena reunión del foro sobre la reforma energética el 10 de junio de 2008. Tres horas permaneció sentado en la segunda fila de invitados en el patio central de la vieja casona de Xicoténcatl. Francisco Labastida, moderador del debate, ni siquiera mencionó su presencia. Ninguno de los legisladores lo saludó, ni siquiera los de su partido, mucho menos los ponentes, pero la atención de todos se centró en él cuando uno de los oradores hizo alusión a su padre:

—Tuve el orgullo de trabajar a las órdenes de don Jesús Reyes Heroles como jefe de ingenieros en Europa, dirigiendo, sí, dirigiendo proyectos industriales para Pemex. De 1965 a 1968 se realizó la ingeniería, selección y procura de equipo para 33 proyectos mayores de plantas industriales. Los ingenieros mexicanos construían plantas de refinerías al lado de los técnicos que sacaron adelante a Pemex en 1938 —soltó José Felipe Ocampo Torrea, fundador del Grupo Ingenieros Petroleros de 1917, invitado para hablar de la refinación petrolera, su especialidad.

Y mientras él, a cinco metros de distancia permanecía con la vista clavada hacia algún punto de las desgastadas lajas del piso del inmueble que alguna vez albergó el Colegio Seminario de Nuestra Señora Santa Ana, de la orden jesuita.

—El número de ingenieros que realizábamos esta función, y la realizamos bien, nunca excedió el número de 10, eso sí, ¡los ingenieros seleccionados eran técnicos formados por muchos años en Pemex, ampliamente conocedores de los procesos industriales, de las técnicas y con la camiseta de México y Pemex bien puesta! —enfatizó Ocampo clavando su mirada en el hombre enfundado en un traje gris, que no hacía más que demostrar su enorme capacidad de inmovilidad.

Azuzado por el mutismo de Reyes Heroles, el tono de Ocampo fue en aumento:

—¡Éste no es trabajo para administradores *juniors* por muchos títulos de universidades extranjeras que ostenten! —remató.

Su mirada extraviada frente a vocablos incómodos. Infructuosamente intentaba humedecer con la punta de la lengua los delgados labios resecos. Impulsivo extendió la mano para tomar el pañuelo desechable que disimuladamente le acercó Roberto Ortega Lomelín, sentado, como siempre, a su lado. Sus manos temblaban cuando retiró las gotas de sudor que perlaban su frente y le humedecían el delgado cabello que, contra su estilo, lucía revuelto. Aprovechó el receso para ir en busca de un vaso de café, que ni por asomo le ofreció alguna de las edecanes, afanadas en servir las viandas a los legisladores y sus invitados especiales.

La misma situación se presentó de forma indistinta en cada ocasión en que acudió ante el Legislativo. Taciturno, escuchaba las alusiones a su gris gestión. Se esforzaba en ser indiferente, como si de otro se tratara. Lo cierto es que tras su timorata figura disimulaba los negocios que tejía en Pemex, como sus predecesores Raúl Muñoz Leos y Luis Ramírez Corzo, algunos por cuenta propia, otros por órdenes de Los Pinos.

FUNCIONARIO PÚBLICO, ASESOR PRIVADO

En 2004, por encomienda de Luis Ramírez Corzo, Marcos Ramírez Silva y Sergio Guaso Montoya, la empresa Neoris diseñó el denominado modelo "Suma por un solo Pemex", un esquema para restructurar la petrolera y prepararla administrativamente para la entrada de capital privado.

El esquema de Neoris comenzó a implantarse en 2005 a espaldas del Legislativo; por ello, analistas y organizaciones del sector energético afirman que en ese año inició "la privatización hormiga". Según cálculos de funcionarios que participaban en la implantación del Suma, su aplicación total costaría a la petrolera unos 1 500 millones de dólares, que incluía el costo de la restructuración y la liquidación o jubilación, en tres anualidades, de 20 000 trabajadores; es decir, 30% de la planta laboral tanto de confianza como sindicalizados.

El esquema planteó una restructuración bajo el mando único de una dirección corporativa que centralizara a las subsidiarias y filiales. El proyecto implicaba la modificación de la Ley Orgánica de la petrolera y del Contrato Colectivo de Trabajo (CCT) entre Pemex y el STPRM.

Grosso modo, el Suma planteaba que las compañías privadas se encargaran de todos los procesos de exploración y explotación de crudo, que operaran los sistemas de ductos, oleoductos y gasoductos de Pemex y manejaran también de forma paralela sus propias redes. Todo ello fue plasmado en el proyecto de reforma energética que en abril de 2008 Calderón enviaría al Congreso. Meses antes de que la propuesta se hiciera oficial, Reyes Heroles había entregado a un corporativo texano la operación, durante 20 años, del sistema de ductos más importante del país.

El 22 de mayo de 2007 la subsidiaria PEP publicó las bases de la licitación 18575111-006-07 para adjudicar el denominado Sistema 4 de Transporte de Hidrocarburos y Gas, que comprende los estados de Tabasco, Veracruz, Chiapas y Oaxaca, el más importante en el proceso de producción de crudo por su longitud: 1 700 kilómetros, y por el volumen de petróleo que en él se transporta: 350 000 barriles diarios, incluido todo el crudo que se refina en México.

Se trata del primero de los cuatro contratos mediante los cuales la administración de Calderón cederá la operación de los ductos por los cuales se transporta, distribuye y comercializa todo el crudo que sale de la Sonda de Campeche; 70.2% de la producción de gas y 94% de condensados. De allí que su operación y mantenimiento sean considerados estratégicos para la seguridad energética del país.

La contratación significó el primer escándalo de tráfico de influencias en el que se vio envuelto Reyes Heroles, pues antes de llegar a Pemex había asesorado a algunas de las compañías que participaron en la licitación, recomendándolas personalmente ante Ramírez Corzo y Morales Gil como potenciales operadoras de ductos.

En los meses en que se llevaba a cabo la licitación, legisladores de las comisiones de Energía en las dos cámaras detectaron que el proyecto era anticonstitucional, las bases del concurso estaban fuera de normatividad y violaba las leyes de Hidrocarburos, de Presupuesto, de Obra Pública y de Adquisiciones, y además ponía en riesgo la soberanía nacional.

Los legisladores comprobaron las violaciones a la Ley Federal de Presupuesto y Responsabilidad Hacendaria, ya que los recursos comprometidos eran en el esquema Pidiregas, aunque el contrato no era de inversión sino de mantenimiento.

Graco Ramírez Garrido, secretario de la Comisión de Energía del Senado, acusó a Reyes Heroles de tráfico de influencias y llevó a tribuna un punto de acuerdo para frenar la licitación. "Estábamos ante una situación donde no sabíamos dónde terminaba el consultor privado y dónde comenzaba el director de Pemex. Lo más prudente era que Reyes Heroles cancelara la licitación, para no tener que recurrir a otras instancias, porque este proyecto definitivamente es anticonstitucional. Se pueden contratar los trabajos de mantenimiento, pero la operación de los ductos no, eso es ilegal", dice.

Aunque el Senado exhortó a Calderón a que cancelara la licitación, camuflada entre boletines de prensa que plasmaban la postura oficial frente a la ola de accidentes en la Sonda de Campeche (ocurridos entre septiembre y octubre de 2007), y las acusaciones públicas de legisladores contra Reyes Heroles por solapar las ilegalidades de Oceanografía, el 1° de noviembre PEP notificó la entrega del millonario contrato de ductos al consorcio texano EMS Group.

El 31 de marzo de 2008 Ramírez Garrido denunció a Reyes Heroles ante la SFP por su responsabilidad en la asignación del contrato, además de tráfico de influencias.

IVÁN, PADRINO DE CONTRATISTAS

En medio de la efervescencia en torno de la reforma energética, al tiempo en que en el Senado mexicano se debatían las propuestas, en España los Mouriño invitaban a los empresarios a participar de los negocios que prometían podrían hacer en Pemex, una vez que se aprobara la reforma. Implícita comisión de los flamantes gestores. Lo hizo el propio Juan Camilo desde 2007 cuando aprovechaba los viajes de fin de semana, de *shopping* y futbol, para invitar a los navieros del puerto de Vigo —el terruño paterno— a rentarle sus barcos a PEP y Refinación.

Uno de estos casos fue el de la empresa F. Tapias. De la mano de Juan Camilo el naviero Fernando Fernández Tapia entró como contratista de Refinación.

Férreo defensor de Juan Camilo ante la comisión de diputados encomendados a "investigar la legalidad" de los contratos firmados por Mouriño, en junio de 2008 José Antonio Ceballos Soberanis entregó a Fernández Tapias un contrato por 2 188 millones de pesos por el arrendamiento de sus barcos *Hull S-1017* y *Hull S-1018*.

En sus operaciones con Refinación, Tapias es socio de la trasnacional Teekay Shipping Corporation. El proceso de adjudicación de sus contratos fue ampliamente cuestionado, debido a que la licitación presentó numerosas incongruencias: "errores" en las bases que dejaron fuera de concurso a decenas de compañías, aplazamientos en momentos clave y la renuncia de la Fundación Heberto Castillo como testigo social.

Entre los funcionarios del área de arrendamiento de buques se comentaba que "la única carta" de referencia de la naviera era que los apadrinaba Juan Camilo Mouriño.

Los últimos días

La reforma energética que Felipe Calderón concibió junto con sus dos hombres de confianza desde aquellos días en que despachaban en la Sener finalmente se aprobó el 23 de octubre en el Senado y cinco días después en la Cámara de Diputados. A pesar de fallidos intentos de algunos legisladores de bloquearla en tribuna.

En Los Pinos se descorchó champaña. El neopanismo presumió de haber logrado la polémica reforma que ni Fox pudo, aunque una parte del PRD hizo suyos los festejos de una reforma "no privatizadora". El presidente telefoneó a Jesús Reyes Heroles para encomiar el trabajo que su equipo hizo durante esos meses.

Entre el 4 de marzo y el 30 de abril Pemex invirtió 220 952 304 pesos para "informar" a los mexicanos de la "urgencia" de modernizar la paraestatal e iniciar exploraciones en aguas profundas del Golfo de México; 3 876 000 pesos diarios para enterar a los ciudadanos del "tesorito profundo" que aguarda más allá de la Sonda de Campeche y de la benevolencia de las trasnacionales que se aventurarán a su rescate. Es la campaña publicitaria más costosa de los últimos tiempos, pero al fin, dijeron en Pemex, había valido la pena.

El mismo día se reunieron en Los Pinos: Reyes Heroles, la secretaria de Energía, Georgina Kessel; el de Gobernación, Juan Camilo Mouriño; el coordinador de los diputados panistas, Héctor Larios Córdova; el de los senadores, Gustavo Madero Muñoz; el dirigente nacional del PAN, Germán Martínez; el senador Juan Bueno Torio, y el secretario del presidente, César Nava, a celebrar "el logro de todos los mexicanos". La mitad de ellos son contratistas de Pemex.

Los festejos fueron fugaces. El triunfalismo de Calderón se cubrió con un manto de luto. Una semana después murió Juan Camilo Mouriño, su secretario, su colaborador, su consejero, su mano derecha, su amigo, su confidente. Cayó aparatosamente el avión en el que viajaba procedente de San Luis Potosí, junto con el ex titular de la Subprocuraduría de Investigación Especializada en Delincuencia Organizada, José Luis Santiago Vasconcelos.

Aquel 4 de noviembre, mientras el avión se desplomaba, Calderón concluía en Jalisco la entrega de viviendas en la colonia Madre Luisita, como parte del Programa Tu Casa del Fonhapo.

Lo acompañaban el gobernador del estado, Emilio González Márquez, conocido como el *Góber Piadoso* por sus millonarios donativos del erario público a la Iglesia católica; el secretario de Agricultura, Alberto Cárdenas Jiménez, y el titular de la Comisión Nacional de Vivienda, Carlos Gutiérrez Ruiz. Sonreía.

A unos metros de distancia, Aitza Aguilar, su asistente desde la precampaña presidencial, recibió una llamada en su celular. El rostro de la joven se tornó pálido. Hubo luego que susurrarle al oído de la muerte de su amigo. Calderón detuvo el paso, la mano derecha pareció sostenerle la frente. Dio un traspié. A su lado, Alejandra Sota, coordinadora de Estrategia e Imagen gubernamental, no atinaba a responder.

Quedó paralizado, su rostro fue asaltado por una rigidez que no alcanzaba a controlar, boquiabierto por unos segundos. Eran casi las 7:30 de la noche, en medio de la oscuridad que en la zona rural es más espesa, apretó el paso seguido de González. En un helicóptero se trasladó hasta la base militar en Zapopan. Allí subió al avión que lo llevaría de regreso al Distrito Federal. Aquellos 35 minutos de vuelo fueron quizá los más largos de su vida, suficientes para repasar los últimos días.

El percance ocurrió en la calle Ferrocarril de Cuernavaca, colonia Lomas de Chapultepec; en una extraña ironía, a sólo unas cuadras de la Fuente de Petróleos, construida en 1952 (durante el gobierno de Miguel Alemán Valdés) para conmemorar la Expropiación Petrolera de 1938. Monumento concebido por su creador, Juan Fernando Olaguíbel Rosenzweig, como un homenaje al esfuerzo y el trabajo de aquel puñado de hombres mexicanos que, una vez expropiadas las instalaciones petroleras, tuvieron que cargar sobre sus hombros la responsabilidad de mantenerla produciendo a pesar de los escasos recursos técnicos y económicos.

Los últimos días de Juan Camilo Mouriño fueron para Manuel Carlos Mouriño Atanes los que más cerca estuvo de su proyecto más ambicioso: iniciar la carrera de su hijo rumbo a la campaña presidencial. El sueño de ser anfitriones y no huéspedes de honor en Los Pinos —anhelo confiado a los más íntimos— se desvaneció en un momento que no alcanzó a comprender. Manuel Carlos, amante del futbol, de los relojes de diseñador, amigo de gobernadores, de secretarios de Estado, contratista de Pemex, suspendió su cotidiana visita al estadio del Celta de Vigo, casa del equipo por el que pagó cuatro millones de euros. Como hacía exactamente 30 años, cruzó el Atlántico con destino a la ciudad de México. Esta vez, para enterrar a su hijo.

Recibí la noticia en una oficina de la PGR, donde privaba la confusión: los peritos entraban y salían hacia el lugar del accidente. "Dicen que tiraron el avión", me dijo una funcionaria de la Procuraduría aludiendo a que se trataba de una venganza del narcotráfico. Por aquellos días ratificaba una denuncia que en el mes de agosto había presentado ante la Fiscalía Especial para la Atención de Delitos Cometidos contra Periodistas (FEADP), tras recibir amenazas de muerte de los empresarios Amado Yáñez Osuna y el gasero Jesús Alonso Zaragoza López, para que dejara de investigar sus turbios negocios en Pemex y los de su socio Juan Camilo Mouriño.

Los días que sucedieron a la caída del Learjet matrícula XC-VMC estuvieron ocupados por los homenajes públicos a Mouriño. Durante el duelo, el presidente de la República no tuvo empacho ni medida en destacar las virtudes que él veía en su entrañable amigo y fiel colaborador. En la ceremonia luctuosa Calderón lo llamó hombre franco y honesto, y acusó a sus críticos, sin pruebas, de calumniadores.

Crítico de la represión calderonista al repudio ciudadano en contra de la privatización de Pemex, así describió el periodista Miguel Ángel Granados Chapa (galardonado con la medalla Belisario Domínguez) los últimos días de Mouriño:[1]

…Nombrado secretario el 16 de enero pasado, apenas duró 300 días en el cargo. Habría sido más breve su desempeño si la fragilidad política que padeció desde su nombramiento no la hubiera suplido el firme apoyo que le brindó el presidente Felipe Calderón que en su responso del martes encomió en su amigo y colaborador virtudes que una amplia gama de voces públicas no vio nunca o había dejado de ver en él […]

Fue manifiesto el poder que Calderón le confirió al reconstruir la Oficina de la Presidencia, dotada de mayores facultades formales y reales que la ejercida al máximo por José Córdoba en tiempos de Carlos Salinas. Actuaba desde allí como una suerte de vicepresidente o jefe del Gabinete, no sólo del staff personal que rodea al Ejecutivo, sino del integrado conforme a la Constitución. Paradójicamente, su fuerza decisoria decayó al ser nombrado Secretario de Gobernación, no obstante que la intención presidencial pareció la contraria para situarlo como el principal aspirante a la todavía remota sucesión presidencial de 2012.

Al salir de la eficaz discreción con que se movía en Los Pinos y quedar expuesto a la atención pública como miembro formal del Gabinete, se discutió su nacionalidad. Nacido en Madrid en el seno de una familia gallega […] no quedaba clara su elegibilidad como secretario de Estado, pues la Constitución es rigurosa respecto de la nacionalidad de tales colaboradores del Ejecutivo […]

[1] Columna Plaza Pública, *Reforma*, 6 de noviembre de 2008.

Fue de mayor gravedad y trascendencia el descubrimiento de un conflicto de intereses que protagonizó siendo presidente de la Comisión de Energía de la Cámara. Lo documentó la reportera Ana Lilia Pérez en la revista *Contralínea,* apenas al mes siguiente del nombramiento de Mouriño. Fue inequívoco, reconocido a la postre por el propio secretario, el hecho de que Mouriño representaba ante Pemex los intereses de su familia, dedicada entre otros giros al transporte y venta de combustibles, al mismo tiempo que en su función legislativa se ocupaba de temas relacionados con esa empresa pública.

Mouriño trastabilló. Dejó ver sus inseguridades, y quedó inhabilitado para la gran operación política en que debía participar: concertar con el PRI la reforma energética. Durante sus meses en la Oficina de la Presidencia había mostrado capacidad para entenderse y aun hacer amistad con los dirigentes reales y formales del antiguo partido del Gobierno, con los que departía socialmente. Pero ya no pudo figurar en el largo proceso de la reforma, en que aparecieron protagonistas indeseables y no previstos en la negociación original... En eso estaba Mouriño a la hora de su muerte.

Al tiempo que de los rotativos desaparecían los obituarios a Mouriño, los de secretarios de Estado, gobernadores, y contratistas como los Yáñez o Leonardo Olavarrieta, y los accionistas del consorcio gasero Zeta Gas, con la muerte de *Iván* más de un funcionario y varios contratistas de Pemex se sintieron desprotegidos. En el piso 44 el ambiente era muy distinto.

Reyes Heroles estaba tranquilo. Ya nadie lo presionaba y no sortearía más caprichos. Tantas veces Juan Camilo le pidió al presidente su despido. Pero ahora todo era diferente. Sin nadie que estuviera al tanto de sus movimientos, en mayo de 2009 operó para que PEP le asignara a sus ex jefes de Mexssub sin licitación pública de por medio un contrato por 1 304 millones de dólares para "el mantenimiento" del sistema uno de ductos. Ignoraba que tenía el enemigo en casa.

Un espía en Pemex

Un día descubrió que su oficina estaba llena de micrófonos ocultos, lo mismo que el automóvil que le entregó la administración para su uso personal. Sus pesquisas lo llevaron al piso 12 del edificio A: la oficina de Rosendo Villarreal. El espionaje del administrador puso en jaque a Reyes Heroles y su grupo más cercano: Roberto Ortega Lomelín y Raúl Livas Elizondo, director Corporativo de Operaciones.

Pronto descubrieron que a través de la Gerencia de Telecomunicaciones, Villarreal prácticamente tenía bajo vigilancia a todo el cuerpo directivo: grababa sus conversaciones, tenía acceso a sus correos y a cada documento e información en sus computadoras. Sofisticó el sistema que en los años noventa utilizó en su natal Coahuila para espiar a sus opositores, como más tarde lo hizo con sus colegas senadores. "Un espía en el Senado", lo definió el periodista Conrado García Jamín, su ex jefe de prensa en el ayuntamiento de Saltillo.

Por consigna de César Nava, Villarreal desplegó un operativo para espiar al abogado Jorge García, a partir de que éste denunció sus irregularidades como abogado de Pemex, y por consigna del michoacano comenzó a espiar a Reyes Heroles, quien para los panistas de base, como el mismo Villarreal (fundador del PAN en Coahuila), era simplemente un infiltrado del PRI.

311

También echó mano de otras áreas bajo su control para minar al grupo opositor: en junio filtró al periódico *Reforma* que la SFP investigaba a Manuel Reynaud Aveleyra, subdirector de Procesos de Negocios e Infraestructura Tecnológica —mano derecha de Livas—, por aceptar un viaje todo pagado (VTP) al Grand Prix Fórmula Uno de Mónaco, soborno de la trasnacional Sistemas, Aplicaciones y Productos (SAP México), a la que le adjudicó un contrato por 30 millones de dólares por la compra de equipos de cómputo y *software*, insumos que además la paraestatal ya tenía.

La SFP documentó que SAP le pagó a Reynaud su estancia el 23 y 24 de mayo en el Hotel Boutique Columbus, en el centro de Monte Carlo, lo que implicaba unos 12 000 euros. La publicación derivó en la salida de Reynaud. Internamente era un descalabro para el grupo de Reyes Heroles, pues Livas, su socio en GEA-ISA, trabajó también como director de Administración y Desarrollo de Negocios en Intellego, S. C., distribuidor de SAP en México.

La *vendetta* no tardó en llegar: El 29 de julio se desplegó en Pemex un aparatoso y sobre todo mediático operativo, cuando la PGR y las secretarías de Seguridad Pública y de la Función Pública aseguraron equipos de cómputo y documentos de la Gerencia de Seguridad Física, la cual dependía de Villarreal.

Las autoridades judiciales informaron que investigaban la participación de funcionarios de alto nivel en el contrabando de combustibles, que entre 2007 y 2009 habrían obtenido ganancias ilegales por más de 20 000 millones de pesos.

Oficialmente no se informó que se investigaba a Villarreal, pero se barajaron nombres de sus más cercanos, entre ellos Jorge Salcido Urroz y Pedro Aguirre Castro. En Coahuila todos los rotativos publicaron explícitamente la implicación de Villarreal en el puntilloso asunto. El Cisen, en manos del socio de Reyes Heroles, le abrió una investigación a Villarreal por su posible implicación no sólo en el contrabando de combustible, sino en una red de delincuencia organizada y lavado de dinero.

Y es que la región de Coahuila, el coto de operaciones políticas y económicas de Villarreal, es precisamente la zona de la Cuenca de Burgos que registra la mayor *ordeña* y contrabando de gasolinas, diésel, turbosina y condensados de gas, mediante tomas ilícitas en la red nacional de ductos.

Desde 2001 funcionarios, militares y delincuentes operan en una estructura que tiene la capacidad de venderle hidrocarburos robados a trasnacionales como la alemana Basf. De lo anterior le advirtió Octavio Aguilar a Felipe Calderón desde que llegó a Los Pinos, e incluso le entregó amplios expedientes en los cuales documentó la plena participación de funcionarios de Pemex y militares de alto rango en la ordeña, transporte y venta ilegal principalmente hacia Estados Unidos.

En la torre de Pemex se ubica el centro de control de ductos, desde donde, mediante equipos altamente sofisticados, se monitorean, con tecnología GPS, todos los ductos, oleoductos, gasoductos, y todo el autotransporte de hidrocarburos, así que es perfectamente identificable el momento en que se comete una ordeña y quién lo roba.

En sus andanzas como funcionario federal, Villarreal se dedicó a hacerle el trabajo sucio a las cabezas de su partido al tiempo que obtenía beneficios personales. Lo hizo en la SFP cuando sepultó el prevaricato de Nava y luego el *Pemexgate*. Como parte de sus prebendas, en febrero de 2005 contrató a su sobrino Gerardo Lozano Montemayor como gerente de Recursos Materiales y Servicios Generales.

En un exceso casi de chanza, Villarreal decidió que hasta el año "2999" su sobrino operará y administrará todos los recursos de la empresa del Estado, sus subsidiarias y filiales; fungirá como interlocutor de Pemex ante todas las secretarías de Estado, órganos desconcentrados, paraestatales, los prestadores de servicios, los proveedores y contratistas, y las asociaciones civiles.

También actuará como interlocutor interno con las distintas direcciones corporativas, las gerencias, el OIC, la Subdirección Corporativa de Relaciones Laborales, la Subdirección de Servicios Corporativos, la Subdirección de Servicios Médicos, el STPRM, y manejará los negocios de la empresa privada de Pemex: Integrated Trade Systems, la cual tiene su sede en Houston, Texas.

La irregular contratación de Lozano se denunció en la SFP en 2005. La indagatoria quedó a cargo de Federico Domínguez Zuloaga, quien en febrero de 2006 concluyó que no encontró elementos para fincarle responsabilidades a Rosendo, pasando por alto los dictámenes del Jurídico de la Secretaría que acreditaban que la violación a la ley implicaba su inhabilitación. Por aquellos días en que dio carpetazo al tema, Villarreal le transfirió 212 000 pesos del erario para un tratamiento dental estético de su esposa. En julio, Domínguez fue despedido cuando se descubrieron los ilegales beneficios. Villarreal siguió intocable.

Sus negocios en Pemex iban mucho más allá de una relación laboral. En 2007, su hijo Alberto Villarreal Berlanga obtuvo tres contratos para que su empresa Servicio Sierra de Arteaga operara una franquicia gasolinera. Se los asignaron Juan Agustín López Huesca y Verónica Sada Pérez, actual consejera nacional del PAN, a quien Villarreal tuvo como tesorera del blanquiazul en Coahuila y luego llevó a Pemex.

En el municipio de Arteaga, "la Suiza de México", Alberto Villarreal explota la estación de servicio E09239, y junto con sus hermanos Rosendo y Ernesto opera también la empresa Trans-

NCF-1500

CONTRATO DE FRANQUICIA PARA ESTACIÓN DE SERVICIO

CONTRATO DE FRANQUICIA, QUE CELEBRAN POR UNA PARTE **"PEMEX REFINACIÓN"**, REPRESENTADO EN ESTE ACTO POR LA C.P. VERONICA SADA PEREZ, EN SU CARÁCTER DE SUBGERENTE DE VENTAS REGION NORTE ADSCRITO A LA SUBDIRECCIÓN COMERCIAL, Y POR LA OTRA PARTE, SERVICIO SIERRA DE ARTEAGA, S.A. DE C.V. A QUIÉN EN LO SUCESIVO SE LE DENOMINARÁ EL **"FRANQUICIATARIO"**, REPRESENTADO EN ESTE ACTO POR EL ING. ALBERTO VILLARREAL BERLANGA Y EL ING. GUSTAVO ALFONSO DAVILA SALINAS, EN SU CARÁCTER DE PRESIDENTE Y VICEPRESIDENTE RESPECTIVAMENTE, AL TENOR DE LAS SIGUIENTES DECLARACIONES Y CLÁUSULAS:

DECLARACIONES

1. **"PEMEX REFINACIÓN"** DECLARA QUE:

1.1. Es un Organismo Público Descentralizado del Gobierno Federal y Subsidiario de Petróleos Mexicanos, de carácter técnico, industrial y comercial, con personalidad jurídica y patrimonio propios, de conformidad con la Ley Orgánica de Petróleos Mexicanos y Organismos Subsidiarios publicada en el Diario Oficial de la Federación el 16 de Julio de 1992.

1.2. Tiene como objeto los procesos industriales de la refinación, elaboración de productos petrolíferos y de derivados del petróleo, que sean susceptibles de servir como materias primas industriales básicas, así como su almacenamiento, transporte, distribución y comercialización.

1.3. Conforme lo establecen los artículos 12 de la Ley Reglamentaria del Artículo 27 Constitucional en el Ramo del Petróleo y 4° de la Ley Orgánica de Petróleos Mexicanos y Organismos Subsidiarios, se consideran mercantiles los actos que celebre y puede celebrar con personas físicas o morales toda clase de actos, convenios y contratos, como el presente Contrato de Franquicia, así como el respectivo Contrato de Suministro; ambos de carácter mercantil.

1.4. Para cumplir cabalmente con las funciones de distribución y venta de gasolina y diesel, y cualquier otro producto afín de las marcas PEMEX, señalados en el Anexo "1" el cual forma parte integrante del presente Contrato, es necesario contar con un sistema de estaciones de servicio eficiente y de la más alta calidad a las que se le proporcione la asistencia técnica adecuada para tal fin.

1.5. Para los efectos del presente Contrato celebra con el **"FRANQUICIATARIO"** Contrato de Suministro, siempre y cuando este cumpla con todos los requisitos para su suscripción, en virtud del cual se procederá al suministro de productos petrolíferos de la marca PEMEX, de aquellos que sean propiedad de **"PEMEX REFINACION"** o sobre los cuales ejerza derechos de explotación, distribución y/o comercialización.

1

ANEXOS

VIGÉSIMA QUINTA.- Acompañan y forman parte integ[...] que a continuación se indican, firmados de conformidad p[...]

Anexo "1".- Listado de productos petrolíferos que se [...] Servicio, en forma enunciativa mas no limitat[...]
Anexo "2".- Marcas, nombres comerciales y logotipos PE[...]
Anexo "3".- Manual de Operación de la Franquicia PEM[...]
Anexo "4".- Cuotas por concepto de la operación de la Fra[...]

Asimismo, se considerarán como anexos del presente C[...] futuro entre ambas partes, de acuerdo con las estipulacione[...]

En caso de cualquier discrepancia entre el contenido [...] prevalecerá lo pactado en este Contrato.

EL PRESENTE CONTRATO SE FIRMA POR TRIP[...] MONTERREY, N.L., A LOS 09 DÍAS DEL MES DE N[...]

POR "PEMEX REFINACIÓN"   POR EL [...]

C.P. VERONICA SADA PEREZ   ING. ALBERTO VILLARREAL BERLANGA
SUBGERENTE DE VENTAS REGION   PRESIDENTE DEL CONSEJO DE
NORTE   ADMINISTRACION
                                    "SERVICIO SIERRA DE ARTEAGA,
                                           S.A. DE C.V."

POR EL "FRANQUICIATARIO"

ING. GUSTAVO ALFONSO DAVILA SALINAS
VICEPRESIDENTE DEL CONSEJO DE ADMINISTRACION
"SERVICIO SIERRA DE ARTEAGA, S.A. DE C.V."

REVISIÓN JURÍDICA
POR LA OFICINA DEL ABOGADO GENERAL

CONFORME OFICIO
No. 04/2723/2007
7-Nov-07

LIC. GUILLERMO PÉREZ DE LEON AGUILAR
COORDINADOR CONSULTIVO
SUBGERENCIA DE SERVICIOS JURÍDICOS REGIÓN NORTE
Esta hoja corresponde al Contrato de Franquicia para estación de servicio No. E09239.

24

315

portes Villarreal Berlanga, con contratos para transportar hidrocarburos entre México y Estados Unidos.

Atrás quedaron los años difíciles que enfrentó la familia cuando Rosendo Villarreal quebró al Grupo Industrial Saltillo y debieron hipotecar todas sus propiedades; algunas de plano les fueron embargadas. La llegada del PAN al gobierno federal les cambiaría la vida. Hoy "el anhelo" de Villarreal, me dice uno de sus colaboradores, "es ser como los Mouriño en el sureste: los zares de la gasolina".

Rosendo arañaba la idea de ser director de Pemex. Obsesionado en su guerra personal con Reyes Heroles, ambos sumieron a la petrolera en un profundo estancamiento: subejercicio millonario, proyectos fracasados y obras inconclusas, en torno a la disputa por el poder. La tarde del 4 de septiembre, Reyes Heroles le exigió su renuncia, amenazándolo con ventilar su implicación en la ordeña de combustible y hacer públicas las indagatorias que su socio Valdés integró desde el Cisen, según revela una fuente muy cercana a Reyes Heroles que aún despacha en las oficinas corporativas de Marina Nacional y que pide el anonimato. Villarreal entregó la administración y buscó refugio con César Nava, quien lo llevó como consejero nacional del partido.

Reyes Heroles no tardaría en enfrentar el mismo destino: el 7 de septiembre Calderón hizo público que le "había aceptado su renuncia". Ignoraba además que el presidente había instruido a su paisano, Salvador Vega Casillas, para no cerrar oficialmente la investigación de la denuncia que el senador Graco Ramírez presentó en su contra. Era un as bajo la manga de aquellos que los políticos echan mano cuando ciertos funcionarios les resultan incómodos, como le ocurrió a Raúl Muñoz Leos con los Fox. Después de todo, como diría don Jesús Reyes Heroles, "en el ejercicio de la política hay que aprender a lavarse las manos con agua sucia".

Epílogo

El 7 de septiembre de 2009 Calderón anunció el regreso a Pemex del ex director Corporativo de Finanzas, Juan José Suárez Coppel, como director general.

Envuelto en escándalos de corrupción en la petrolera y por su cercanía con Francisco Gil Díaz —de quien se desempeñó como coordinador de asesores en la SHCP—, el rechazo no se hizo esperar, recordándose su cuestionado desempeño entre 2001 y 2006, cuando, como director de Finanzas, trasladó multimillonarios recursos de los que generaron los precios récord y excedentes petroleros, a las 20 empresas privadas que Pemex opera en paraísos fiscales bajo la figura de fideicomisos, los cuales, según la ASF, se manejan al margen de la ley sin la posibilidad de ser auditados.

Un año antes ya se le había propuesto como uno de los posibles "consejeros profesionales" bosquejados en la reforma energética, con el rechazo unánime del Legislativo.

En su primera declaración pública dijo que encontró Pemex "con graves problemas operativos y de corrupción". Protestó luego el poco cuidado que su predecesor tuvo de los recursos de la compañía. Ocultó el derroche del que él hizo gala cuando le tocó administrar la bonanza petrolera, con viajes frecuentes a Europa y Nueva York cual emir árabe: hospedaje en los mejores hoteles *boutique* del mundo, comiendo en mesa de reyes y bebiendo en

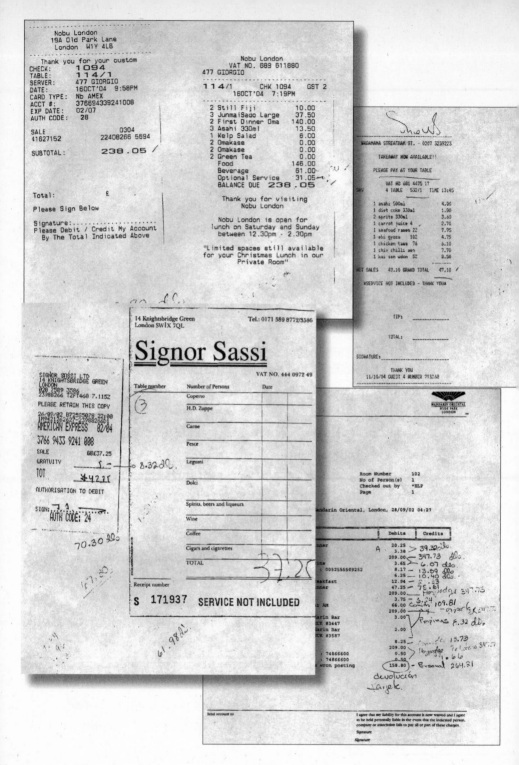

318

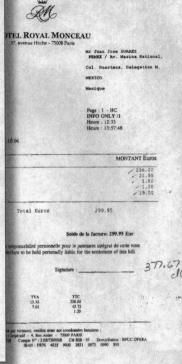

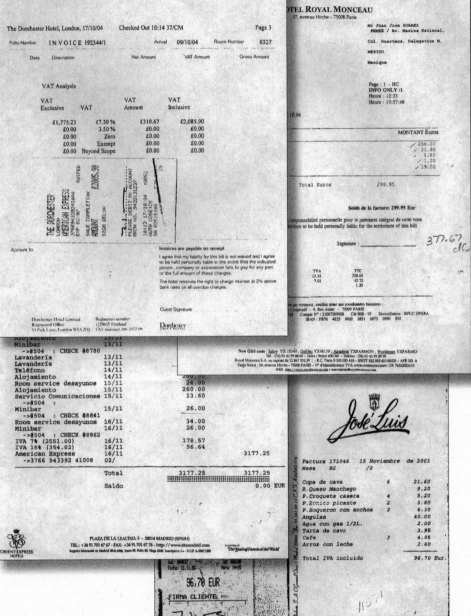

The Dorchester
Park Lane, London W1A 2HJ
Telephone +44 (0)20 7629 8888
Facsimile +44 (0)20 7409 0114

info@dorchesterhotel.com
reservations@dorchesterhotel.com
www.dorchesterhotel.com

Mr Juan Jose Suarez

PEMEX
Marina Nacional 329
11311 Mexico City
MEXICO

The Dorchester

The Dorchester Hotel, London, 17/10/04	Checked Out 10:14 37/CM		Page 3
Folio Number INVOICE 192344/1	Arrival 09/10/04	Room Number 0327	
Date Description	Net Amount	VAT Amount	Gross Amount

VAT Analysis

VAT Exclusive	VAT	VAT Amount	VAT Inclusive
£1,775.23	17.50 %	£310.67	£2,085.90
£0.00	3.50 %	£0.00	£0.00
£0.00	Zero	£0.00	£0.00
£0.00	Exempt	£0.00	£0.00
£0.00	Beyond Scope	£0.00	£0.00

Account to

Invoices are payable on receipt

I agree that my liability for this bill is not waived and I agree to be held personally liable in the event that the indicated person, company or association fails to pay for any part or the full amount of these charges.

The hotel reserves the right to charge interest at 2% above bank rates on all overdue charges.

Guest Signature

Dorchester Hotel Limited
Registered Office
53 Park Lane, London W1A 2HJ

Registered number
1229638 England
VAT number 596 3577 08

Dorchester

HOTEL ROYAL MONCEAU
37, avenue Hoche - 75008 Paris

Mr Juan Jose SUAREZ
PEMEX / Av. Marina National,
Col. Huasteca, Delegation M.
MEXICO
Mexique

Page : 1 - HC
INFO ONLY /1
Heure : 12:33
Heure : 13:57:48

MONTANT Euros

256.00
21.95
1.80
1.20
19.00

Total Euros   299.95

Solde de la facture: 299.95 Eur

responsabilité personnelle pour le paiement intégral de cette note declare to be held personally liable for the settlement of this bill

Signature :   377.67

TVA	TTC
13.35	256.00
7.01	42.75
	1.20

par virement, veuillez noter nos coordonnées bancaires :
Coopératif - 4, Rue Auber - 75009 PARIS
Compte N° : 2100700905   Clé RIB : 95   Domiciliation BFCC OPERA
IBAN : FR76 4255 9000 2831 0073 0990 895

New GDS code : Sabre YX 10546 ; Galileo YX48159 ; Amadeus YXPARMON ; Worldspan YXPARMO
Royal Monceau S.A. au capital de 22.867.352,39 € - R.C. Paris B 552 055 410 - SIRET 552 055 410 00021 - APE 551 A
Siege Social : 24, avenue Hoche - 75008 PARIS - N° d'identification TVA intracommunautaire : FR 76552055410
WEB : http://www.royalmonceau.com / reservations@royalmonceau.com

---

Alojamiento   13/11
Minibar   13/11
  ->#504 : CHECK #8780
Lavandería   13/11
Lavandería   13/11
Teléfono   14/11
Alojamiento   14/11
Room service desayunos   15/11   24.00
Alojamiento   15/11   260.00
Servicio Comunicaciones   15/11   13.60
  ->#504 :
Minibar   15/11   26.00
  ->#504 : CHECK #8841
Room service desayunos   16/11   34.00
Minibar   16/11   26.00
  ->#504 : CHECK #8862
IVA 7% (2551.00)   16/11   178.57
IVA 16% (354.02)   16/11   56.64
American Express   16/11   3177.25
  ->3766 943392 41008   02/

	Total	3177.25	3177.25
	Saldo		0.00 EUR

ORIENT-EXPRESS HOTELS

PLAZA DE LA LEALTAD, 5 - 28014 MADRID (SPAIN)
TEL: +34 91 701 67 67 - FAX: +34 91 701 67 76 - http://www.ritzmadrid.com
Registro Mercantil de Madrid 30-6-2000, Tomo 93, Folio 84, Hoja 2368, Inscripción 1a - N.I.F A-28037206

A portfolio of
The Leading Hotels of the World

José Luis

Factura 171046   15 Noviembre de 2003
Mesa   B2   /2

Copa de cava	6	21.60
R.Queso Manchego		9.20
P.Croqueta casera	4	5.20
P.Bonito picante	2	3.80
P.Boqueron con anchoa	2	4.30
Angulas		40.00
Agua con gas 1/2L.		2.00
Tarta de cava		3.95
Cafe	3	4.05
Arroz con leche		2.60
Total IVA incluido		96.70 Eur.

96,70 EUR

FIRMA CLIENTE:

los bares de moda de la avenida Knightsbridge, en Londres; Les Champs-Élysées, en París, o la Quinta Avenida, en Nueva York.

Dividido el PAN, sin cuadros que cubrieran las principales plazas de su gobierno, Calderón tuvo que ceder a la imposición del PRI de colocar en la paraestatal al funcionario propuesto por el poderoso ex secretario Gil Díaz; parte del tácito acuerdo con el partido que hoy tiene mayoría en el Congreso para impulsar la "nueva reforma energética" que, finalmente, consume la privatización de Pemex.

APÉNDICES

I. Los Contratos de Servicios Múltiples (CSM)

1. EL NEGOCIO DE REPSOL

La empresa beneficiada con más de 60% del monto asignado a los CSM de Burgos fue la española Repsol, con un contrato adjudicado el 16 de octubre de 2003 por 2 437 millones de dólares y una vigencia de 20 años para el bloque Reynosa-Monterrey, de unos 3 552 kilómetros cuadrados. Según Pemex, éste es "el contrato de obra pública de mayor monto en la historia de la paraestatal".

Cinco días después de que PEP le adjudicara el contrato 414103990, el consorcio creó la subsidiaria Repsol Exploración de México, según escritura pública 100116 emitida el 21 de octubre de 2003 por el notario 103 del Distrito Federal, Armando Gálvez Pérez.

El 13 de noviembre Alfonso Iturbide Guerra, a nombre de la OAG, emitió el dictamen jurídico para el contrato, avalado también por el gerente jurídico de Convenios y Contratos, José Antonio Prado Carranza, y al día siguiente se procedió a su firma por parte de Luis Sergio Guaso Montoya, director ejecutivo de CSM, y Alfredo Guzmán Baldizán, subdirector de la Región Norte de PEP, ambos en representación de la paraestatal, y de Guillermo Isaac Álvarez Iglesias, a nombre de Repsol Exploración de México y Repsol Exploración como obligado solidario.

De dicho documento destacan las siguientes cláusulas:

- PEP "expresa e irrevocablemente renuncia, en la forma más amplia, al fuero o a cualquier posible inmunidad soberana o de jurisdicción que pudiera corresponderle", con lo que se estaba incurriendo en violaciones al artículo 27 constitucional (35.3).
- Estipula que la contratista Repsol de México "por razones comerciales", para objeto del contrato, "renuncia a cualquier tipo de inmunidad soberana o inmunidad de jurisdicción a la que pueda tener derecho", comprometiéndose a "no invocar la protección de su gobierno". Sin embargo, esta limitación no era extensiva a su obligado solidario, Repsol Exploración, con sede en España, por lo que ésta podría recurrir a la protección de su gobierno y a "cualquier derecho, según los tratados internacionales celebrados por el gobierno federal de México que sean aplicables" (2.2).
- Cualquier diferencia entre las partes "deberá ser resuelta exclusivamente mediante arbitraje institucional con sede en París, Francia, de acuerdo con el Reglamento de Arbitraje de la Cámara de Comercio Internacional". Es decir, era un contrato comercial y no de obra pública, tal cual lo estableció el modelo de Price aprobado por Nava (35.3).
- El periodo de ejecución se estipuló del 9 de enero de 2004 al 8 de enero de 2024, periodo en el cual se podrá incrementar el monto fijado en el contrato, además de los intereses que PEP pagará a Repsol por financiamiento de obra (cláusula 20.3).

2. Los contratos de Petrobras

El 23 de octubre se adjudicó a las empresas Petrobras (Brasil), Teikokui Oil (Japón) y D&S Petroleum (México), el contrato para el bloque Cuervito, de 231 kilómetros cuadrados, por un monto de 261 millones de dólares y una vigencia de 15 años. Seis días después, los consorcios crearon la empresa PTD Servicios Múltiples, según la escritura pública 147, formalizada el 29 de octubre de 2003 ante la notaría 55 del primer distrito de Monterrey, Nuevo León.

El 19 de noviembre Iturbide Guerra emitió el dictamen jurídico (oficio OAG/1686/2003) y dos días después se firmó el contrato. En el documento aparecen como obligados solidarios Petróleo Brasileiro México, representada por Marco Antonio Sotomayor Melo; Petroleo Brasileiro, por Roberto Toledo; D&S Petroleum, por Jesús Rodríguez Dávalos, y Teikoku Oil Co., por Tsukasa Takashima. A nombre de Pemex, signaron el contrato Guaso Montoya y Guzmán Baldizán; por PTD lo hizo Roberto Toledo.

El documento contiene las mismas cláusulas que el de Repsol. En la número 35.4, "Naturaleza de la contratación", también se estipula: "El presente contrato y las operaciones contempladas en el mismo constituyen actividades comerciales de las partes".

El 19 de noviembre, a PTD Servicios Múltiples se le adjudicó el contrato para el bloque fronterizo —231 kilómetros cuadrados— por un monto de 265 millones de dólares y vigencia de 15 años, etiquetado con el número 414113808. La revisión jurídica se emitió en el oficio OAG/1826/2003, del 5 de diciembre —notificado también a Prado Carranza—, y el contrato se firmó el día 8, en los mismos términos y por los mismos representantes que el contrato anterior.

3. Servicios Múltiples de Burgos

El 30 de octubre de 2003 PEP adjudicó el bloque Misión —1 891 kilómetros cuadrados— a Techint-Tecpetrol, Industrial Perforadora de Campeche, Elina 414 y Elina del Bajío. El 7 de noviembre estas firmas constituyeron la empresa Servicios Múltiples de Burgos, quedando los consorcios como obligados solidarios.

El 26 de noviembre se emitió el dictamen jurídico (oficio OAG/01717/2003). Dos días después, Luis Sergio Guaso y Alfredo Eduardo Guzmán Baldizán —por PEP— y Raúl Droznes, María Alejandra Nicoli, Enrique Tovar y Aldo Mentaste —a nombre de las compañías— firmaron el contrato 414103997 por 1 035 579 600 dólares, y un plazo de ejecución de 7 305 días, vigente del 9 de enero de 2004 al 8 de enero de 2024.

4. LEWIS ENERGY

El 29 de julio de 2003, PEP publicó la licitación internacional 18575008-138-03 para el bloque Olmos. Según información de la subsidiaria, la única propuesta que recibió fue la de la empresa texana Lewis Energy Group. El 15 de enero de 2004 emitió el fallo a favor de ésta y cuatro días después la compañía constituyó Lewis Energy México, según escritura pública 101336, emitida por el notario público 103 del Distrito Federal e inscrita en el Registro Público de Comercio el 21 de enero de 2004.

El 6 de febrero de 2004 (oficio OAG/250/2004), Iturbide Guerra emitió la aprobación jurídica del contrato 414104806 por 343 573 500 dólares, vigente del 20 de febrero de 2004 al 19 de febrero de 2019. El 9 de febrero firmaron el contrato Guaso Montoya y Guzmán por PEP, y Rodney Ray Lewis por Lewis Energy de México; como obligado solidario quedó Lewis Energy.

II. Los contratos de Oceanografía

Los contratos otorgados por Pemex a Oceanografía durante la gestión de Raúl Muñoz Leos son los siguientes:

- Alquiler del remolcador *Atlantic Ash* durante el periodo comprendido entre el 1° de enero de 2001 y 31 de diciembre de 2003 (contrato número 24FNMD1951).
- Alquiler de la embarcación contra incendios *Havira Charisma,* vigente del 1° de enero de 2001 al 31 de diciembre de 2003 (24FNN01951).
- Alquiler de la lancha rápida *Fernanda* para el traslado de personal de plataformas, del 28 de enero de 2002 al 27 de septiembre de 2004 (418812800).
- Alquiler de la lancha *Miss Gracie,* por el mismo rubro, del 1° de diciembre de 2002 al 27 de septiembre de 2004 (412002869).
- Alquiler de la lancha *Victoria,* del 21 de febrero de 2003 al 2 de agosto de 2004 (412003808).
- Alquiler de la lancha *Ana Paula,* del 16 de marzo de 2002 al 21 de diciembre de 2004 (411002805).
- Alquiler de la lancha *Kristing Grace,* del 1° de junio de 2002 al 31 de diciembre de 2004 (411002819).
- Alquiler de la lancha *Paula Kay,* del 1° de junio de 2002 al 31 de septiembre de 2004 (411002819).
- Alquiler de la embarcación *Seba'an* por un periodo de 730 días,

vigentes del 1º de enero de 2002 al 31 de diciembre de 2003 (54FNN01701). El monto asignado por Pemex a esta embarcación, que desde entonces era casi chatarra y sufrió un siniestro en octubre de 2007, fue de 160 000 pesos diarios.

Entre los contratos más amplios en este periodo pueden enumerarse:

- Conservación e inspección de líneas submarinas con apoyo de barco, por 550 millones de pesos, vigente del 3 de junio de 2002 al 31 de diciembre de 2006 (418812826).
- Arrendamiento del remolcador *Caballo Appaloosa,* del 21 de febrero de 2003 al 7 de enero del 2006, por un monto de 57 millones de pesos (412003810).
- Flete de tres barcos procesadores de lodos con vigencia del 8 de mayo de 2003 al 31 de diciembre de 2006 (411003805, 411003806 y 411003807). Juntos suman casi 700 millones de pesos.

Fueron adjudicados sin licitación, entre otros, los siguientes contratos:

- Supervisión de la obra de dragado en el canal de navegación de acceso en Puerto Madero, Chiapas. El contrato, por un monto de 367 000 246.86 dólares, tenía vigencia del 17 de octubre de 2003 al 13 de febrero de 2004 (3-G-DD-A-046-Y-0-3). De acuerdo con información interna de Pemex, los recursos fueron otorgados por el Fideicomiso de Infraestructura (Finfra).
- Levantamiento topohidrográfico de reconocimiento en el puerto de Celestún, en el estado de Yucatán, entre el 17 de marzo y 16 de abril de 2003 (3-5-DD-A-006-Y-0-3). Su monto fue de 77 416. 99 dólares.
- Rehabilitación de ductos en la Región Marina Noreste. Pese a que la naviera no contaba con experiencia en esta área, le fue-

ron asignados dos contratos (4126048042 y 4126048040) con vigencia de seis meses y erogaciones a cargo de Pemex por seis millones de dólares y 18 millones de pesos, respectivamente.

- Rehabilitación de ductos en la Región Marina Noreste (fase inspección 2), por un monto de 79 millones de pesos, vigente del 1° de marzo al 25 de noviembre de 2004 (412604804).
- Mantenimiento y servicios de perforación en las instalaciones marinas de PEP en el Golfo de México, contrato vigente del 1° de agosto al 30 de diciembre de 2004 (418234873), y por el cual Oceanografía cobró más de 100 millones de pesos.

El último contrato que la administración de Muñoz Leos dio a esta empresa fue, según información oficial de Pemex, el 412424858, por 719 millones de pesos, para la construcción de tres gasoductos en la Sonda de Campeche, vigente del 30 de septiembre de 2004 al 25 de mayo de 2005.

En los primeros tres años del gobierno de Felipe Calderón, la compañía obtuvo contratos por 9 000 millones de pesos.

Índice onomástico

Camisas azules, manos negras, de Ana Lilia Pérez
se terminó de imprimir en febrero de 2010 en
Litográfica Ingramex, S.A. de C.V.
Centeno 162-1, Col. Granjas Esmeralda,
México, D.F.